Sonja Fielitz

William Shakespeare

Sonja Fielitz

William Shakespeare

Eine Einführung in Werk und Wirkung

Die Deutsche Nationalbibliothek verzeichnet diese Publikation
in der Deutschen Nationalbibliografie;
detaillierte bibliografische Daten sind im Internet über
http://dnb.d-nb.de abrufbar.

Die Herausgabe dieses Werkes wurde durch
die Vereinsmitglieder der WBG ermöglicht.
Satz: Lichtsatz Michael Glaese GmbH, Hemsbach
Einbandgestaltung: schreiberVIS, Bickenbach
Gedruckt auf säurefreiem und alterungsbeständigem Papier
Printed in Germany

Besuchen Sie uns im Internet: www.wbg-wissenverbindet.de

ISBN 978-3-534-24646-5

Elektronisch sind folgende Ausgaben erhältlich:
eBook (PDF): 978-3-534-72364-6
eBook (epub): 978-3-534-72365-2

Inhalt

Einleitung

„Who is afraid of William Shakespeare?" Eine Ringvorlesung dieses Titels an einer deutschen Universität in jüngster Vergangenheit, zu der vom Veranstalter die wenigen Hochschuldozentinnen und -dozenten aus ganz Deutschland zusammengesucht und eingeladen wurden, die sich noch einen Lehr- und Forschungsschwerpunkt in der Shakespeare-Philologie bewahrt haben, mag *in nuce* erfassen, wie es um ‚Shakespeare' gegenwärtig in der deutschen Universitätslandschaft bestellt ist. Lehrende wie Studierende entfernen sich seit vielen Jahren aufgrund einer immer stärkeren Spezialisierung, Theorie-Verhaftung und Abkehr von Historischem auf Seite der Lehrenden wie auch aufgrund der Umwidmung von Lehrstühlen der Shakespeare-Philologie zu *postcolonial studies* und *media studies* mehr und mehr von dem Forschungsgebiet, welches vor zirka 30 Jahren noch eines der am höchsten angesehenen war – und bis heute aufgrund seiner zirka 400-jährigen Geschichte zweifellos zu den komplexesten gehört. Dazu kommt das „na, Shakespeare machen wir ja alle", was die Verfasserin wiederholt von Kollegen gehört hat, die natürlich auch ‚Shakespeare' in Einführungskursen und Seminaren unterrichten, aber irgendwann in der Begegnung mit einem/einer der wenigen Professorinnen und Professoren an deutschen Universitäten, die auch international in der Shakespeare-Philologie ausgewiesen sind, feststellen müssen, dass sie eigentlich nichts Neues über einen der wirkungsmächtigsten Autoren der Welt sagen können.

Eine (leider realistische) Szenerie wie diese erhellt vielleicht den Hintergrund für den Versuch eines Buches, welches es sich zur Aufgabe macht, in der gegenwärtigen Dürre der *Shakespeare studies* an deutschen Universitäten etwas Fruchtbarkeit anzubieten – und dies einer Leserschaft (ab hier wird der Lesbarkeit halber für das gesamte Buch geltend die maskuline grammatikalische Form ‚Der Zuschauer' immer auch die feminine ‚Die Zuschauerin' mit einschließen) wie Studierenden der Literatur- und Kulturwissenschaft, insbesondere der Anglistik, Lehrern, die vor allem auch in der Kollegstufe unterrichten, Kollegiaten, literarisch Interessierten und Theaterkundigen. Dass Shakespeare auch in einer breiteren deutschen Öffentlichkeit auf nachhaltiges Interesse stößt und aus unserer Kultur nicht wegzudenken ist, zeigen die Spielpläne der Theater, die Erfolge von Verfilmungen, die Bearbeitungen und nicht zuletzt die Schlagzeilen in der Boulevardpresse, wenn wieder einmal ein Kandidat für ‚Shakespeare' präsentiert wird.

genus neutrale

Nun wird sich mancher Leser fragen, wieso denn eine weitere Einführung in ‚Shakespeare' ‚sein muss' und worin das Neue des vorliegenden Buches liegt. An allgemeinen Einführungen zu ‚Shakespeare', d. h., in dessen Leben, dessen Zeit, dessen Werke, dessen Nachruhm und Wirkung in englischer oder deutscher Sprache herrscht in der Tat kein Mangel. Bei den vorhandenen Titeln (in englischer und deutscher Sprache, wobei Letztere in dieser exemplarischen Skizze eines Überblicks unberücksichtigt bleiben sollen) lassen sich verschiedene Schwerpunktsetzungen unterscheiden: Eine Grup-

Bestandsaufnahme

pe, für die exemplarisch William Baker, *William Shakespeare* (*Writers' Series*, 2009) stehen kann, beschränkt sich bewusst auf Fakten und wendet sich polemisch gegen eher spekulative Bücher wie z. B. Stephen Greenblatts *Will in the World* (2004), welches, nicht unpassend, als „eine Biographie im Konjunktiv" gilt. Die Informationen über Shakespeares Werk sind chronologisch angeordnet und in Beziehung zu zeitlichen Ereignissen festgesetzt. Interpretationsansätze werden nicht gegeben. Bakers letztes Kapitel (*Conclusion*) heißt demnach folgerichtig „Shakespeare's Life Enshrined: The First Folio". „Enshrined" assoziiert deutlich die Vorstellung von ‚für alle Zeit bewahrt' und ‚unveränderlich'. Diese Gruppe von Einführungen erweckt somit den Eindruck, als sei das Studium Shakespeares ein abgeschlossenes Gebiet, das aus Fakten bestehe. Es wird unserer Ansicht nach freilich nicht gezeigt, dass die Shakespeare-Forschung in ständiger Entwicklung ist und voller Umbrüche und Neuorientierungen steckt, und dass alle so genannten ‚Fakten' ebenso interpretationsbedürftig wie -fähig sind. Außerdem wird nicht zur Kenntnis genommen, dass ‚Shakespeare' wesentlich mehr ist als der historische William.

Eine andere Gruppe von Einführungsbüchern versucht, die Vielfalt des Werkes von Shakespeare mit Hilfe von Kategorien darzustellen. Im englischsprachigen Bereich kann für diesen Ansatz exemplarisch stehen Germaine Greers *Shakespeare. A Very Short Introduction* (Oxford, 2002), in dem nach einem Kapitel „Life" die Kapitel „Poetics", „Ethics", „Politics", „Teleology" und „Sociology" folgen. Ein solcher Ansatz wird hier als problematisch angesehen, weil der Eindruck entsteht, Shakespeares Werk sei ein homogener Textblock, in dem gewisse Vorstellungen und Auffassungen vorgetragen werden. Eine dritte Gruppe unterscheidet unserer Ansicht nach zutreffend zwischen der historischen Person William Shakespeare als Forschungsgegenstand und dem kulturellen Konstrukt ‚Shakespeare', wie es zu verschiedenen Zeiten und in verschiedenen Kulturen realisiert wurde, so etwa Peter Hyland, *Introduction to Shakespeare. The Dramatist in his Context* (London, 1996) und Peter Holland in seinem als Buch gedruckten *Oxford Dictionary of National Biography*-Artikel (Oxford, 2007). Die Konstrukte des ‚Bard' als ‚Sweet Swan of Avon', ‚Naturgenie', ‚Kulturheros' etc. haben allerdings die Interpretationen der Werke in der Weise stark beeinflusst, dass sie eine Generalperspektive auf eben diese vorgeben. Dieses Vorgehen führt dazu, nach einer ‚universal meaning' oder ‚pure essence' von Shakespeares Dramen zu suchen, ohne wiederum die zeitliche, lokale oder kulturelle Einbettung seiner Werke zu berücksichtigen. Eine letzte Gruppe besteht aus Einführungen, die speziell für den Schulunterricht geschrieben wurden. Fakten und Drameninterpretationen sind so vereinfacht („write a letter to Ophelia"), dass Schüler als intendierte Leser befähigt werden sollen, die häufigsten Fragen der Prüfer zu beantworten, was allerdings einer Einführung in das universitäre Studium nicht gerecht wird.

Erkenntnisinteresse

Auch wenn der vorliegende Band natürlich Kompromisse mit der Textsorte und dem Umfang eines Einführungsbuches schließen muss, verfolgt dieser doch einen anderen Aufbau und ein anderes Konzept als die oben genannten Titel. Erkenntnisinteresse dieses Buches ist es, die Bereiche *Shakespeare* und *Shakespeare-Forschung* als ‚offenes' Phänomen zu vermitteln. Der Grundgedanke und die Leitidee, die dieser Einführung zugrunde liegt, ist, dass die Shakespeare-Philologie eben *nicht* als abgeschlossenes Gebiet präsentiert werden darf, sondern als Forschungsfeld, das ebenso kontinuierlich wie kreativ weltweit betrieben wird. *Eine* Antwort auf Fragen, *eine* Interpretation, wird es nie geben. Genau wie die nicht endende Auseinandersetzung mit Shakespeare mit ihren unterschiedlichen Ansätzen und Bearbeitungen, mit Entdeckungen und Kontroversen, mit Umbrüchen und Neuorientierungen ständig im Gange ist, soll hier aufgezeigt werden, dass alle angeblich gesicherten ‚Fakten' und jede Interpretation je nach Erkenntnishorizont in immer wieder verschiedener Weise gedeutet werden können und müssen.

Beschränkung

In Anbetracht der Fülle des Materials, welches es zu Shakespeare und seinen Werken gibt, muss im Rahmen dieses Buches auf einiges, was die Verfasserin gerne berücksichtigt hätte, was aber der Textsorte *Einführungsbuch* und dessen Umfang geschuldet ist, verzichtet werden. So konnte eine Bühnengeschichte von Shakespeares Dramen nicht geleistet werden, da ein solches Vorhaben eigene Regale von Büchern füllen würde und jede Auswahl nur subjektiv bleiben müsste. Des Weiteren muss in einzelnen Kapiteln exemplarisch vorgegangen werden, d. h., ein Phänomen zunächst an sich erläutert und dann repräsentativ für andere an *einem* Text erläutert werden. Weiterführende Hinweise finden sich für alle Kapitel in der bewusst umfangreich angelegten Bibliographie.

Danksagung

Mein tief empfundener Dank gilt an erster Stelle meinem akademischen Lehrer, Prof. em. Dr. Wolfgang Weiß, der mich seit meinem Studium an der Ludwig-Maximilians-Universität München in den 1980er Jahren für Shakespeare zu begeistern wusste und mir auch für das vorliegende Buch zahlreiche wertvolle Anregungen gegeben und Korrekturvorschläge gemacht hat. Meine Wissenschaftliche Mitarbeiterin an der Philipps-Universität Marburg, Imke Kimpel M. A., war, wie immer, eine unverzichtbare Hilfe bei der Zusammenstellung von Materialien, sowie der fachlichen Durchsicht und letzten Korrektur des Typoskripts. In einer Zeit extrem hoher Belastung in der akademischen Selbstverwaltung und zudem der einen oder anderen E-Mail, welche nachhaltig Hamlets Gefühl einer „world out of joint" aufkommen ließ, war sie einmal mehr der nervenstarke und stets diskrete Fels in einer „sea of troubles", wofür ich ihr meinen sehr herzlichen Dank aussprechen möchte. Carolina Bauer M. A. und Katharina Willstumpf erwarben sich große Verdienste bei der Beschaffung oft schwer erhältlicher Sekundärliteratur, wofür ich ihnen ebenfalls nachdrücklich danken möchte. Mein Dank in der Academia gilt ferner den Studierenden meiner Lehrveranstaltungen an den Universitäten München, Göttingen, Münster und Marburg, die mir über den Zeitraum meiner inzwischen zirka 20-jährigen akademischen Lehrtätigkeit hinweg durch ihr Interesse und ihre Fragen an ‚Shakespeare' immer wieder aufgezeigt haben, welch vielschichtiges, vielfältiges und in ihrer Faszination nie endendes Gebiet die Shakespeare-Philologie ist.

Maike Gotthardt hat manch wertvollen Präsenz-Moment durch ihr weiches Klarinettenspiel geschaffen. Beatrix Busse war während der Entstehungszeit dieses Buches immer als Freundin da, die mir geduldig zugehört und weitergeholfen hat, wenn es ganz schwierig war. Rev. Paul Edmondson war, ebenfalls wie immer, ein wunderbar einfühlsamer und verständnisvoller Freund. Und Gilbert Gornig, Marga Munkelt, Erich Poppe, sowie Daniela und Markus Herzog, Patricia Schlote, Brigitte Zach und Doris Zeller haben sich, wie auch Alf und Tessi, in den letzten Monaten mehr über Shakespeare angehört als sie wahrscheinlich gewollt hätten. Ihr habt es Euch nie anmerken lassen – lieben Dank dafür.

Last but not least gebührt Frau Jasmine Stern der Dank dafür, diese Publikation für die Wissenschaftliche Buchgesellschaft angeregt und angenommen, sowie stets mit großer Freundlichkeit und Geduld begleitet zu haben. Generell möchte ich den Mitarbeiterinnen und Mitarbeitern in der WBG und der Setzerei, die mit dem vorliegenden Buch befasst waren, für ihre stets schnelle, sehr sorgfältige und kompetente Arbeit danken.

Widmen möchte ich dieses Buch IHM.

I. Der historische William

Sobald man als Universitätslehrender gefragt wird, was man denn schwerpunktmäßig so mache und antwortet, dass man sich so einigermaßen bei Shakespeare auszukennen glaube, kommt in 95% der Fälle die Frage „ja, gab es den denn überhaupt"? Und die Antwort der Autorin war und wird auch in Zukunft immer ein klares „ja" sein.

Die Diskussion um den ‚historischen Shakespeare' ist eine *never ending story*, und es kann und soll nicht Aufgabe dieses Einführungsbuches sein, den Leser in alle Abgründe biographischer Spekulationen zu führen. Fakt ist, dass wir nur wenige Dokumente über Shakespeares Leben haben, und diese geringe Zahl in eklatantem Gegensatz zu seinem überragenden weltliterarischen Rang steht, der ihm spätestens seit der Romantik zugewiesen wird. Ausgangspunkt all der Zweifel über den historischen William Shakespeare ist, dass ein Mann aus relativ einfachen Verhältnissen einer Handwerkerfamilie vom Lande und ohne universitäre Bildung doch nicht diese herausragenden Werke der Weltliteratur geschrieben haben könne. Woher hätte er etwa das Wissen um die klassische Mythologie haben sollen? So werden mit schöner Regelmäßigkeit, unterstützt durch die Medien und ihre Sommerlöcher, immer wieder neue ‚Beweise' für die immer gleichen Kandidaten, die sich eigentlich hinter ‚William Shakespeare' verbergen, ins Feld geführt, oder gänzlich neue Kandidaten in die Diskussion gebracht. Jüngstes, und höchst unrühmliches Zeugnis von Spekulationen wie diesen ist Roland Emmerichs Film *Anonymus* (2011) ein Machwerk, das bei jedem, der etwas Ahnung von Shakespeare hat, nur Kopfschütteln über so viel Ignoranz und Arroganz hervorrufen kann. Von all diesen Spekulationen wollen wir uns hier fernhalten.

Zeugnisse

Es gibt genügend *documentary evidence*, dass eine historische Person namens William Shakespeare auch wirklich existierte, und generell sind Lücken in frühneuzeitlichen Biographien nichts Ungewöhnliches. In Relation zu anderen Dramatikern der Zeit wissen wir über William Shakespeare sogar wesentlich mehr als über manch anderen, wie etwa John Webster, dem wir herausragende Tragödien wie *The Duchess of Malfi* oder *The White Devil* zu verdanken haben, über den aber nichts bekannt ist. Shakespeares Name erscheint erstmals im Druck am Ende von *Venus und Adonis* (1593) und *The Rape of Lucrece* (1594) (vgl. Kap. IV). Im Kontext der Dramen taucht sein Name erstmals 1598, auf der Titelseite der zweiten Quarto von *Richard III*, auf. Eine zweite *Quarto* von *Love's Labour's Lost*, die eine (heute verlorene) *bad quarto* ersetzen sollte, kündigt an, sie sei „newly corrected and augmented by W. Shakespere". Die zweite Quarto von *Richard II* verzeichnet ebenfalls Shakespeares vollständigen Namen. Andererseits erscheint Shakespeares Name nicht auf der zweiten Quarto von *Romeo and Juliet*, die 1599, zwei Jahre nach der ersten, erschien. Die Quartos von *2Henry IV*, *The Merchant of Venice*, *A Midsummer Night's Dream* und *Much Ado about Nothing*, die alle 1600 veröffentlicht wurden, verzeichnen wieder alle seinen

Namen, nicht aber *Henry V*, welches ebenfalls 1600 veröffentlicht wurde. Eine Erklärung mag sein, dass der Name der Schauspieltruppe, die das Drama zur Aufführung brachte, sich besser verkaufte als der Name des Autors.

Ausgaben

Zu Shakespeares Lebzeiten wurden etwa 35 Ausgaben von 18, und damit der Hälfte, seiner Dramen in Einzelausgaben (*Quartos*) veröffentlicht, die weiteren 18 in der posthum publizierten Gesamtausgabe der *Folio* von 1623 (vgl. Kap. III). Etwa zwei Drittel der Einzelausgaben verzeichnen seinen Namen, die anderen enthalten die Namen der Schauspieltruppen, für die er schrieb, d.h., *The Lord Chamberlain's Men* und *The King's Men* (vgl. Kap. II). Darüber hinaus erwähnen mindestens vierzehn verschiedene Personen Shakespeare zu seiner Lebzeit. Er selbst stellt in seinem Testament (siehe unten) eine Verbindung zwischen seiner Familie in Stratford und seinen Schauspielerkollegen in London her, womit beide ‚Leben' belegt sein dürften.

1. Stratford und Familie

Gemäß dem Gemeindebuch der Stadt Stratford-upon-Avon, Warwickshire, England, wurde William Shakespeare im April (als das älteste überlebende Kind) von John und Mary Shakespeare geboren. Wann genau, ist unsicher, denn erhalten ist nur der Eintrag in das Taufregister von Stratford, welches für den 26. April 1564 „Gulielmus filius Johannes Shakspere" verzeichnet. Geht man davon aus, dass ein solcher Eintrag drei Tage nach der Geburt vorgenommen wurde, ergibt sich als der Geburtstag der 23. April. Auf den zufällig – oder auch passenderweise für den englischen Nationaldichter – zudem der englische Nationalfeiertag *St. George's Day* fällt. Die Grabaufschrift in der Holy Trinity Church in Stratford-upon-Avon verzeichnet auch exakt den 23. April (1616) als Shakespeares Todestag.

William Shakespeare hatte noch sieben Geschwister, von denen drei bereits im Kindesalter starben. Sein jüngster Bruder Edmund (getauft am 3. Mai 1580) war als Schauspieler in London tätig, wo er jung starb. Er wurde im Dezember 1607 in der St. Saviour's Church in Southwark bestattet.

Der Vater John Shakespeare

Williams Vater John war Handwerker, wohl Handschuhmacher, und erfolgreicher Geschäftsmann in Stratford-upon-Avon und Umgebung, und dies insbesondere im Wollhandel. Als angesehener Bürger war er Mitglied des Stadtrats, 1568 wurde er „high bailiff", was unserem Amt des Bürgermeisters in etwa entspricht. In den späten 1570er Jahren scheint er in finanzielle Schwierigkeiten geraten zu sein. 1592 erscheint der Name John Shakespeares auf einer Liste von Personen, die den anglikanischen Gottesdienst nicht wie erwartet besuchen („heretofore presented for not coming monthly to the church according to her Majesty's laws"). Aus welchen Gründen dies geschah, ist unklar. Möglich sein könnten die Angst vor Schuldeneintreibern oder auch seine Kontakte zu den missionierenden Jesuiten, die in der Zeit rigoros verfolgt wurden (siehe unten). John Shakespeares religiöses Testament, welches im 18. Jahrhundert unter dem Dach seines Hauses in der Henley Street gefunden wurde, seitdem aber verloren ist, basiert auf einer Vorlage des Kardinals Carlo Borromeo. John Shakespeare starb im Jahr 1601, Shakespeares Mutter Mary, die aus dem Landadel (*gentry*) des Geschlechts der *Arden* stammte, welches dem Katholizismus anhing, starb 1608.

Der Sohn William Shakespeare

William Shakespeare besuchte wahrscheinlich die *Stratford grammar school*, wo er – neben der Bibel – mit den griechischen und lateinischen Klassikern wie Aesops *Fabeln*, Ovids *Metamorphosen*, den Komödien von Plautus und Terenz, Cicero, Seneca, Horaz und Vergil vertraut gemacht worden sein dürfte – was durchaus auch Eingang in sein dramatisches Werk gefunden hat. In *The Taming of the Shrew* (3.1) verkleidet sich Lucentio als Lateinlehrer, um sich – mit Hilfe eines Textes aus dem ersten Buch von Ovids *Heroides* – Bianca zu nähern. *The Merry Wives of Windsor* enthält eine ganze Szene (4.1.) zwischen dem walisischen Schulmeister Evans und dem Schüler William, die auf William Lilys Schulgrammatik basiert. Phrasen aus Lily's *Latin Grammar* finden sich zudem in Sir Andrew's „Not to be abed after midnight is to be up betimes, and deliculo surgere, thou knowest" (*Twelfth Night*, 2.3.1–2) oder Tranio's „If love have touched you, naught remains but so / Redime te captum quam queas minimo" (*Taming*, 1.1.155–56), welches – wie übrigens auch in Lily's *grammar* – falsch zitiert ist. *Love's Labour's Lost* (und hier besonders die pseudo-gelehrten Charaktere Don Armado, Nathaniel und Holofernes) ist generell *das* Drama Shakespeares zu einem nicht immer ungetrübten bzw. satirisiert dargestellten Verhältnis von Latein und Englisch. Nicht zuletzt wurde in dem Jungen, der in *As You Like It* „creeping like snail / Unwillingly to school" (2.7.146–7) eine biographische Anspielung auf den jungen William Shakespeare gesehen, was freilich rein spekulativ ist.

Der historische William dürfte die Schule mit 16 Jahren abgeschlossen haben, und soweit wir wissen, nahm er kein Studium in Oxford oder Cambridge auf. Was er stattdessen in den folgenden Jahren beruflich unternahm, ist nicht bekannt. Was er in den Jahren 1585 bis 1592 tat, für die Ernest Honigmann die Phrase „the lost years" prägte, ist bis heute im Dunkeln geblieben (siehe unten).

Familie

Dokumentarisch belegt ist Shakespeares Heirat mit Anne Hathaway am 27. November 1582 in der Kirche von Temple Grafton in der Nähe von Stratford-upon-Avon. Er war 18 Jahre alt. Annes Grabaufschrift (sie starb 1623) verzeichnet, sie sei im Alter von 67 Jahren gestorben, woraus sich, wenn die Angabe korrekt ist, errechnen lässt, dass sie bei der Hochzeit 26 Jahre alt gewesen sein muss. Freilich tun sich auch bei dieser Eheschließung Fragezeichen in der Biographie Shakespeares auf, da der Bischof von Winchester zunächst eine Heiratslizenz für „Willelmum Shaxpere et Annam Whateley de Temple Grafton" ausstellte. Am nächsten Tag wurde ein Abkommen unterzeichnet, um den Bischof zu schützen, falls die Hochzeit von „William Shagspere" und „Anne Hathwey" rechtliche Schritte nach sich ziehen sollte (Honigmann, 3), da William noch minderjährig, und Anne bereits schwanger war. War nun Anne Whatleley oder Anne Hathaway die Glückliche? Deren Tochter Susanna wurde jedenfalls am 26. Mai 1583 getauft. Sie heiratete später Dr. John Hall, und aus der Ehe ging eine Tochter, Elizabeth (getauft am 21. Februar 1608), hervor. Susanna und ihr Mann sollten nach William Shakespeares Tod seine Testamentsvollstrecker sein. Der Tochter Susanna folgten noch zwei weitere Kinder für William und Anne: am 2. Februar 1585 wurden die Zwillinge Hamnet und Judith getauft. Hamnet starb 1596 im Alter von 11 Jahren; Judith heiratete spät Thomas Quiney (siehe unten).

2. Schauspieler und Dramatiker in London

1592 taucht William Shakespeare in London auf und wird von Robert Greene, der wie auch George Peele, Thomas Lodge, Christopher Marlowe, Thomas Kyd oder Thomas Nashe zu den so genannten ‚University Wits', also den Autoren, die ein Universitätsstudium absolviert hatten, gehörte, in dessen *Groatsworth of Wit* beleidigt. Greene, der sich zu dieser Zeit bereits am Ende seines Lebens befand, wirft seinen Schauspielerkollegen vor „[...] those puppets [...] those spake from our mouths, those antics garnished in our colours" und wettert besonders gegen „this upstart crow, beautified with our feathers that with his *Tiger's heart wrapped in a player's hide*, supposes he is as well able to bombast out a blank verse as the best of you: and being an absolute Johannes Factotum, is in his own conceit the only Shake-scene in the country" (zit. bei Hyland, 9). Die kursivierte Stelle ist eine Anspielung auf den dritten Teil von Shakespeares Drama *Henry VI* („O tiger's heart wrapp'd in a woman's hide!" 1.4.137) und identifiziert somit den Gemeinten – über das Wortspiel der „Shake-scene" hinaus – doch einigermaßen eindeutig. Die Feindseligkeit Greenes lässt sich mit Neid auf diesen nicht-akademischen Neuankömmling oder Eifersucht auf dessen Erfolg erklären, zumal auch andere Dramatiker der Zeit, die kein Universitätsstudium vorweisen konnten, wie Thomas Dekker und John Webster, ausgesprochen erfolgreich waren. Wichtig für die Annäherung an die Biographie Shakespeares ist, dass wir mit Greenes Referenz aus dem Jahr 1592 das erste Zeugnis für seine Präsenz als Schauspieler und Autor in der Theaterwelt Londons haben.

Robert Greene

Unbekannt ist, für welche Schauspieltruppe Shakespeare arbeitete, als er in London ankam. Es könnten die *Leicester's Men* gewesen sein, oder die Truppe des Ferdinanado Lord Strange, der 1593 Earl of Derby wurde. Zu den *Lord Strange's Men* zählten einige Schauspieler, die später zu den *Lord Chamberlain's Men* gehörten (so Will Kempe und John Heminges). Als die Theater 1594 nach zwei Jahren Schließung wegen der Pest wieder eröffnet wurden, schloss sich William Shakespeare den *Lord Chamberlain's Men* an. Er wird zusammen mit Will Kempe und Richard Burbage verzeichnet, für Aufführungen bei Hofe in der Weihnachtszeit bezahlt worden zu sein. Soweit wir wissen, blieb Shakespeare bei seiner Truppe, die sich nach der Thronbesteigung durch James I (1603) *The King's Men* nennen durfte und direkt dem Patronat des Königs unterstand, bis zu seinem Rückzug vom Theater an seinem Lebensende.

In den zwei Jahren, in denen die Theater wegen der Pest geschlossen waren (Sommer 1592 bis Frühling 1594) veröffentlichte er seine Versepen *Venus and Adonis* und *The Rape of Lucrece*; die Sammlung seiner Sonette erschien 1609 (vgl. Kap. IV). Interessant ist, dass die beiden Werke von Richard Field gedruckt wurden, der, wie Shakespeare, aus Stratford-upon-Avon stammte und sich seit 1579 in London als erfolgreicher Drucker etabliert hatte. Es gab also offenbar mehrere Verbindungen zwischen Stratford und London, und Shakespeare suchte den Kontakt zu Bekannten. Dokumente über Shakespeares Reisen und die Verbindung von Familie und Beruf zwischen London und Stratford gibt es nicht. In dieser frühen Phase als Dramatiker der *Lord Chamberlain's Men* entstanden vor allem Shakespeares

Dramen

Historiendramen und Komödien. *Titus Andronicus* und *Romeo and Juliet* waren in dieser Zeit seine einzigen Versuche im Bereich der Tragödie. Um 1600 schrieb er einige der Dramen, die wir heute als *problem plays* (vgl. Kap. V) bezeichnen, wie *Measure for Measure, All's Well that Ends Well* und *Troilus and Cressida*. Es folgten die vier ‚großen' Tragödien *Hamlet, Othello, King Lear* und *Macbeth*. 1608 nahm sein Dramenschaffen eine erneute Wende, als er sich den so genannten ‚Romanzen' oder Märchenstücken (*Pericles, Cymbeline, The Winter's Tale, The Tempest*) zuwandte. Dies mag begründet gewesen sein mit der Tatsache, dass die *King's Men* von 1608 an zusätzlich zum *Globe Theatre* auch das *Blackfriar's Theatre*, ein privates *indoor theatre*, bespielten, welches eher von einem finanziell und sozial besser gestellten Publikum besucht wurde (vgl. Kap. II). Das letzte Stück, welches Shakespeare allein geschrieben haben dürfte, ist *The Tempest*. Danach entstanden in Zusammenarbeit mit John Fletcher *The Two Noble Kinsmen* und *Henry VIII or All is Tue*, bei dessen Uraufführung 1613 das *Globe Theatre* niederbrannte (vgl. Kap. II).

Investitionen

In familiärer Hinsicht war William Shakespeare 1596 ein Familienwappen gewährt worden (Shakespeare beantragte das Wappen für seinen Vater, dessen Antrag in den 70er Jahren abgelehnt worden war), was den hohen sozialen Status, den er erworben hatte, bestätigt. 1597 kaufte er *New Place*, das mit drei Stockwerken und nicht weniger als fünf Giebeln zweitgrößte Haus in Stratford-upon-Avon, welches von Sir Hugh Clopton erbaut worden war, der bemerkenswerterweise als Sohn Stratfords 1491 zum Lord Mayor von London aufgestiegen war. In den folgenden Jahren erwarb William Shakespeare beträchtliche Ackerflächen rund um Stratford, was ihn – neben seiner Existenz als Dichter und Dramatiker – als ebenso wohlhabenden wie erfolgreichen Geschäftsmann ausweist. Aus den Steuerbüchern der Stadt London geht für die gleiche Zeit hervor, dass er 1596 in St. Helen's, Bishopsgate, in der Nähe von *The Theatre* lebte. 1599 war er in das Gebiet der *Liberty of the Clink* am Südufer der Themse in der Nähe des *Globe Theatre* gezogen. 1612 sagte er in einem Prozess zwischen Stephen Bellot und dessen Schwiegervater, Christopher Mountjoy, in dessen Haus Shakespeare 1604 gewohnt hatte, aus. Shakespeares letzte bekannte Investition, der Erwerb des *Blackfriar's Gatehouse* in London im November 1613, ist erst in den letzen Jahren im Zusammenhang mit der Frage seiner Religionszugehörigkeit (siehe unten) in den Fokus der Wissenschaft gerückt. Das Haus war als Unterschlupf für Katholiken bekannt, und es stellt sich die Frage, weshalb Shakespeare im Alter von 49 Jahren, in einer Zeit, für die man bisher annahm, er habe sich nach Stratford-upon-Avon zurückgezogen, dieses *Gatehouse* mit direktem Zugang zur Themse erwarb?

The Blackfriar's Gatehouse

Testament und Tod

Shakespeare verfasste sein erstes Testament 1615 oder 1616 und unterschrieb mit „in perfect health and memory", doch am 25. März 1616 korrigierte er dieses, indem er seiner Tochter Judith einige finanzielle Auflagen gegenüber ihrem Ehemann Thomas Quiney, den sie einen Monat zuvor geheiratet hatte, machte. Kurz nach deren Trauung wurde bekannt, dass Thomas eine Beziehung zu einer Margaret Wheeler unterhielt, die nicht ohne Folgen blieb. Mutter und Kind starben bei der Geburt. Die Änderungen im Testament betreffen die finanzielle Absicherung Judiths und ihrer künftigen Nachkommen, da Shakespeare seinem Schwiegersohn Thomas offensichtlich misstraute. In diesem Testament vermacht William Shakespeare Geld den Armen, zudem Freunden in Stratford, sowie seinen Schauspielerkollegen in London, was die Verbindung der Person ‚William Shakespeare' aus Stratford mit dem Dramatiker ‚William Shakespeare' in London belegt. Seinen Schauspielerkollegen der *King's Men* Richard Burbage, John Heminges und Henry Condell hinterlässt er Geld dafür, dass sie sich Trauerringe kaufen sollten, um an ihn zu erinnern. Seine Frau Anne findet in diesem Testament Erwähnung damit, dass er ihr das (oft zitierte und diskutierte) „second-best bed with all the furniture" (wobei Letzteres das Bettzeug, Vorhänge und Decken meint) vermacht, wobei ihr als seiner Witwe ohnehin ein Drittel des Vermögens zufiel. Seine einzige überlebende Schwester, Mrs. Joan Hart, bekam lebenslanges Wohnrecht in *New Place*. Der größte Teil des Besitzes ging an seine Tochter Susanna. William Shakespeare starb am 23.4.1616, seine Frau Anne am 6. August 1623, die Tochter Susanna im Juli 1649, Judith im Februar 1662. William Shakespeare ist im Altarbereich der Trinitity Church in Stratford-upon-Avon begraben, und sein Grabstein trägt die folgende Aufschrift:

> Good friend, for Jesus' sake forbear
> To dig the dust enclosed here!
> Bless'd be the man that spares these stones,
> And curs'd be he that moves my bones.

Susannas einzige Tochter, Elizabeth, war zweimal verheiratet: erst mit Thomas Nash, und nach seinem Tod mit John (später Sir John) Bernard. Elizabeth starb kinderlos, und mit ihrem Tod im Jahre 1670 endete Shakespeares direkte Linie (Judiths drei Söhne waren alle jung verstorben). Elizabeth vermachte *New Place* ihrer Familie; 1759 wurde es abgerissen.

Gesamtausgabe seiner Dramen

Shakespeares ‚Leben' endete nicht mit seinem biologischen Tod. Im Jahre 1623, also etwa zehn Jahre, nachdem Shakespeare aufgehört hatte zu schreiben, veröffentlichten zwei seiner Schauspielerkollegen, John Heminges and William Condell, seine Dramen im prestigeträchtigen Folio-Format, welches bis dahin vor allem der Dichtung vorbehalten gewesen war (vgl. Kap. III). Heminge und Condell begründen ihre Ausgabe mit dem Ziel „to keep the memory of so worthy a friend and fellow alive", und schließen vier Lobpreisungen in die Vorrede der Folio mit ein. Die berühmteste ist sicher die von Ben Jonson (siehe unten), der von sich sagt, er „loved the man" und ehrte „his memory on this side idolatry as much as any".

3. Verfasserschaftstheorien

In Anbetracht des Mangels an biographischen Dokumenten bleibt es nicht aus, dass Kritiker versucht haben, die ‚Lücken' im Leben William Shakespeares zu füllen bzw. dessen gesamte biologische Existenz in Frage zu stellen. In der Geschichte der Shakespeare-Forschung sind nicht weniger als 76

Kandidaten

Kandidaten vorgeschlagen worden, wer sich hinter dem Namen ‚William Shakespeare' verbergen könnte. Der prominenteste von diesen dürfte Edward de Vere, 17. Earl of Oxford, sein. Er starb allerdings bereits 1604 und damit zirka zehn Jahre, bevor die letzten Dramen, die unter dem Namen

,William Shakespeare' aufgeführt und veröffentlicht wurden. Weitere prominente Kandidaten sind Sir Francis Bacon, der Earl of Essex, der Earl of Derby, Sir Walter Raleigh, und Königin Elisabeth I. Auch andere Dramatiker wurden hinter dem Pseudonym ,William Shakespeare' vermutet, so Thomas Dekker, Thomas Heywood, John Webster, Thomas Middleton und Christopher Marlowe, der allerdings schon 1593 und damit Jahre bevor der größte Teil von Shakespeares Werken geschrieben wurde, ermordet wurde. Spekulationen, dass Marlowes Tod nur vorgetäuscht wurde und er als Spion der Königin auf dem Kontinent lebte und / oder unter dem Namen ,William Shakespeare' weiter schrieb, führen die Frage der Verfasserschaft in eine Spirale der Vermutungen.

Entzündet haben sich diese Spekulationen um Shakespeares Autorschaft immer wieder an der (scheinbaren) Diskrepanz von der einfachen Herkunft William Shakespeares als einem ,Jungen vom Lande' und dem hohen Grad an Bildung, der aus seinen Werken spricht und ein Universitätsstudium für deren intellektuellen Gehalt unabdingbar erscheinen lässt. Dem ist zu begegnen, dass die Ausbildung an der Stratford *grammar school* durchaus die Autoren und Texte bereitstellen hätte können, welche in die Dramen Shakespeares eingegangen sind. Zudem zeigt die Karriere Ben Jonsons, der Sohn eines Maurers war, ebenfalls keine Universität besuchte und zu einem der gebildetsten Männer der Zeit wurde, was in dieser Zeit möglich war.

4. Persönlichkeit und dramatisches Werk

William Shakespeare war nicht nur ein erfolgreicher Dichter (vgl. Kap. IV), Dramatiker (vgl. Kap. V) und *share-holder* (vgl. Kap. II) einer renommierten Schauspieltruppe in London, sondern auch Familienvater und höchst erfolgreicher Geschäftsmann in Stratford-upon-Avon. Über seine Persönlichkeit wissen wir nicht viel: „He was indeed honest, and of an open and free nature", schrieb Ben Jonson über Shakespeare in seinem *Timber, or Discoveries*, „[he] had an excellent phantasy, brave notions, and gentle expressions." (zit. bei Bevington, 9). Shakespeare „redeemed his vices with his virtues. There was ever more in him to be praised that to be pardoned." (zit. bei Bevington, 9). In der *Preface* zur Folio-Ausgabe von Shakespeares Dramen (1623) preist Jonson ihn – möglicherweise auch der Textsorte geschuldet – als „soul of the age", „delight", „wonder of our stage", „sweet Swan of Avon" (und bietet somit erneut einen Beleg für die historische Person William Shakespeare aus Stratford-upon-Avon), wenngleich er auch beklagt, dass er nur über „small Latin and less Greek" verfügt habe. Spätestens seit der Romantik hat es dann ungezählte Versuche gegeben, Shakespeares ,Wesen' zu erfassen. Wie jüngst Jonathan Bate im Vorwort seiner Shakespeare-Biographie darlegt, war Shakespeare Teil des intellektuellen Klimas seiner Zeit. Er muss viel gelesen oder zumindest akkulturiert haben, darunter Klassisches, aber auch Werke nicht besonders hohen intellektuellen Anspruchs. Insgesamt zeigt er sich als publikumswirksam, heterodox und anglo-zentrisch. Shakespeare arbeitete nicht nur mit einzelnen Texten sondern auch mit populären Traditionen wie z. B. *stock characters* (Tyrann, Jungfrau, zürnender Vater, prahlender Soldat, schlauer Diener), Situationen und rhetorischen Konventionen. Der *senex iratus*, also der Vater, der den Heiratsplänen seiner Tochter nicht zustimmt, findet sich z. B. in *A Midsummer Night's Dream* (Egeus), sowie in Lord Capulet (*Romeo and Juliet*), und Prospero (*The Tempest*). Ein gutes Beispiel für die Mischung von Traditionen ist der Charakter des Falstaff. Er vereint in sich den *Lord of Misrule* und das *Vice* aus den mittelalterlichen *morality plays* (vgl. Kap. II), dazu *stock characters* aus der Komödie wie den schlauen Diener, der seine Vorgesetzten austrickst, oder den *miles gloriosus* und den Parasiten, der vor allem auf sein leibliches Wohlergehen bedacht ist. Shylock in *The Merchant of Venice* steht in der Tradition des mürrischen Alten aus der neuen griechischen Komödie, des Wucherers, des *senex iratus* und des Typus des Bühnenjuden.

Poetologische Standards

Was die poetologischen Standards der klassischen Antike anging, tadelte Shakespeares Freund und Rivale Ben Jonson seinen Kollegen aus seinem eigenen klassizistischen Dichtungsverständnis heraus: „I remember, the players have often mentioned it as an honour to Shakespeare that in his writing, whatsoever he penned, he never blotted out a line. My answer hath been, would he had blotted a thousand." (*Timber, or Discoveries*, zit. bei Dutton, 109). In seiner Einleitung zu seinem Drama *Bartholomew Fair* (1614, gedruckt 1631) klagt Jonson über „those who that beget *Tales*, *Tempests*, and such like Drolleries", was sich auf Shakespeares spektakuläres Drama *The Tempest* (1611) beziehen dürfte. 1619 beklagt sich Jonson gegenüber William Drummond of Hawthornden, dass Shakepeare „art", also planvolle Struktur, in seinen Dramen fehle, und er sachliche Fehler gemacht habe. So habe er in *The Winter's Tale* „a number of men" zusammengebracht, „saying that they had suffered shipwreck in Bohemia, where there is no sea near by some 100 miles". Jonsons Tadel ist sicher relativ zusehen. Jonson war überzeugter Klassizist, der sich die Einhaltung dramatischer Regeln wie *poetic justice* (die ‚guten' Charaktere werden am Ende für ihr Verhalten belohnt, die ‚bösen' bestraft), sowie die ‚Einheiten' der Handlung, des Ortes und der Zeit gewünscht hätte und diese auch selbst in seinen klar nach fünf Akten angelegten und sich an die ‚Einheiten' haltenden Dramen umgesetzt hatte. Jonsons Tragödien waren allerdings – im Unterschied zu seinen Komödien – beim Publikum nicht erfolgreich. Shakespeare dagegen hielt sich in seinen Dramen weder an die drei Einheiten noch an *poetic justice* (eklatantester Fall ist die unschuldige Cordelia, die in *King Lear* sterben muss). Auch mischte er komische und tragische Elemente in seinen Dramen. So treten in den Tragödien komische Figuren wie der *porter* in *Macbeth*, die Totengräber in *Hamlet* oder der Narr in *King Lear* auf, und werden umgekehrt Charaktere in Komödien mit dem Tod bedroht, wie Hermia zu Beginn von *A Midsummer Night's Dream*. Beatrices Aufforderung an Benedick „kill Claudio" (4.1.289) führt die Komödie *Much Ado About Nothing* fast in die Tragödie. Was die ‚Einheiten' des Ortes und der Zeit betrifft, so springt Shakespeare unbeschwert zwischen Schauplätzen hin und her (z. B. Venedig und Belmont in *The Merchant of Venice*, oder Rom und Ägypten in *Antony and Cleopatra*), lässt in *The Winter's Tale* die Figur *Time* auftreten, die zu Beginn des vierten Aktes verkündet, es seien seit den zuletzt dargestellten Ereignissen 16 Jahre verstrichen. Das einzige Drama, welches sich an die ‚drei Einheiten' hält, ist *The Tempest*.

Ben Jonson

Henry Chettle

Neben Jonson hat sich auch der heute weitgehend unbekannte Drucker und Dramatiker Henry Chettle über Shakespeare geäußert: er, der Greenes

Tadel an Shakespeare (siehe oben) herausgebracht hatte, entschuldigt sich im Vorwort „To the Gentlemen Readers“ seines Pamphlets „Kind-Harts Dreame“ (1592) für Greenes ungerechtfertigte Angriffe auf Shakespeare: „because myself have seen his demeanor no less civil than he excellent in the quality he professes: Besides, divers of worship have reported his uprightness of dealing, which argues his honesty, and his facetious grace in writing, that approves his art.“ (zit. bei Bevington, 14).

Shakespeares Bildung

Wir besitzen keine Dokumente darüber, was Shakespeare gelesen hat, welche Bücher er besessen hat, keine Listen, keine annotierten Ausgaben. Dass er die Stratford *grammar school* besuchte, können wir nur vermuten. Latein wurde dort gelernt anhand der Grammatik von William Lily (siehe oben). Ferner würde er dort unterrichtet worden sein in der griechischen Literatur, d.h. Isocrates, Neues Testament, Homer, Demosthenes, Hesiod, Aesop, Euripides, Dionys von Halicarnass, Heliodor, Lucian, Plutarch, Theokrit, Xenophon. In Latein im *Zodiacus Vitae* des Palingenio (zirka 1528; engl. Übersetzung durch Barnabe Googe zirka 1560) mit Material zu Astronomie, Metaphysik und Naturphilosophie, und vor allem in der klassischen römischen Literatur: Cato, Terenz und Plautus (Komödie), Seneca (Tragödie), Cicero und Quintilian (beide Rhetorik, ebenso wie das Cicero zugeschriebene *Ad Herennium*), Vergil (Epos und Eklogen), Horaz und Juvenal (Satire), Lukan, Sallust und Caesar (Prosa), Catull (Elegien), sowie den Nachklassikern, und hier vor allem Erasmus.

Klassische Autoren

Auch wenn Jonson Shakespeare in seiner *Preface* zur *First Folio* (vgl. Kap. III) nur „little Latin and less Greek“ zuweist, spielt die klassisch-antike Welt in Shakespeares Werken eine nicht unerhebliche Rolle, so in *Venus and Adonis, The Comedy of Errors, The Rape of Lucrece, Titus Andronicus, A Midsummer Night's Dream, Julius Caesar, Troilus and Cressida, Antony and Cleopatra, Coriolanus, Timon of Athens, Pericles, Cymbeline* und *The Two Noble Kinsmen.* Konkrete Bezüge lassen sich feststellen für Ovids *Fasti* in *The Rape of Lucrece,* Ovids *Metamorphosen* für *Venus and Adonis,* die *Sonette, A Midsummer Night's Dream, The Merry Wives of Windsor* und *The Tempest.* North's Übersetzung von Plutarch in *Titus Andronicus, A Midsummer Night's Dream, Julius Caesar, Antony and Cleopatra, Coriolanus, Timon of Athens, King Lear.* Seneca für *Titus Andronicus, Richard III, Hamlet, Othello, Macbeth, King Lear.* Plautus für *The Comedy of Errors.* Am häufigsten bezieht sich Shakespeare auf Ovid, und hier vor allem auf die Übersetzung der *Metamorphoses* durch William Golding. Wahrscheinlich hat Shakespeare nicht nur Ovid, sondern auch andere klassische Autoren nicht im Original, sondern in Übersetzungen gelesen. Zur Verfügung standen ihm Hobys Übersetzungen der Werke des Castiglione (1561), Adlingtons Apuleius (1566), Goldings Ovid (1567), Norths Plutarch (1579), Haringtons Ariost (1591), Chapmans Homer (1598), Hollands Livius (1600), Fairfaxs Tasso (1600) und Florios Montaigne (1603).

Übersetzungen

Englische Autoren

Shakespeares Quellen waren freilich nicht nur auf die klassische Literatur beschränkt, sondern er wählte auch englischsprachige Werke wie Banaby Riche's *Apolonius and Silla* (1581), Robert Greene's *Pandosto* (1588) und Thomas Lodge's *Rosalynde* (1590). Diese waren die Hauptquellen für *Twelfth Night, The Winter's Tale* und *As You Like It.* Für die *Historien* (vgl. Kap. V) waren Edward Hall's *Union of the Two Noble and Illustre Families of*

Lancaster and Yorke (1548) und Raphael Holinshed's *Chronicles of England* (1578) seine wichtigsten Quellen. Auch der bedeutendste Dichter des Mittelenglischen, Geoffrey Chaucer, war vor allem für *A Midsummer Night's Dream* und *Troilus and Cressida* von Einfluss, sein Zeitgenosse John Gower für *The Comedy of Errors* und *Pericles*.

5. Die Portrait-Diskussion

Insbesondere in den letzten Jahren ist wieder die Frage, wie man sich diesen William Shakespeare von seinem Aussehen her denn vorstellen soll, in der Shakespeare-Forschung verstärkt diskutiert worden. Denn auch hier bestehen – auch dank eines größeren Angebots von Material – Unsicherheiten, so dass sich der Wunsch und das Bestreben, Shakespeare ein eindeutiges Aussehen zuzuschreiben, zumeist als schwieriges Unterfangen erweist. Das wahrscheinlich am besten bekannte Portrait Shakespeares ist das Titelbild der First Folio, das *Droeshout Portrait of William Shakespeare*. Es handelt sich um einen Kupferstich von Martin Droeshout dem Jüngeren (1601 bis nach 1639), im Format von 198 × 163 mm (7¾ × 6½ inches), veröffentlicht auf der Titelseite der *First Folio* von 1623. Weiter hohen Bekanntheitsgrad hat das so genannte *Chandos Portrait of William Shakespeare* von John Taylor, Öl auf Leinwand (55,2 × 43,8 cm; 21¾ × 17¼ inches), welches sich in der National Portrait Gallery in London befindet. Die Identifikation Shakespeares beruht auf einer Annahme des 18. Jahrhunderts, welche auch John Taylor als Künstler nennt. Taylor war mit ziemlicher Sicherheit ein *boy actor* der *St. Paul's School* und im Jahre 1598 nicht älter als maximal vierzehn Jahre alt, was eine Entstehung des Portraits vor zirka 1610 nahezu ausschließt. Die *Memorial Bust of William Shakespeare*, vermutlich von Garrat Johnson, entstand zirka 1620 oder früher und steht in der Holy Trinity Church in Stratford-upon-Avon. Gemeinhin ist davon auszugehen, dass diese drei Bildnisse – Droeshouts Kupferstich und Johnsons Büste eindeutig posthum, das Chandos Portrait möglicherweise noch zu Shakespeares Lebzeiten – dem tatsächlichen Aussehen Shakespeares am nächsten kommen.

Martin Droeshout

Chandos Portrait

Büste in der Trinity Church

Das *Folger Portrait of William Shakespeare* eines anonymen Künstlers wird auf zirka 1615 datiert. Es handelt sich um ein Gemälde ‚Öl auf Holz' im Maß von 55,9 × 43,4 cm ($22^3/_{16}$ × $17^1/_8$ inches), das sich in der Folger Shakespeare Library, Washington D.C., befindet. Über Jahrhunderte hinweg ging man davon aus, dass das Portrait der Folger Library ebenfalls zu den Lebenszeugnissen Shakespeares zu zählen sei, bis man durch die fortschreitende Technik der Röntgenaufnahmen in den 1940er Jahren herausfand, dass das Bild manipuliert wurde. Offensichtlich hatte man das bestehende Haupthaar so weit an eine Halbglatze angeglichen, dass seine offenkundige Ähnlichkeit zu den bestehenden Portraits nicht mehr von der Hand zu weisen war. Das Portrait geriet daraufhin nahezu in Vergessenheit, bis vor wenigen Jahren ein weiteres Portrait das Folger Bildnis in ein neues Licht rückte. Das ebenfalls anonym überlieferte und in den letzten Jahren in der Forschung engagiert diskutierte *Cobbe Portrait of William Shakespeare* wird auf zirka 1610 datiert. Es handelt sich ebenfalls um eine Darstellung ‚Öl auf Holz' im Format von 53,9 × 37,5 cm (21¼ × 14¾ inches), welches sich in

Folger Portrait

Cobbe Portrait

der Cobbe Collection befindet. Bei diesem Portrait handelt es sich um die Primärform, auf welche nicht nur das *Folger Portrait* zurückgeht. Als *Cobbe Portrait* Kopien gelten des weiteren das *FitzGerald Portrait* (in Privatbesitz), sowie das *Dorchester Portrait* (ebenfalls in Privatbesitz).

6. Religiöse Orientierung

Ein weiteres großes Fragezeichen im Bereich des ‚historischen William' ist seine religiöse Orientierung. Obwohl sich die Shakespeare-Forschung seit ihren Anfängen auch mit dieser Frage beschäftigt hat, trat diese lange Zeit hinter anderen Interessen zurück. Während der letzten 20 Jahre aber hat die Frage nach Shakespeares persönlicher Religionszugehörigkeit wieder Eingang in die Forschung gefunden (siehe auch Kap. VII) und wird weltweit ebenso lebhaft wie fruchtbar diskutiert. William Shakespeare ist nicht nur *ein* englischer Dichter und Dramatiker, sondern Weltautor und vor allem britischer Nationaldichter. Wenn sich dieser als Person und als Dichter und Dramatiker im Kontakt mit den unter Elisabeth I und James I verfolgten Katholiken in Verbindung bringen ließe, beträfe das in diesem Fall nicht nur eine Person, sondern hätte eine nationale Dimension (vgl. hierzu auch Kap. VI).

Katholiken im England der Frühen Neuzeit; Politischer Hintergrund

König Henry VIII aus dem Hause Tudor (1509–1547) war die initiierende Kraft, die die extremen religiösen Wirren im England der Frühen Neuzeit auslöste. Er brach im Jahr 1534 mit der römisch-katholischen Kirche und etablierte die anglikanische Staatskirche, deren Oberhaupt bis heute der König bzw. die Königin ist. Das Parlament bestätigte Henry als politisches und zugleich religiöses Oberhaupt des Staates. Als Henry VIII im Januar 1547 starb, wurde sein zehnjähriger Sohn zu König Edward VI gekrönt, der allerdings in seiner kurzen Regierungszeit (1547–1553) dem Protektorat der Herzöge von Somerset und Northumberland unterstand. Während Edwards Regierungszeit entwickelte sich England zu einem Staat des Protestantismus. Katholische Heiligenverehrung und Totenkult wurden abgeschafft, Wandbilder in Kirchen übermalt und Kirchenfenster als Ausdruck mittelalterlichen Aberglaubens entfernt. Nach dem frühen Tode Edwards sollte sich mit der Thronbesteigung von Mary, der Tochter Henrys aus erster Ehe mit Katharina von Aragon, die Situation wieder ins exakte Gegenteil verkehren. Mary erklärte den Katholizismus zur Staatsreligion und ging während ihrer Regierungszeit (1553–1558) außerordentlich hart gegen die Protestanten vor, was in John Foxe's *Book of Martyrs,* wie seine Schrift *Acts and Monuments* bald genannt wurde, literarischen Ausdruck fand. Marys Ehe mit dem katholischen Philip von Spanien im Jahr 1554 stärkte weiter Englands Band mit der Alten Religion.

Edward VI

‚Bloody' Mary

Elizabeth I

Die religiöse Orientierung Englands sollte sich freilich abermals ändern, als nach dem Tode Marys im Jahre 1558 die Tochter Henrys aus seiner Ehe mit Anne Boleyn zur Königin Elizabeth I von England gekrönt wurde. Sie sah es nach ihrer Krönung zunächst als ihre Aufgabe an, dem Land wieder Ruhe und bestmögliche gegenseitige religiöse Verständigung zu geben. Freilich war ihre Regentschaft von Anfang an von Aufständen und Verschwörungen geprägt. So sollte etwa die *Northern Rebellion* (1569) unter Elizabeths Großcousine Mary Stuart das Land wieder dem Katholizismus zuführen und Mary zur Königin machen.

Bis etwa 1570 herrschte unter Elizabeth relative Toleranz zwischen Anglikanern und Papisten. Diese relative Ruhe änderte sich, als Papst Pius V mit der päpstlichen Bulle „regnans in excelsis" im Jahre 1570 Elizabeth I exkommunizierte. Fortan wurden die Katholiken in England immer stärker unterdrückt und verfolgt, weil sie unter den Verdacht gestellt wurden, Hochverräter zu sein. So erließ sie zahlreiche *Acts* gegen *Popish Recusants*, und hier insbesondere gegen die missionierenden Jesuiten (siehe unten).

Im Jahr 1591 wurde infolge von Gerüchten, dass eine zweite spanische Armada gegen England vorbereitet werde, in jeder Grafschaft auf königlichen Befehl eine Kommission gegründet, die Listen mit Namen und Aktivitäten von Rekusanten zu erstellen hatte. Auf diese Liste wird noch weiter unten im Zusammenhang mit Shakespeare zurückzukommen sein. Weitere *Acts* des Jahres 1593 gegen aufrührerische Sektierer und Papisten verbannten diejenigen, die dagegen verstießen, ins Exil. Insgesamt war Elizabeths England also keinesfalls ein harmonisches ‚goldenes' Zeitalter (vgl. Kap. II und VII), sondern ein tief gespaltenes Land, in dem katholisch zu sein bedeutete, ein Fremder in der eigenen Heimat und einer unnachgiebigen Verfolgung ausgesetzt zu sein.

James I

Elizabeth I blieb bis zu ihrem Tod 1603 unverheiratet und kinderlos. Ihr folgte der Sohn Mary Stuarts nach, der bereits als James VI von Schottland regierte (er war im Jahr 1567 im Alter von 10 Monaten zum König gekrönt worden). Im Jahre 1603 wurde er als James I zum König von England gekrönt, womit England und Schottland in Personalunion vereinigt wurden. Unter seiner Regierungszeit (1603–1625) sollten sich die Verhältnisse für die Katholiken noch verschlechtern. Er behielt die Gesetze, die unter Elizabeth erlassen wurden, bei und ließ eine neue Bibelübersetzung erstellen, die als *King James Bible* autorisiert wurde. Seine Heirat mit Anne von Dänemark 1589 stärkte wieder den katholischen Einfluss im Land, doch ist bis heute nicht geklärt, wie groß der Einfluss Annes tatsächlich war. Der (gescheiterte) *Gunpowder* Plot des Jahres 1605 trug erheblich zur Verschärfung der Situation für die Katholiken bei.

Die Mission der Jesuiten

Der Jesuitenorden sah die Verbreitung der verschiedenen Strömungen innerhalb des Anglikanismus mit der Sorge, dass der Katholizismus in England vollkommen ausgelöscht werden könnte und unternahm seine erste Mission im Jahr 1580, als Father Edmund Campion und Father Robert Persons von Rom aus nach England entsandt wurden. Campion wurde zirka ein Jahr nach seiner Landung in England gefangen genommen und am 1. Dezember 1581 hingerichtet. Persons konnte seinen Verfolgern entkommen und noch im gleichen Jahr auf den Kontinent fliehen, wo er in Rom im Jahr 1610 verstarb.

Hochverrat

Noch unter Elizabeth I erklärte ein Statut von 1585 allein die Gegenwart von Jesuiten und ihrer Prediger als Hochverrat und verfügte, dass diese das Königreich innerhalb von 40 Tagen in der gegenwärtigen Regierungszeit des Parlaments verlassen müssten. Jedes Beherbergen von Jesuitenpriestern wurde hart bestraft, in den meisten Fällen mit dem Tod. Auch Elizabeths Nachfolger James ging unerbittlich gegen die Katholiken im eigenen Land sowie gegen die *Colleges* der Jesuiten auf dem Kontinent vor. Somit sandten also spätestens seit den 1570er Jahren Elizabeth und James sehr klare Signale zu religiöser Konformität und Gehorsam der Staatsreligion gegenüber aus.

Shakespeare und der Katholizismus

Die Erforschung der Biographie Shakespeares im 18. und 19. Jahrhundert, die im 20. Jahrhundert zunächst sowohl in ihrem methodischen Ansatz als auch in der Produktivität der Fragestellung als falsch verworfen wurde, kehrte am Ende des 20. Jahrhunderts im Rahmen des aufkommenden *factualism* (vgl. Kap. VII) vor allem in Großbritannien wieder in das Forum der Shakespeare-Philologie zurück, obwohl in den 70er Jahren von Roland Barthes und Michel Foucault noch der Tod des literarischen Autors proklamiert worden war. Die Annahme, dass die Traditionen des alten Glaubens um Stratford-upon-Avon, wo William Shakespeare aufwuchs, besonders stark waren, ist nicht neu. Die Region war lange als Bastion der Rekusanten und des katholischen Widerstands bekannt. Mit Catesby, Tresham, Grant und Winters kam ein großer Teil der Verschwörer des *Gunpowder Plot* (1605) aus Warwickshire. Shakespeares Mutter Mary Arden stammte aus einer katholischen Familie.

Stratford-upon-Avon und Familie

The Lost Years

1985 stellte Ernest Honigmann in seiner Monographie *Shakespeare. The Lost Years* der Öffentlichkeit die These vor, dass William Shakespeare sich in den Jahren zwischen 1585 und 1592, einem Zeitraum, für den bis heute keine Erwähnungen oder Dokumente hinsichtlich Shakespeares Aufenthaltsort oder Tätigkeit gefunden werden konnten, in Lancashire als Bediensteter oder Schauspieler in verschiedenen katholischen Haushalten aufgehalten habe, zu denen auch der Haushalt des Alexander Hoghton, eines führenden Mäzens der Schönen Künste, gehörte. Die These von Shakespeares möglicher Verbindung zu den Jesuiten erlangte große öffentliche Aufmerksamkeit, als Richard Wilson in seinem Artikel im *Times Literary Supplement* vom 19. Dezember 1997 weiter der Frage nachging, was den katholischen Haushalt des Alexander Hoghton in Lancashire mit Stratford-upon-Avon verbunden haben könnte und sich dabei vor allem auf Alexander Hoghtons Testament vom 3. August 1581 konzentrierte. In diesem erwähnt dieser einen gewissen John Cottom und vermacht seinen Theaterfundus von Kostümen und Musikinstrumenten seinem Halbbruder Thomas Hoghton:

> … if he be minded to keep & do keep players. And if he will not keep & maintain players, then it is my mind & will that Sir Thomas Hesketh knight shall have the same instruments and play clothes. And I must heartily require the said Sir Thomas to be friendly unto Fulk Gillom and William Shakeshafte now dwelling with me & either to take them unto his service or else help them to some good master, as my trust is he will. (zit. in *TLS* 19.12.1997)

Es lassen sich all die Individuen, die in Alexander Hoghtons Testament erwähnt werden, nachweisen – mit einer Ausnahme: William Shakeshafte.

Honigmann hatte argumentiert, dass William Shakeshafte identisch sein könnte mit William Shakespeare, da über 80 Schreibweisen seines Namens bekannt waren, und „Shakeshafte" ein häufiger Name in Lancashire war. Richard Wilson stellte die These auf, dass Hoghton Tower und Stratford durch die frühe Jesuitenmission unter Robert Persons und Edmund Campion im Winter 1580/1581 (siehe oben) verbunden waren. Somit könnte, wenn William Shakespeare tatsächlich der „Shakeshafte" im Testament des Alexander

Hoghton ist, er sich von 1579, nachdem er die *grammar school* verlassen hatte, bis 1581, als Alexander Hoghton sein Testament machte und bald darauf starb, tatsächlich in Hoghton Tower aufgehalten haben und dort den Jesuiten Campion getroffen haben.

Literarisches Werk

Wenn man vor dieser These möglicher Kontakte William Shakespeares zu den unterdrückten Jesuiten seine Dramen betrachtet und diese vor allem mit denen seiner Zeitgenossen Christopher Marlowe, Thomas Dekker, John Webster und Thomas Middleton vergleicht, wird schnell deutlich, dass deren Bühnenwerke der protestantisch-nationalistischen Norm unter Elizabeth I und James I viel näher stehen als die Shakespeares. Prominentes Beispiel ist hier Marlowes *Dr Faustus* und seine Verspottung des Papstes, so dass man sich die Frage stellen darf, welche Gründe es für Shakespeares wesentlich mildere Haltung den Katholiken gegenüber gegeben haben könnte. Dass Shakespeare möglicherweise dem Königshaus nicht so absolut treu ergeben war, wie es für einen Nationaldichter (vgl. Kap. VI) zu erwarten wäre, zeigt auch, dass er, soweit wir wissen, nie eine *court masque* schrieb. Wie Stephen Greenblatt in *Hamlet in Purgatory* aufgezeigt hat, gibt es in den Dramen Shakespeares durchaus Stellen, die zumindest auf Sympathien mit den Katholiken hindeuten. So ist im *Hamlet* der Geist des alten Königs gerade dem (katholischen) Fegefeuer (engl. *purgatory*) entstiegen:

Beispiel: *Hamlet*

> Doom'd for a certain term to walk the night
> And for the day confin'd to fast in fires
> Till the foul crimes done in my days of nature
> Are burned and purg'd away. (1.5.10–13)

Im Kontext des bisher Dargelegten könnte dieser für den Fortgang der Dramenhandlung nicht zwingend notwendige Hinweis auf den katholischen Glauben an das Fegefeuer zentral für die Interpretation des Dramas werden. Zudem dürfte es in diesem Kontext kein Zufall sein, dass dieser Geist aus einem katholischen Fegefeuer einen Sohn trifft, der ausgerechnet an Luthers Universität in Wittenberg studiert, wo dieser sicher gelehrt wurde, eben *nicht* an solche Dinge wie ein Fegefeuer zu glauben. Mit dem katholischen Fegefeuer und zudem dem Hinweis auf das katholische Sakrament der letzten Ölung („unanel'd"; 1.5.77) auf der einen Seite und dem protestantischen Diskurs des Gewissens und der göttlichen Prädestination auf der anderen Seite, sendet *Hamlet* zumindest gemischte konfessionelle Signale aus.

Für Kontakte der verfolgten Jesuiten mit dem englischen Nationaldichter William Shakespeare bestehen also durchaus Anhaltspunkte. Entgegen dem traditionellen Bild von Shakespeare als dem *National British Bard* (vgl. Kap. VI) einer geeinten Nation unter Königin Elizabeth I und James I als jeweiligem Oberhaupt der anglikanisch-protestantischen Kirche können wir heute eine gewisse Affinität Shakespeares zum Katholizismus nicht weiter ignorieren. Gegen das Bild des königstreuen Genies Shakespeare, welches natürlich der Anglikanischen Staatskirche angehörte und natürlich die Religionspolitik des Regenten unterstützte, müssen wir heute das Bild eines Dramatikers setzen, der in den politischen und religiösen Spannungen seiner Zeit verortet war, während er im potentiell subversiven Medium des Theaters arbeitete. Auch wenn der *British Bard* noch immer vom Shakespeare-Establishment als Nationaldichter gefeiert wird, eröffnet ein Kontext wie der hier skizzierte weitere Fragen in der Biographie des historischen William Shakespeare.

Zusammenfassung

Somit bleibt letztlich die Lebensgeschichte Shakespeares voller Fragezeichen, die verschiedene Biographen unterschiedlich zu erklären versucht haben.

Problematik der biographischen Interpretation der Werke

Festzuhalten ist, dass es diesen William Shakespeare aus Stratford-upon-Avon wirklich gab, der als erfolgreicher Schauspieler und Dramatiker in London arbeitete und in Stratford Familie und beträchtlichen Besitz hatte. Unbedingt gewarnt werden soll hier vor einer biographischen Lektüre seiner Werke! Gedichte wie auch Dramen sind künstlerische Produkte, und, um nur ein Beispiel zu nennen, *The Taming of a Shrew* als Ausdruck von Shakespeares Brautwerbung oder Ehe zu sehen, entbehrt jeder Grundlage.

II. Die Zeit: Epochenkonstrukte und das Theaterleben in London

1. Problematik von Epochenkonstrukten

Der Zeitraum, in dem wir uns mit der ‚Zeit Shakespeares' bewegen, ist nicht genau abzugrenzen; die Grenzen lassen sich irgendwo zwischen dem 14. und 17. Jahrhundert ziehen. Wichtig ist hierbei, sich generell bewusst zu machen, dass Periodisierungen und Epochenkonstrukte keine stabilen Größen sind, sondern sich diese je nach Ansatz immer wieder ändern. Epochenkonstrukte sollten daher nie kritiklos übernommen werden, da immer wieder neue Periodisierungen möglich sind. Eine ‚Geschichte der Literatur' impliziert stets eine kontinuierliche Abfolge von historischen Ereignissen, die dann im Nachhinein zu einem besseren Verständnis in Epochen gegliedert werden. Dies geschieht jeweils in Abhängigkeit von Wissen, Geschichtstheorien, Erkenntnisinteressen und Perspektiven anders, z. B. geistesgeschichtlich, gesellschaftsgeschichtlich, wirtschaftsgeschichtlich oder politikgeschichtlich.

Ein außerordentlich wirkungsmächtiger Versuch, für die Zeit Shakespeares ein Epochenkonstrukt zu entwerfen, geht zurück auf den *historical criticism* (vgl. Kap. VII). Dessen Vertreter haben die englische Renaissance monolithisch konstruiert als die Zeit zwischen 1500 und 1660, welche aus verschiedenen Gründen (Rosenkriege, Humanismus) im Vergleich zum Kontinent verspätet eingesetzt hat. Prominenter Ausdruck dieses Konstrukts ist das so genannte Elisabethanische Weltbild von E. M. W. Tillyard (siehe unten). Im Gegensatz zu dieser monolithischen Konstruktion der Epoche als einer von Korrespondenzen und Harmonien bestimmter Einheit wird heute nicht mehr von *Renaissance* sondern von *Früher Neuzeit* gesprochen, da diese eben nicht mehr als Einheit, sondern als Zeit der Diskursvielfalt gesehen wird, in der viele Autoritäten nebeneinander existierten. Der Religionsstreit (vgl. Kap. I), die Naturwissenschaften, die Infragestellung antiker Autoritäten sind – neben vielen anderen – Tendenzen, die zur Neuzeit führen.

Epochenbezeichnungen

In Literaturgeschichten finden sich auch Epochenbezeichnungen wie *Tudor, Elizabethan* oder *Jacobean Age*. Diese sind freilich als problematisch anzusehen, weil hier Regierungperioden von Monarchen oder Herrscherhäusern literarisch definiert werden. In den 50er Jahren wurde zudem vor allem in Deutschland versucht, Shakespeare in Anlehung an die Periodisierungen in der Kunstgeschichte dem *Barock* oder dem *Manierismus* zuzuordnen, was sich aber nicht halten ließ.

Monolithische Konstruktion: Das elisabethanische Weltbild

E. M. W. Tillyards Konstrukt des elisabethanischen Weltbildes, welches dieser in seinem *The Elizabethan World Picture* (1943) veröffentlichte, hat über Jahrzehnte hinweg einen immensen Einfluss auf die Shakespeare-Philologie gehabt. Tillyard geht davon aus, dass die Elisabethaner ein Weltbild universaler Ordnung hatten, welches das Denken der Menschen durchdrang. Dieses Weltbild geht letztlich zurück auf die klassisch griechische Philosophie und verstand das Universum als System korrespondierender, eng miteinander verbundener Hierarchien als eine *Great Chain of Being*. Gott steht an seiner Spitze, darunter befinden sich die Stufen der Engel, Menschen, Tiere, Pflanzen und Mineralien. Innerhalb jeder einzelnen Stufe existieren wiederum Hierarchien, wie etwa die Sonne als oberste Instanz der Sterne und Planeten, und das Gold der Mineralien. An der Spitze der sozialen Hierarchie steht der König (der mit Metaphern anderer ‚Spitzen-Existenzen' wie Sonne oder Löwe, oder Gold repräsentiert wird), an der Spitze der Familie der Mann bzw. Vater. Die Hierarchie reicht letztlich bis zum menschlichen Körper, der als Mikrokosmos den Makrokosmos des Universums widerspiegelt.

Das Konzept der Kette des Seins sah den Menschen zwischen dem Reich der Engel und dem der Tiere, weshalb er Geist und Körper in sich vereine und aufgrund seiner rationalen Begabung nach oben zur Erkenntnis Gottes, aber aufgrund der Erbsünde auch nach unten zum triebgesteuerten Tierreich gezogen werde. Die Humanisten nahmen die optimistische Sicht ein, dass die gottgegebene Fähigkeit zu rationalem Denken den Menschen befähige, seine Instinkte zu kontrollieren. In den Worten von Sir Philip Sidney in seiner *Defense of Poesy*: „our erected wit maketh us know what perfection is, and yet our infected will keepeth us from reaching unto it." Nach christlichem Glauben war der Mensch durch Jesus Christus von der Erbsünde erlöst worden, und Sidney argumentierte, der Mensch könne das Goldene Zeitalter vor dem Sündenfall durch die Dichtung wieder entdecken. Dem gegenüber vertrat Niccolò Machiavelli in seinem *Il Principe* (1513) ein pragmatisches Konzept politischen Handelns, indem er Ordnung als den Ausdruck des Willens des Herrschers verstand, der zu harten und schnellen Entscheidungen fähig ist. Wie die Calvinisten sah auch Macchiavelli den Menschen als in sich böse an, weshalb er strenger Kontrolle unterworfen werden müsse. Machiavellis empirischer Realismus wurde vielfach falsch verstanden, zumal er in England vor allem durch Gentillets *Contre-Machiavel* bekannt wurde. Auf der elisabethanischen Bühne wurden seine Ideen zur Karikatur von Verwerflichkeit verzerrt. Bekanntestes Beispiel ist Christopher Marlowes Drama *The Jew of Malta*, in dem ‚Machiavel' den Prolog spricht:

Sir Philip Sidney

Niccolò Machiavelli

Beispiel: Christopher Marlowe, *The Jew of Malta*

> To some, perhaps, my name is odious;
> But such as love me guard me from their tongues,
> And let them know that I am Machiavel,
> And weigh not men, and therefore not men's words.
> Admired I am of those that hate me most [...]
> I count religion but a childish toy
> And hold there is no sin but ignorance. (5–9; 14–15)

Das kosmische System, so, wie die Frühe Neuzeit es verstand, sah die Erde im Zentrum mit einer Reihe von neun konzentrischen Sphären, die den neun Planeten entsprachen und sich um die Erde drehten. Jenseits der neunten Sphäre war das Empyreum oder der Himmel, das Reich Gottes. Das Werk des Nicolaus Kopernicus, welches nicht mehr die Erde, sondern die Sonne im Zentrum des Universums sah, wurde 1543 veröffentlicht, und

Kosmos

Kopernikus

spätere Astronomen wie Tycho Brahe, Johannes Kepler, und vor allem Galileo Galilei; führten sein Werk weiter. Massiver Widerstand kam von der Kirche: Wenn die Erde der Sonne untergeordnet wäre, wo wäre dann der Ort für den Menschen als Vollendung von Gottes Schöpfung?

Nicht-monolithische Konstruktion: die Frühe Neuzeit

Wie oben bereits erwähnt, und wie Kritiker insbesondere seit den 1980er Jahren aufgezeigt haben (vgl. Kap. VII), war die Zeit Shakespeares keinesfalls eine von Harmonie durchdrungene Einheit, sondern auch von Chaos, Disparatem und Widersprüchlichem geprägt. Das Staatsgefüge kannte sowohl unter Elizabeth wie auch unter James durchaus auch große Zeichen von *disorder* wie Kriege nach außen und Rebellionen nach innen. Es wurde sogar so sehr von *disorder*, wie der spanischen Armada, den religiösen Konflikten zwischen Anglikanern und Katholiken (vgl. Kap. I) und den zunehmenden Spannungen zwischen König und Parlament bedroht, dass diese letztlich im Bürgerkrieg und der Abschaffung der Monarchie (1648–1660) kulminierten. Shakespeares Schaffenszeit deckt zirka die 15 letzten Regierungsjahre von Elizabeth und die ersten zehn von James ab, so dass auch er in diese widerstreitenden Diskurse eingebunden war. Auch seine Dramen setzen sich mit Themen von Ordnung und Chaos auseinander; am bekanntesten die so genannte „degree speech" aus *Troilus and Cressida*:

Beispiel: *Troilus and Cressida*

> Ulysses:
> The heavens themselves, the planets, and this centre
> Observe degree, priority, and place,
> Insisture, course, proportion, season, form,
> Office, and custom, in all line of order;
> And therefore is the glorious planet Sol
> In noble eminence enthron'd and spher'd
> Amidst the other. [...]
> But when the planets
> In evil mixture to disorder wander,
> What plagues and what portents, what mutiny!
> What raging of the sea, shaking of earth!
> Commotion in the winds! Frights, changes, horrors
> Divert and crack, rend and deracinate
> The unity and married calm of states
> Quite from their fixure! O, when degree is shak'd,
> Which is the ladder of all high designs,
> The enterprise is sick. How could communities,
> Degrees in schools, and brotherhoods in cities,
> Peaceful commerce from dividable shores,
> The primogenity and due of birth,
> Prerogative of age, crowns, sceptres, laurels,
> But by degree stand in authentic place?
> Take but degree away, untune that string,
> And hark what discord follows. Each thing meets
> In mere oppugnancy: the bounded waters
> Should lift their bosoms higher than the shores,

And make a sop of all this solid globe;
Strength should be lord of imbecility,
And the rude son should strike his father dead;
Force should be right; or rather, right and wrong
(Between whose endless jar justice resides)
Should lose their names, and so should justice too!
(1.3.85–91; 94–118)

Es wäre freilich zu einseitig, diese Rede isoliert und nicht eingebettet in die Figurenkonstellation des Dramas zu sehen. Ulysses hält diese, um Agamemnon, dessen schwache Führung Unordnung ins Lager der Griechen gebracht hat, wieder Autorität zu verleihen. Eine nur bestätigende Anwendung der Konstruktion des monolithischen *Elizabethan World Picture* auf Shakespeare und seine Zeitgenossen würde vor allem eine konservative, macht-affirmative Sicht verteidigen und keine skeptischen Fragen stellen.

2. Theaterleben

Rahmenbedingungen

Wenn wir uns mit Shakespeare und seinen Dramen beschäftigen, müssen wir uns immer vor Augen halten, dass er für das öffentliche Theater seiner Zeit schrieb und nicht für eine Lektüre im stillen Kämmerlein. Wie auch in Kap. I skizziert, verfasste er nicht nur die Dramen für seine Schauspieltruppe, sondern war er auch deren *shareholder*. Dies bedeutete, dass er zusammen mit zirka zehn weiteren *shareholders* als permanentes Mitglied der Truppe deren Requisiten, Textbücher und Kostüme mit besaß und generell die Risiken, aber auch die Profite teilte. Shakespeare schrieb seine Texte für das öffentliche Theater und damit eine populäre Form der Unterhaltung in einer lebendigen Kulturszene. Das Publikum verlangte – zumal in Anbetracht der Konkurrenz verschiedener Schauspieltruppen, die von den Einnahmen ihrer Produktionen leben mussten, – nach immer Neuem. Andererseits bedingten die verfügbaren Theaterbauten und auch die jeweiligen Begabungen der Schauspieler einer Truppe Einschränkungen des Darstellbaren. Zudem mussten sich Dramatiker – zumindest nach außen – an politischen und religiösen Gegebenheiten orientieren und waren der Zensur unterlegen (siehe unten). Shakespeare dürfte, ebenso wie seine Kollegen, unter hohem Produktions- und Erfolgsdruck gestanden haben. Auf keinen Fall dürfen wir davon ausgehen, dass er in seiner Zeit einen so hohen kulturellen und literarischen Rang genoss wie heute (vgl. auch Kap. VI).

Wie unter anderem aus Sonett 111 hervorgeht, genossen Theaterschaffende kein hohes soziales Ansehen:

Oh, for my sake do you with Fortune chide,
The guilty goddess of my harmful deeds,
That did not better for my life provide,
Than public means which public manners breeds.
Thence comes it that my name receives a brand;
And almost thence my nature is subdued
To what it works in, like the dyer's hand. (1–7)

Vielfalt

Generell war das Theater der Frühen Neuzeit offen für Experimente und eine Mischung von klassischen und volkstümlichen Elementen. Wie fließend die Übergänge zwischen den Gattungen und wie groß die Vielfalt der Gattungen (vgl. auch Kap. V) waren, zeigt etwa die Ankündigung der Elsinore besuchenden Schauspieltruppe durch Polonius im *Hamlet*, die als die beste gilt in „tragedy, comedy, history, pastoral, pastorical-comical, historical-pastoral, tragical-historical, tragical-comical-historical-pastoral, scene individable or poem unlimited" (*Hamlet*, 2.2.379–82). Sir Philip Sidney in seiner *Defense of Poesy* reduzierte diese Vielfalt freilich puristisch und auf die Klassische Antike zurück führend auf die Gattungen der Tragödie und der Komödie, wenn er beklagt, dass die Dramen der Zeitgenossen „besides these gross absurdities, how all their plays be neither right tragedies, nor right comedies, mingling kings and clowns [...]" Der weniger klassisch gebildete Theatergänger als Sidney erkannte die Gattung üblicherweise anhand der sozialen Schicht der auftretenden Charaktere oder des Titels des Dramas, der immer Erwartungen weckt (z. B. *The Comedy of Errors*; *The Tragedy of King Lear*). Auch waren einzelne Theatertruppen dafür bekannt, an verschiedenen Schauplätzen gewissermaßen als ‚Spezialisten' spezifische Typen von Dramen aufzuführen.

Zensur

Shakespeare und seine Zeitgenossen waren keinesfalls frei in dem, was sie schrieben und zur Aufführung brachten. Eine erste Selbst-Zensur der Truppen bestand bereits darin, den Adeligen, unter dessen Patronat diese standen, nicht in Misskredit zu bringen. Von außen veranlasst, wurden die Theater vom Magistrat der Stadt London immer wieder wegen der Pest geschlossen, die sich in großen Menschenansammlungen besonders schnell und leicht verbreitete. Ein weit wichtigerer Grund war aber die Furcht der Behörden vor Aufständen und Aufruhr („riot and disorder"). Des Weiteren wurden den Truppen Gesetze auferlegt. Als Königin Elizabeth I 1559 den Thron bestieg, verfügte sie, „that they permit none to be played wherein either matters of religion or of the governance of the estate of the common weal shall be handled or treated." (*ES* 4:263) Schauspieler, die dagegen verstießen, konnten festgenommen und inhaftiert werden. 1581 übertrug die Königin an Edmund Tilney, der seit 1579 das Amt des *Master of the Revels* innehatte (ihm folgte 1603 George Buc nach), die Aufgabe einer Zensurbehörde. Alle Manuskripte der Dramen mussten dem *Revels Office* – gegen Gebühr – zur Genehmigung vorgelegt werden. Dessen besonderes Augenmerk der Prüfung dürfte auf Szenen religiösen und politischen Gehalts gelegen haben. Hinsichtlich Letzteren durfte die Abdankungsszene aus Shakespeares *Richard II* während Elizabeths Regierungszeit weder auf die Bühne gebracht noch gedruckt werden. Elizabeth war kinderlos geblieben, die Thronfolge war daher unsicher, woraus wiederum einige Verschwörungen gegen sie resultierten. Erst nach der Thronbesteigung durch James I (1603) wurde die Abdankungsszene wieder in Texteditionen von *Richard II* aufgenommen. Auch wenn London voller Spione und Informanten für die Behörden war (der bekannteste war Richard Topcliffe), war es schwierig zu kontrollieren, was tatsächlich auf einer Bühne gesagt wurde.

Dramatiker

Wenn ein Zuschauer zu Beginn des 17. Jahrhunderts ins Theater ging, dann nicht, um ein Drama zu sehen und zu hören, welches von William Shakespeare stammte, sondern um *The King's Men* mit ihren populärsten Schauspielern Richard Burbage (in der Tragödie) und Robert Armin (in der Komödie) zu sehen. Dass zahlreiche Dramen der Zeit anonym veröffentlicht wurden und eher den Namen der Schauspieltruppe als den des Autors verzeichnen, zeigt, dass Letzterer keine herausragende Rolle in der öffentlichen Wahrnehmung eines Dramas spielte. Man geht heute davon aus, dass die Dramen der Zeit als kollektives Produkt der Truppe und deren Dramatiker zu verstehen sind, also immer wieder Abstimmungen vorgenommen wurden. Shakespeare dürfte im Durchschnitt zwei Dramen pro Jahr für seine Truppe geschrieben haben, gegen Ende seiner Karriere nur noch eines. Ein Dramatiker wie er wurde von seiner Truppe bezahlt, ein Stück zu schreiben, und sobald dieses vollendet war, ging es in deren Eigentum über. Ein *copyright* für Autoren im heutigen Sinn gab es also nicht, sondern dies schützte den Drucker, und populäre Dramen wurden durchaus auch von anderen Schauspieltruppen plagiiert.

copyright

Ansehen der Gattung *Drama*

Drama (hier stets als Oberbegriff für ‚Komödie' und ‚Tragödie' verwendet) war generell keine sozial besonders hoch angesehene Form der Unterhaltung. Die ‚*Bestseller*' des 16. / 17. Jahrhunderts waren vielmehr religiöse Traktate, Predigten, Almanache, Handbücher für den Landbau, Balladen, Emblembücher, Ritterromanzen (wie Edmund Spenser's *The Fairie Queene*), Reiseberichte, Gedichtsammlungen, *jestbooks* (Anekdotensammlungen über bekannte Persönlichkeiten wie etwa den Clown Tarlton), Prosaromanzen (wie etwa von Lyly, Lodge oder Greene), Erziehungsbücher (wie Elyot's *The Booke named the Governour*), oder Hobys Übersetzung von Castigliones *The Courtier*. Titel wie diese fanden eine Leserschaft in der Aristokratie und im Bürgertum.

Zusammenarbeit von Dramatikern

Neben einer Einzel-Autorschaft war durchaus auch die Zusammenarbeit von zwei oder – seltener – mehreren Dramatikern üblich, wie etwa zwischen Shakespeare und Fletcher, der ihm als ständiger Autor der *King's Men* nachfolgte, für *Henry VIII* und *The Two Noble Kinsmen*. Als Ben Jonson 1616 seine Dramen und Gedichte als *Works* im prestigeträchtigen Folio-Format (siehe auch Kap. III) veröffentlichte, war dies ein Vorstoß, das Ansehen von Dramen zu erhöhen.

Theaterbesuch

Für die meisten Zuschauer heute ist ein Theaterbesuch ein besonderes, zumindest kein alltägliches, Ereignis. Eintrittskarten sind üblicherweise teuer, und man zieht sich relativ gut an. Zuschauer sitzen still in einem abgedunkelten Raum neben anderen Menschen, die sie noch nie gesehen haben und höchst wahrscheinlich auch nie wieder sehen werden, und hören einen Text, der kulturelles Erbe geworden ist. Gesprochen wird dieser von Schauspielern, die selbst nationale Bedeutung erlangt haben mögen. In Shakespeares London wurde dagegen – in den öffentlichen Theatern wie dem *Globe Theatre* – bei Tageslicht gespielt, in privaten Theatern – wie dem *Blackfriar's Theatre* – konnte der Zuschauerraum durch Kerzenlicht erhellt werden (soweit wir wissen, wurde auch dort tagsüber und nicht abends gespielt). Bei Licht können Zuschauer einander sehen, und viele kamen, um nicht nur selbst zu sehen, sondern auch, um gesehen zu werden. Zuschauer aßen und tranken durchaus auch während der Vorstellung, und manche kamen, um (vorübergehende) Bekanntschaften zu machen. Die gestaffelten Eintrittspreise waren so bemessen, dass auch Lehrlinge und andere sozial niedriger stehende Personen sich einen Theaterbesuch leisten konnten.

Publikum

In Shakespeares London gab es keine öffentlichen Subventionsgelder, die für das zeitgenössische deutsche (Regie)Theater so unabdingbar sind, sondern die Truppen mussten sich durch den Verkauf der Eintrittskarten finanzieren. Sie mussten daher einem möglichst breiten sozialen Spektrum von Zuschauern von der Königin bis zum Handwerker etwas Attraktives bieten.

Konkurrenz

Wie oben bereits erwähnt, gab es zu Shakespeares Zeit mehrere etablierte Schauspieltruppen in London, die in starker Konkurrenz zueinander standen. Im Sommer spielten die Truppen meist in der Provinz, weil in London die Theater wegen der Sommerhitze, in der sich die Pest besonders schnell ausbreiten konnte, öfters geschlossen waren.

Londoner Theaterjahr

Das Londoner Theaterjahr begann üblicherweise im August, und vom Spätsommer bis Weihnachten wurden die Bühnen sechs Tage pro Woche bespielt. In dieser Zeit galt es, die Aufmerksamkeit des *Office of the Revels* auf sich zu ziehen, welches die Stücke, die in der Weihnachtssaison, die am 6. Januar („Twelfth Night") endete, am Hof gespielt werden würden, auswählte. In den 1580er Jahren gaben die *Queen's Men* mehr Aufführungen am Hofe als jede andere Truppe. Zu ihnen gehörte der höchst populäre Clown Richard Tarlton, der 1588 verstarb. Nach seinem Tod sank die Zahl der Hofaufführungen rapide, zum letzten Mal spielte die Truppe am Hof 1594.

Einzelne Truppen

Die Truppe, die die *Queen's Men* gewissermaßen ablöste, waren die *Lord Admiral's Men*, und dies vor allem, weil Christopher Marlowe seine Dramen für diese und ihren bekanntesten Schauspieler, den Tragödiendarsteller Edward Alleyn, schrieb. Von 1594 an spielten sie im *Rose Theatre*, wo sie von Philip Henslowe gefördert wurden. Da er über deren finanzielle Aktivitäten Buch führte und uns diese Aufzeichnungen erhalten sind, wissen wir über die *Lord Admiral's Men* mehr als über jede andere Schauspieltruppe der Zeit. Zur Konkurrenztruppe *Lord Strange's Men* gehörte ein anderer prominenter Komödiendarsteller der Zeit, Will Kempe. Er wechselte zusammen mit Thomas Pope, John Heminges, Augustine Philipps und George Bryan 1594 zu den *Lord Chamberlain's Men*, denen auch Shakespeare angehörte. Mit der Thronbesteigung James' I (1603) unterstellte dieser die Truppe Shakespeares seinem Patronat, weshalb sich diese seitdem *King's Men* nennen durften.

Shakespeare als Schauspieler

Das erste Dokument der *Lord Chamberlain's Men* stammt von einer Aufführung von Ben Jonsons *Every Man in his Humour* von 1598. Dieses verzeichnet zehn Namen von Schauspielern, inklusive den Shakespeares, wobei die Rollen nicht weiter spezifiziert werden. Generell dürfen wir wohl davon ausgehen, dass Shakespeare ein eher durchschnittlich begabter Schauspieler war. Es ist überliefert, dass er angeblich den Geist des alten Hamlet und den Adam in *As You Like It* spielte. Über seine eigenen Dramen hinaus wird er – ohne spezifische Rolle – als einer der „principal comedians" in Jonson's *Everyman in his Humour* (1601) (siehe oben) und dessen *Sejanus* (1603) aufgelistet.

Schauspielstil

Aufgrund des geringen räumlichen Abstands zwischen Schauspielern und Publikum vor allem in den öffentlichen Theatern mit ihrer ins Publikum vorspringenden Bühne (siehe unten) und wegen des Spiels bei Tageslicht war eine Aufführung verhältnismäßig ‚nah'. Der enge Kontakt zwischen Bühne und Publikum begünstigte *soliloquies* (eine Figur befindet sich gänzlich allein auf der Bühne) und *asides* (eine Figur spricht ‚beiseite', während andere Figuren auf der Bühne sind, die vorgeben, diese Replik nicht zu hören). So beginnt etwa Shakespeares *Richard III* mit dem großen *soliloquy* Richards, in dem er dem Publikum seine Pläne enthüllt und damit – Sympathie auf sich lenkend – zu seinem Komplizen macht:

Beispiel: *Richard III*

Enter Richard Duke of Gloucester, alone
Now is the winter of our discontent
Made glorious summer by this son of York,
And all the clouds that lour'd upon our house,
In the deep bosom of the ocean buried. (1–4) [...]
Why, I, in this weak-piping time of peace
Have no delight to pass away the time,
Unless to see my shadow in the sun
And descant on mine own deformity.
And therefore, since I cannot prove a lover
To entertain these fair well-spoken days,
I am determined to prove a villain,
And hate the idle pleasures of these days.
Plots have I laid inductions, dangerous,
By drunken prophecies, labels, and dreams
To set my brother Clarence and the King
In deadly hate the one against the other;
And if King Edward be as true and just
As I am subtle, false, and treacherous,
This day should Clarence closely be mew'd up
About a prophesy which says that G
Of Edward's heirs the murderer shall be. (24–40)

In welcher Weise (deklamierend, charakterisierend) einzelne Schauspieler agierten, ist uns nicht bekannt. Bekannt ist, dass sich in Shakespeares Zeit die *acting styles* änderten. Der rhetorische Bombast eines Marlowe oder Kyd wurde zehn Jahre später verlacht, und Hamlet weist die Schauspieler an, „do not saw the air too much with your hand" (3.2.4). Aufführungen im *New Globe Theatre* heute (siehe unten) bestätigen, dass auch kleine Gesten gut gesehen werden können. Die Schauspieltruppen arbeiteten mit einem Repertoire-System, und ein Schauspieler musste möglicherweise alle zwei Wochen eine neue Partie lernen und 30 oder 40 Rollen im Gedächtnis haben. Schauspieltruppen bestanden aus bis zu 15 Mitgliedern, so dass in Dramen mit mehr als 15 Rollen das so genannte *doubling* eingesetzt wurde, in dem weniger prominente Akteure von zwei bis zu sieben oder acht Rollen übernehmen mussten. Zwei Wochen Probezeit mussten in der Regel reichen; einen Regisseur, der vor allem für das deutsche Theater so prägend ist, gab es nicht. Wie Hamlets „let those that play your clowns / speak no more than is set down for them" (3.2.38–39) nahelegt, war Improvisation bei einzelnen Charakteren üblich (und geriet manchmal möglicherweise wohl auch etwas außer Kontrolle). Frauenrollen wurden – eine ungewöhnliche Vorstellung für uns heute – von jungen Männern vor dem Stimmbruch gespielt. Erst nach der Restauration 1660 gab es auch Schauspielerinnen auf den Bühnen. Die berühmtesten Schauspieler von Shakespeares Truppe wa-

Repertoire

Schauspieler

ren Richard Burbage (*der* Tragödiendarsteller der Zeit), Will Kempe und Robert Arnim. Arnim löste Kempe nach dessen Weggang ab, und in Shakespeares Dramen lässt sich beobachten, dass dieser Wechsel sich offenbar auch auf das Konzept seiner Narrenfiguren ausgewirkt hat. Armin verkörperte weit mehr als Kempe den Typus des tragi-komischen Clowns, was sich in Charakteren wie Feste (*Twelfth Night*), Touchstone (*As You Like It*), Thersites (*Troilus and Cressida*), Lavatch (*All's Well that Ends Well*), Autolycus (*The Winter's Tale*) und vor allem im *Fool* des *King Lear* niederschlägt.

Literarische Tradition

Das Theaterleben in Shakespeares London war aus einer Mischung verschiedener Traditionen und Gegebenheiten erwachsen. Zum einen waren Schauspieler keine angesehene Berufsgruppe und wurden in der frühen Zeit – auch in der Rechtsprechung – den Vagabunden zugerechnet. Menschenversammlungen anlässlich der Aufführung von Theaterstücken galten den (puritanischen) Stadtbehörden als gefährlicher Herd von Unruhen und Aufständen, sowie ein Ort nicht-moralischen Verhaltens. Daher wurde ihnen verboten, Theaterbauten innerhalb der Stadtmauer der City of London zu errichten, weshalb sie sich in den Vororten der Stadt, den so genannten *liberties*, und damit in der Nachbarschaft von Bordellen und Tierhatz-Arenen, ansiedelten. „The City" befand sich innerhalb der *city walls*, die noch auf die Römer zurückgingen. Diese unterstand natürlich generell der Krone, wurde – und wird bis heute – aber von einem Lord Mayor in der Guildhall selbständig regiert. Wie oben bereits angedeutet, unterstanden Schauspieltruppen dem Protektorat eines mächtigen Adeligen, der diesen seinen Titel lieh (*The Lord Strange's Men*; *The Earl of Derby's Men*, *The Earl of Pembroke's Men*) und ihnen als Bediensteten seines *household* eine Rechtsstellung gab. Er selbst nutzte die Truppen, um seine Interessen zu verfolgen und etwa bedeutende Gäste zu unterhalten, und/oder in der Hoffnung, über seine Schauspieltruppe einmal an den Hof eingeladen zu werden. Die höchste Auszeichnung für Schauspieler war eine Aufführung vor der Königin oder dem König. Seit Henry VIII oblag es dem *Office of the Revels*, Unterhaltung für den Monarchen zu organisieren, und Elizabeth I schuf 1581 das Amt des *Master of the Revels*, um sich zum einen eine gewisse Qualität des Unterhaltungsangebots zu sichern, zum anderen aber auch, um Kontrolle auszuüben.

Traditionen

Als William Shakespeare Ende der 1580er Jahre anfing zu schreiben, lag die Eröffnung der ersten öffentlichen Theater zirka zehn Jahre zurück. Die Wurzeln des Theaterspiels reichen allerdings wesentlich weiter zurück. Im zehnten Jahrhundert begann die Kirche aus ihrer Liturgie eine rudimentäre Form des geistlichen Spiels mit einem kurzen Austausch von Fragen und Antworten zu entwickeln, welche vor allem heilsgeschichtlich wichtige biblische Episoden wie insbesondere die Passion oder die Auferstehung gestalteten. Hiermit erfolgte ein ‚zweiter Beginn' des Dramas nach dessen ‚erster' Entstehung in der Antike. Das früheste bekannte Spiel dieser Art ist das *Quem quaeritis* („wen sucht ihr") Osterspiel der Kirche von St. Gallen in der Schweiz, eine kurze Dramatisierung der Szene des Dialogs der Engel mit den drei Marien am Grab Christi nach dem Matthäus-Evangelium. Weitere Zeugnisse belegen, dass an verschiedenen Orten in Europa zunehmend aufwändigere Inszenierungen um Ostern und Weihnachten herum entstanden,

Mittelalter

ohne dass aber eine wirkliche ‚Geschichte' der Entwicklung religiösen Dramas gezeichnet werden könnte. Im 14. Jahrhundert bildete sich in England und anderen europäischen Ländern mit den so genannten *mystery plays, miracle plays* oder auch *Corpus Christi plays* eine anspruchsvollere Form des religiösen Dramas heraus, die in prachtvollen Spektakeln und mit großem Personal in den Städten Stücke mit heilsgeschichtlich bedeutsamen Stoffen von der Schöpfung bis zum Letzten Gericht darboten. Wie die erhaltenen Texte zeigen, hatten die Charaktere eine doppelte Identität, da sie zum einen Figuren der Heilsgeschichte verkörperten, zum anderen aber auch als Zeitgenossen vorgestellt wurden, die z. B. das schwere Leben des dritten Standes beklagen konnten. Von 1376 an wurden diese *mystery plays* in England jährlich um die Osterzeit aufgeführt. Ein Zyklus bestand aus mehreren Stücken (der *York cycle* aus nicht weniger als 48), wobei nicht gesichert ist, dass alle Stücke eines Zyklus innerhalb eines Jahres aufgeführt wurden. Gespielt wurde im Freien, beispielsweise auf Marktplätzen, und die Ausführenden waren keine professionellen Schauspieler sondern Mitglieder von Handwerkergilden. Ein festes *script* hat offenbar nicht existiert, und die Dramen dürften jeweils den Gegebenheiten des Ortes angepasst oder aus dem Gedächtnis reproduziert worden sein. Spielstätte waren von Pferden gezogene Wagen, die in ihrem unteren Teil die Bühne, im oberen Umkleidemöglichkeiten bereitstellten. Auf diesen wurde jeweils ein Stück vorgestellt, bevor die Truppe zur nächsten Spielstätte weiter zog. Der Niedergang dieser Dramenform in der Regierungszeit Elizabeths lässt sich erklären aus der Verarmung der Handwerkergilden aufgrund der wirtschaftlichen Veränderungen in der beginnenden Neuzeit, des zunehmenden puritanischen Einflusses, sowie der Unterdrückung durch die Staatskirche, die in diesen Spielen nur die Reste der römisch-katholischen Tradition zu sehen vermochte, welche der Durchsetzung der Reformation im Wege standen (vgl. Kap. I).

mystery plays

Neben den Mysterienspielen entstanden ebenfalls im späten 14. Jahrhundert als religiös-allegorische Dramen die *morality plays.* Diese zeichnen sich – neben ihren geistlichen und später weltlichen Inhalten – insbesondere durch ihre didaktische Grundkonzeption aus: vor der Vergebung von Sünden und der Aufnahme der Seele in den Himmel muss ein Prozess der Umkehr und Reue stehen. *Morality plays* waren insbesondere bei den Humanisten des 16. Jahrhunderts populär, die diese Dramenform mit pädagogischen und politischen Inhalten füllten. Letzte Ausläufer finden sich noch etwa in Christopher Marlowes *Dr Faustus* mit den Charakteren der *good angels* and *bad angels,* die versuchen, auf den Zentralcharakter Einfluss zu nehmen. Wie *mystery plays* wurden auch *morality plays* von wandernden Schauspieltruppen mit nur wenigen Akteuren meist auf Volksfesten oder Messen im Freien dargeboten. Wie aus einer zeitgenössischen Skizze von *The Castle of Perseverance* (1400–1425) hervorgeht, wurde dieses Stück offenbar in einer runden Arena, auf der Gerüste für feste Schauplätze (etwa das Schloss) aufgebaut waren, aufgeführt. Die Schauspieler zogen von einem Gerüst zum nächsten, wenn die Handlung einen Schauplatzwechsel vorsah. Das Publikum dürfte mit diesen mitgegangen sein. Die auftretenden Charaktere sind in *morality plays* nicht individualisiert, sondern vielmehr repräsentativ: es treten personifizierte Tugenden wie *Conscience, Good Deeds, Mercy,* sowie Laster wie *Greed, Envy, Wrath* als allegorische Figuren auf und kämpfen um

morality plays

Charaktere

die Seele eines Menschen (*Psychomachia*). Dieser Mensch ist dabei mehr das Objekt dieser Auseinandersetzung als handelndes, individuell charakterisiertes Subjekt, was sich bereits in Namen wie *hecastos* (griechisch: ‚jeder'), *humanum genus* (lateinisch: ‚Menschengeschlecht'), *juventus* (lateinisch: ‚Jugend'), *everyman* oder *mankind* andeutet. Diese Zentralfigur befindet sich zu Beginn der Handlung unter dem Einfluss von guten Mächten im Zustand der Gnade, wird dann durch Lasterfiguren in den Zustand der Sünde verführt, letztlich aber durch Gottes Gnade und seine eigene Reue geläutert. Die Figur erhält mit ihrem Tod die Heilsgewissheit, also das ewige Leben, und stirbt im Zustand der Gnade. Wurde in den frühen *morality plays* die Zentralfigur noch durch den Teufel oder mehrere Verführer-Figuren beeinflusst, bildete sich im Laufe der Jahre eine Figur als zentral in dieser Gruppe heraus: die so genannte *vice figure* (Lasterfigur). Als Anführer der verwerflichen Eigenschaften organisierte diese Figur die Tricks und Fallen, die die Zentralfigur in den Zustand der Sünde locken sollten. Das *Vice* verbündete sich üblicherweise mit dem Publikum, indem es dieses in seine Pläne einweihte und wurde damit zu einer sehr populären Figur, deren Erbe sich auch noch in den Dramen Shakespeares, etwa in Richard III, Falstaff in *Henry IV* oder Jago in *Othello*, finden lässt. *Morality plays* konnten aufgrund ihrer Struktur des Kampfes guter gegen schlechte Mächte für verschiedene Ziele instrumentalisiert werden.

vice figure

interludes

Nach der heilsgeschichtlichen Erbauung der *mystery plays* und der didaktischen Ausrichtung der *morality plays* waren die *interludes* die erste Form des rein weltlichen Theaters in England. Prominentester Autor war der produktive Thomas Heywood. *Interludes*, die in *banqueting halls* aufgeführt wurden, dienten anfangs besonders als burleske Einlage zur Unterhaltung bei höfischen Banketten und Festen, später fungierten sie auch als selbständiger Teil des Festprogramms. Kennzeichen des *interlude* sind die Kürze und Einfachheit der Handlung, deren Rücknahme gegenüber dem witzig-pointierten Dialog, sowie die geringe Anzahl der auftretenden Figuren.

Schuldramen

Ein weiterer Einfluss auf Shakespeare und seine Zeitgenossen zeigte sich im gelehrten Schuldrama der Humanisten um Erasmus und Sir Thomas More. Diese Stücke wurden von Schülern aufgeführt, wobei die Jungen der *St. Paul's School* und die *Children of the Chapel Royal* zu den bekanntesten Truppen der Zeit gehörten. Um 1575 gründeten die *Paul's Boys* ihr eigenes Theater in der Nähe der St. Pauls Kathedrale, um für Hofaufführungen zu proben, aber auch zahlendes Publikum zuzulassen. 1576 begannen die *Children of the Chapel Royal* im Bereich *Blackfriar's* ebenfalls, vor zahlendem Publikum zu spielen. Die Eintrittspreise waren relativ hoch (die billigste Karte kostete so viel wie die teuerste im *Globe Theatre*), so dass das Publikum sich eher aus den wohlhabenden Schichten rekrutierte. Grundlage von Schuldramen waren Komödien der römischen Dichter Plautus und Terenz sowie Tragödien von Seneca, die von den Lehrmeistern für die Schüler in lateinischer und zunehmend auch in englischer Sprache adaptiert wurden.

Theaterbauten

Dokumente über frühneuzeitliche Theater sind nur spärlich vorhanden. Wenige Reiseberichte von London-Reisenden wie Johannes de Witt, dem wir die Skizze des *Swan Theatre* verdanken, Paul Hentzner und Thomas Platter (ein Reisender aus Basel, der unter anderem eine Aufführung des *Julius Caesar* 1599 beschreibt) werden ergänzt durch Fragmente aus offiziellen Dokumenten des Privy Council oder der City of London. Zudem lässt sich aus puritanischen Predigten gegen die Theater und wiederum den Verteidigungen seitens der Theaterszene das eine oder andere über den Theaterbetrieb der Zeit erschließen. Im Jahre 1576 wurde das erste feste öffentliche Theater, *the Theatre*, im Bezirk Shoreditch im Norden Londons eröffnet. 1577 eröffnete *The Curtain*, es folgten u. a. *The Rose* (1587) und *The Swan* (1595). Das einzige Dokument, das wir aus dieser Zeit besitzen, ist der Vertrag zum Bau des *Fortune* (1600). Es folgten das *Red Bull* (1605) und *The Hope* (1614), welches als Bärenhatz-Arena und auch als Theater genutzt wurde.

Public theatres

Im Dezember 1598 begannen die *Lord Chamberlain's Men* wegen vertraglicher Schwierigkeiten, das *Theatre* abzubauen und dessen Holz nachts über die Themse zu transportieren, wo sie in der Nähe des *Rose* das *Globe Theatre* erbauten. Dieses blieb die Spielstätte von Shakespeares Truppe, bis es bei der Uraufführung von *Henry VIII* 1613 niederbrannte. Es handelte sich um einen polygonalen Holz-Bau mit 20 Seiten und von etwa 30 Metern Durchmesser, mit einer Bühne von ca. 13 Metern Breite und 10 Metern Tiefe, die weit in den offenen Hof mit überdachten Zuschauergalerien hinein ragte. Der *Prologue* in *Henry V* spricht von „this wooden O" (13). Die Spielfläche, die so genannte *apron stage*, war nach drei Seiten hin offen und nur teilweise überdacht; die von Säulen gestützte überdachte Hinterbühne befand sich an der Bühnenrückseite. Eine Falltür in der Bühne konnte für spektakuläre Szenen etwa die Fahrt in die Hölle in Marlowes *Dr Faustus* oder die *gravedigger scene* in *Hamlet* eingesetzt werden. Als Andeutung von Innenräumen konnte durch Ziehen eines Vorhangs (*discovery space*) ein Tableau enthüllt werden. Hier kann man sich Szenen wie im *Hamlet* die Ermordung des Polonius „behind the arras" (3.4) oder die Enthüllung der Statue der tot geglaubten Hermione in *The Winter's Tale* durch Paulina („draws a curtain"; 5.3) vorstellen. Den Bühnenhintergrund bildete eine gleich bleibende Fassade mit zwei Türen, die noch eine Galerie als Oberbühne umfasste. Hier konnte etwa die Balkonszene in *Romeo and Juliet*, die Belagerung der Stadt Harfleur in *Henry V*, oder die Mauern von Flint Castle in *Richard II* dargestellt werden:

The Globe Theatre

Beispiel: *Richard II*

> *Northumberland*: My Lord, in the base court he doth attend
> To speak with you. May it please you to come down.
> *King Richard*: Down, down I come, like glist'ring Phaeton,
> Wanting the menace of unruly jades.
> In the base court? Base court, where kings grow base
> To come at traitors' cells, and do them grace.
> In the base court, come down? Down, court! Down king!
> For night-owls shriek where mounting larks should sing.
> (3.3.176–183)

Die festen Bühneneinrichtungen wurden damit auch dank der illusionären Kraft der Zuschauer (siehe unten) zu ständig wechselnden dramatischen Räumen. Unmittelbar vor der Bühne standen auf den billigsten Plätzen um diese herum die so genannten *groundlings*. Sitzplätze stellten die drei Galerien bereit. Shakespeares *Globe* fasste etwa 3.000 Zuschauer (davon etwa

Zuschauer

800 *groundlings*), die aus allen Schichten der Gesellschaft, vom Handwerker bis zum Adeligen kamen. Die *groundlings* mischten sich durchaus auch gern einmal mit Kommentaren ins Bühnengeschehen ein. Gespielt wurde bei Tageslicht (Platter berichtet für den Beginn des *Julius Caesar* zwei Uhr nachmittags) mit wenig Szenerie und in zeitgenössischen Kostümen. Da Requisiten und Kulissen kaum vorhanden waren, musste die Illusion eines fremden Schauplatzes wie z.B. einer fernen Insel durch andere Mittel, d.h. mit Hilfe von so genannten Wortkulissen, also in Repliken der Dramenfiguren, näher beschrieben und damit in der Phantasie der Zuschauer geschaffen werden. So appelliert der Prolog in Shakespeares *Henry V* an die Zuschauer, während der Darbietung ihre Kraft der Imagination einzusetzen:

Illusionsarmut

Beispiel: *Henry V*

> But pardon, gentles all,
> The flat unraised spirits that hath dar'd
> On this unworthy scaffold to bring forth
> So great an object: Can this cockpit hold
> The vasty fields of France? Or may we cram
> Within this wooden O the very casques
> That did affright the air at Agincourt?
> O, pardon! Since a crooked figure may
> Attest in little place a million,
> And let us, ciphers to this great accompt,
> On your imaginary forces work. (8–18)

Beispiel: *Romeo and Juliet*

Ein Beispiel für die Schaffung einer solchen Wortkulisse bietet etwa *Romeo and Juliet*:

> *Friar*: The grey-eyed morn smiles on the frowning night,
> Check'ring the eastern clouds with streaks of light;
> And fleckled darkness like a drunkard reels
> From forth day's path and Titan's fiery wheels.
> Now, ere the sun advance his burning eye
> The day to cheer and night's dank dew to dry,
> I must upfill this oisier cage of ours
> With baleful weeds and precious-juiced flowers. (2.3.1–8)

Durch diese Kulisse wird der Schauplatz in einer Weise veranschaulicht, wie dies ein konkretes Bühnenbild kaum leisten könnte. Doch die Funktion der Wortkulisse ist es nicht nur, das Bühnenbild zu ersetzen, da sie darüber hinaus auch der Charakterisierung von Figuren dienen kann. Berühmt ist hier die Beschreibung der Cleopatra durch Enobarbus :

Beispiel: *Antony and Cleopatra*

> *Enobarbus*: I will tell you.
> The barge she sat in, like a burnished throne
> Burnt on the water. The poop was beaten gold;
> Purple the sails, and so perfumed that
> The winds were love-sick with them. The oars were silver,
> Which to the tune of flutes kept stroke, and made
> The water which they beat to follow faster,
> As amorous of their strokes. For her own person,
> It beggar'd all description: She did lie

In her pavilion – cloth of gold, of tissue –
O'er-picturing that Venus where we see
The fancy outwork nature. On each side her
Stood pretty dimpled boys, like smiling Cupids,
With divers-coloured fans whose wind did seem
To glow the delicate cheeks which they did cool,
And what they undid did.
Agrippa: O, rare for Antony.
Enobarbus: Her gentlewomen, like the Nereides,
So many mermaids, tended her i' th' eyes,
And made their bends adornings. At the helm
A seeming mermaid steers. The silken tackle
Swell with the touches of those flower-soft hands
That yarely frame the office. From the barge
A strange invisible perfum hits the sense
Of the adjacent wharfs. The city cast
Her people out upon her; and Antony,
Enthroned i' th' market-place, did sit alone,
Whistling to th' air, which but for vacancy
Had gone to gaze on Cleopatra too,
And made a gap in nature.
Agrippa: Rare Egyptian! (2.2.190–218)

Aufgrund der Illusionsarmut waren in diesem Theater auch mühelos Schauplatzwechsel (wie etwa in *Henry V* mehrfach zwischen England und Frankreich oder in *Antony and Cleopatra* zwischen Rom und Ägypten) zu vollziehen, welche wiederum den kontinuierlichen Fluss der Szenen förderten. Gliederungsprinzip der Dramen der Zeit ist die Szene, nicht der Akt, was durch die Möglichkeit eines schnellen Szenenwechsels auf der illusionsarmen Bühne begünstigt wurde. Frühneuzeitliche Dramen zeigen viele Prozessionen und Festumzüge, Tanz- und Fechtszenen, die, wie wir aus Philip Henslowes Auflistung der Kostüme und Requisiten der *Lord Admirals Men* im *Rose Theatre* 1598 (zit. bei Dutton, 54f) wissen, mit aufwändigen Kostümen (welche den Schauspieltruppen oft von Adeligen überlassen wurden) in Szene gesetzt wurden. Historische oder geographische Authentizität der Darstellung, wie etwa Togen in den Römerdramen, wurde nicht angestrebt. Wichtig ist festzuhalten, dass Shakespeare und seine Zeitgenossen nicht spezielle Dramen für öffentliche oder private Theater oder sogar den Hof aufführten. Alle Dramen konnten in allen Spielstätten gezeigt werden.

Szene

Kostüme

Kultureller und geographischer Ort der Theater war damit sowohl innerhalb wie außerhalb der City, d.h., am Hof und in den *liberties*. Das *Rose, Swan, Globe* und *Hope Theatre* waren alle in den *liberties*, die noch nicht der Kontrolle der Stadt unterstanden, am Südufer der Themse im Bereich Southwark errichtet, der als Bezirk zur Unterhaltung (durchaus auch mit Bordellen) etabliert war. Für uns heute kaum vorstellbar ist die Verquickung von Theater und leichtem Gewerbe. So besaß etwa der Lord Chancellor, Lord Hunsdon, Patron von Shakespeares *Lord Chamberlain's Men, Paris Gardens*, welches für seine Bordelle bekannt war. Henslowe errichtete das *Rose Theatre* im Garten eines Bordells (‚rose' war auch ein Synonym für ‚Prosti-

Liberties

tuierte'). Die öffentlichen Theater befanden sich somit an einem Brenn- und Konvergenzpunkt von widerstreitenden Autoritäten zwischen dem Hof, der City und der Kirche. Die Dramen der Zeit präsentierten ihrem Publikum daher eine komplexe und von Spannungen nicht freie Welt, die die Idee einer harmonisch geordneten Gesellschaft in Frage stellten (siehe oben und auch Kap. VII).

The New Globe

Die beste Möglichkeit zur Veranschaulichung des Theaterwesens der Frühen Neuzeit bietet heute das *New Globe Theatre* am Südufer der Themse in London. Das ursprüngliche *Globe Theatre* war 1599 erbaut worden, brannte aber im Jahr 1613 bei der Uraufführung von *Henry VIII* durch das Abfeuern einer Kanone ab, die das „house with the thatched roof" und damit den gesamten Holzbau in Brand setzte. Das *Second Globe* wurde zwar noch im 17. Jahrhundert auf den Grundmauern des *First Globe* – dieses Mal mit einem Ziegeldach – wieder aufgebaut, aber während der Zeit des Commonwealth, der Regierungszeit Oliver Cromwells (1641–1660), endgültig zerstört.

Die Initiative des amerikanischen Schauspielers und Regisseurs Sam Wannamaker (1919–1993), einen Nachbau des elisabethanischen *Globe* zu erstellen, wurde – für Wannamaker posthum – nach fast 30 Jahren engagierter Arbeit, finanziert zum allergrößten Teil aus privaten Geldern, umgesetzt, und Königin Elizabeth II eröffnete im Juni 1997 das *New Globe Theatre*. Inwieweit der Anspruch, das damalige Theaterwesen und -spiel so originalgetreu wie möglich wieder erstehen zu lassen geglückt ist, mag vom interessierten Theatergänger am besten selbst beurteilt werden. Das *New Globe* ermöglicht es, zu Beginn des 21. Jahrhunderts, Inszenierung und Schauspielstil zur Zeit Shakespeares besser zu studieren, und jeder interessierte Zuschauer wird sehen, wie ‚anders' die Dramen Shakespeares und seiner Zeitgenossen auf dieser Bühne wirken und funktionieren.

Private theatres

Im Unterschied zu den *public theatres* wie dem *Globe* wurden die *private theatres* der Zeit in bereits existierenden Gebäuden eingerichtet. Die Bezeichnung *private* kam um 1600 auf, weil sie in der Form den Bühnen ähnlich waren, die in privaten Häusern zu gelegentlichen Aufführungen genutzt wurden. Die *private theatres* lagen nicht – wie die *public theatres* – außerhalb der Jurisdiktion der *City*, sondern im Zentrum der Stadt London, wenn auch auf Gelände, das der städtischen Rechtsprechung nicht unterstand. So befand sich etwa das *Blackfriar's Theatre*, welches Shakespeares Schauspieltruppe *The King's Men* 1608 als erste Erwachsenentruppe übernahm, auf dem Grund des *Blackfriar's Convent*. Über die *private theatres* wissen wir nur wenig. Sie scheinen in große rechteckige Hallen eingebaut gewesen zu sein, an deren einer Stirnseite sich die Bühne befand. Vor dieser standen Bänke für die Zuschauer. Das *Blackfriar's Theatre* hatte eine Größe von zirka 13 x 20 Metern für Bühne und Auditorium und dürfte 600–700 Zuschauer gefasst haben, Stehplätze gab es nicht. Die *private theatres* unterschieden sich vor allem von den *public theatres* durch ihre Größe und die geschlossenen Räume, in denen auch bei künstlichem Licht gespielt werden konnte. Die Eintrittspreise waren höher, und das Publikum rekrutierte sich entsprechend eher aus den wohlhabenden Schichten.

III. Kanon der Dramen und Texte

1. Kanon

Wenn wir heute von ‚den' Dramen Shakespeares sprechen, impliziert dies die Bildung eines Kanons. Generell geht man davon aus, dass der Shakespeare-Kanon 37 Dramen und eine Reihe von Gedichten umfasst, von denen die Sonette (veröffentlicht 1609) und Versepen *Venus and Adonis* und *The Rape of Lucrece* (beide veröffentlicht 1593–4) die bekanntesten sind (vgl. zu diesen: Kap. IV). Eine Festlegung wie diese wirft jedoch erste Fragen auf. Was geschieht etwa mit den Dramen, von denen man als sicher annimmt, dass Shakespeare sie zusammen mit anderen Dramatikern der Zeit geschrieben hat? Oder bei denen die Autorschaft Shakespeares gänzlich unsicher ist?

First Folio

Der ‚Kanon' der Dramen Shakespeares wurde vor allem aufgestellt durch die so genannte ‚Folio'-Edition, die seine beiden Schauspielerkollegen John Heminges und Henry Condell (vgl. auch Kap. II) im Jahr 1623 veröffentlichten, „only to keep the memory of so worthy a friend and fellow alive as was our Shakespeare" (Dedikationsepistel). Das ‚Folio'-Format entspricht in etwa unserem DIN-A4-Format und war zu Shakespeares Zeit vor allem Werken von hohem literarischem Rang vorbehalten. Ben Jonson war der erste Dramenautor in der Frühen Neuzeit, der seine eigenen Dramen 1616 im prestigeträchtigen Folio-Format herausgebracht und damit Ansehen und Anerkennung für seine Stücke als hochstehende Literatur postuliert hatte. Ben Jonson trug ein Vorwort zur Folio-Edition von Shakespeares Dramen, „to the memory of my beloved, the author, Mr William Shakespeare: and what he has left us" bei, in dem er diesen unter anderem als „not of an age, but for all time" preist (vgl. auch Kap. VI).

Vorwort

Heminges und Condell unterteilten die 36 Schauspiele, die sie in die Folio aufnahmen, in drei Kategorien *comedies, histories* und *tragedies* und nahmen in diese erste Gesamtausgabe von Shakespeares Dramen 14 Komödien, 10 Historiendramen und 11 Tragödien, plus *Troilus and Cressida* auf, welches offenbar nachträglich zwischen die Historien und Tragödien eingefügt wurde. Von diesen 36 Dramen wurden hier 18 zum ersten Mal gedruckt, nämlich *The Comedy of Errors, The Two Gentlemen of Verona, The Taming of the Shrew, 1Henry VI, King John, As You Like It, Twelfth Night, Julius Caesar, All's Well that Ends Well, Measure for Measure, Timon of Athens, Macbeth, Antony and Cleopatra, Coriolanus, Cymbeline, The Winter's Tale, The Tempest* und *Henry VIII*. Die übrigen 18 Stücke waren bereits zuvor als so genannte ‚Quarto'-Editionen erschienen (eine ‚Quarto'-Edition entspricht in etwa unserem Reclam-Format und war eine Form der Veröffentlichung für ‚Gebrauchstexte'). Keine unerhebliche Herausforderung für die Editionswissenschaft ist, dass sich Quarto- und Folio-Versionen der Dramen bereits im Titel und auch inhaltlich (vgl. Kap. III.2) signifikant unterscheiden, so dass sich die Frage nach dem ‚authentischen' Text stellt, den Shakespeare tatsächlich geschrieben hat.

Inkonsistenzen in der Gattungszuweisung

Das Historiendrama *Richard III* wird beispielsweise in der Folio unter die Historien eingeordnet unter dem Titel *The Life and Death of Richard the Third*, der Text selbst in der First Folio verzeichnet dann aber *The Tragedy of Richard the Third: with the Landing of Earl Richmond, and the Battle of Bosworth Field. King Lear* wird in der ersten Quarto *The History of King Lear* genannt, in der Folio *The Tragedy of King Lear.* Ähnlich lautet der Quarto-Titel von *Richard II The Tragedy of Richard II*, woraus in der Folio *The Life and Death of King Richard the Second* wurde. Fälle wie diese weisen, wie auch Francis Meres Liste in *Palladis Tamia* (vgl. Kap. III.3), auf die Instabilität von Gattungen hin. Wichtig ist, sich stets bewusst zu sein, dass unsere Gattungstrennungen nur Konstrukte sind, die beim Lesen individueller Werke eine Orientierung geben können. Gerade Shakespeare hat Genretraditionen produktiv genutzt und Erwartungen immer wieder durchbrochen (vgl. auch Kap. V).

Da Heminges und Condell zu den ersten Mitgliedern von Shakespeares Schauspieltruppe, als diese noch dem Protektorat des Schatzkanzlers standen und *The Lord Chamberlain's Men* hießen (vgl. auch Kap. II), gehörten, dürfen wir als einigermaßen wahrscheinlich annehmen, dass diese, die Shakespeare über zirka zwei Jahrzehnte hinweg kannten, auch tatsächlich nur Dramen von Shakespeare in diese Folio-Ausgabe aufgenommen haben („that we have scarce received from him a blot in his papers"; Vorwort „To the Great Variety of Readers"). Freilich haben auch hier Kritiker Zweifel an der Zuweisung des einen oder anderen Dramas geübt (und die ‚Kandidaten' haben durchaus in der Geschichte der Shakespeare-Philologie gewechselt). Begründet werden diese Zweifel meist mit dem persönlichen Geschmack der Kritiker oder der Annahme, Shakespeare könne doch nicht solch ‚unbequeme' Stücke wie *Troilus and Cressida, Timon of Athens*, oder auch so ungeordnete und ‚chaotische' Dramen wie *Henry VI* geschrieben haben. Stilistische Analysen mittels Datenbanken und linguistischen *corpora* haben ebenfalls Material für solche Thesen geliefert. Andererseits gibt es wiederum Kritiker, die versucht haben, (meist anonyme) Dramen, die nicht in der Folio enthalten sind, Shakespeare zuzuschreiben und damit den Kanon zu erweitern. Notorische Bekanntheit haben die so genannten ‚Apocrypha' erlangt, zu denen vor allem zählen: *Edmund Ironside* (1588), *Arden of Feversham* (1592), *Locrine* (1594), *Mucedorus* (1598), *The First Part of Sir John Oldcastle* (1599), *The London Prodigal* (1605), *A Yorkshire Tragedy* (1608), die in das *Stationer's Register* als „written by William Shakespeare" eingetragen worden war, und, in jüngerer Zeit besonders prominent, *Edward III* und *Cardenio*, welches inzwischen zum Shakespeare-Kanon gezählt wird und in einer Arden-Edition vorliegt. Sollten diese Dramen tatsächlich von Shakespeare stammen, stellt sich natürlich die Frage, weshalb diese nicht in die First Folio aufgenommen wurden. Vermutet wird für diesen Fall, dass die Herausgeber Heminges und Condell nur die in ihren Augen ‚besten' Dramen aufnehmen wollten, das Recht der *King's Men*, wie Shakespeares Truppe nach der Thronbesteigung durch James I hieß, auf diese Texte öffentlich machen und diese gegen Raubdrucke abgrenzen wollten, oder es schlichtweg eine – finanziell bedingte – Begrenzung des Umfangs seitens des Druckers für die Folio gab. Andererseits wird *Pericles*, ein Drama, welches nicht in der Folio enthalten ist, heute ohne große Diskussionen als von Shakespeare stammend anerkannt. Auch wenn Fragen wie diese unbeantwortet bleiben müssen, bleibt die Folio letztlich die prominenteste Quelle

Apocrypha

dessen, was Shakespeare schrieb. Was keinesfalls ausschließt, dass er weitere Dramen ganz oder in Teilen verfasst haben mag.

2. *Quartos* und *First Folio*

Wie oben erwähnt, waren Quarto-Ausgaben vergleichsweise günstige ‚Gebrauchstexte', wobei die so genannten *good and bad quartos* zu unterscheiden sind. Letztere lassen möglicherweise auf eine Rekonstruktion der Textfassung aus dem Gedächtnis eines Schauspielers oder eine Kürzung des gesamten Dramas für Provinzaufführungen schließen. Als *good quartos* dagegen gelten elf vor der Folio-Ausgabe in Erstdrucken erschienene Quartos, die von Shakespeares Schauspieltruppe authorisiert worden waren. Von einzelnen Dramen haben wir mehrere dieser Quarto-Editionen (im Falle von *Richard III* beispielsweise fünf), aus denen die Herausgeber der Folio wiederum eine für die Aufnahme auswählten. Wie ebenfalls oben erwähnt, können Folio und Quarto-Fassungen inhaltlich stark voneinander abweichen. Im Fall von *King Lear* differieren diese so stark, dass sich Stanley Wells und Gary Taylor im *Complete Oxford Shakespeare* (1988) erstmals entschieden, die *Tragedy* (Folio-Fassung) und die *History* (Quarto-Fassung) *of King Lear* als zwei authoritative Dramen aufzunehmen, ohne eine Kompilation vorzunehmen. In der Quarto-Fassung spricht beispielsweise Edgar die Schlusszeilen, in der Folio ist es Albany. Ferner kann sich die Sprecherangabe *Cor* an einzelnen Stellen ebenso auf Cordelia wie auf Cornwall beziehen. Für Fragen wie diese können neue Erkenntnisse in der Erforschung von Shakespeares Biographie, sowie der Druck- und Veröffentlichungspraxis und Textüberlieferung eine entscheidende Rolle spielen. Für *Hamlet* existieren neben der Folio-Ausgabe zwei Quartos, die stark voneinander abweichen. Q1 ändert fast alle Namen, hat nur 2154 Zeilen gegenüber den 3799 der beiden vollen Fassungen. Die Begegnung zwischen Hamlet und Ophelia, die vom König und Polonius belauscht wird, folgt unmittelbar, noch bevor die Schauspieler ankommen. Anstelle von 4.1 erzählt Horatio der Königin von Hamlets Rückkehr. Eine weitere Änderung ist der Charakter der Gertrude, die Hamlet ihre Unschuld beschwört, ihm die Geheimhaltung seiner Rachepläne verspricht und später gegenüber Horatio die Absicht äußert, den Argwohn ihres Gatten zu zerstreuen. Schließlich wird Hamlet bei der Überfahrt nach England nicht von Piraten gefangen genommen, sondern das dänische Schiff wird durch widrige Winde aufgehalten. Nachdem er das Schriftpaket geändert und neu versiegelt hat, wird er ans Ufer gesetzt, während Gilderstone und Rossencraft (sic) nach England fahren. Soweit zu den Unterschieden der beiden Quartos. Aber auch Q2 und F stimmen nicht überein: sie weichen an über 1300 Stellen voneinander ab, wobei Unterschiede in Schreibweise, Bühnenanweisungen, Personenbezeichnungen und Zeilenaufteilung nicht mitgezählt sind. 83 Zeilen aus F fehlen in Q2, während umgekehrt 230 Zeilen aus Q2 (fast Dreiviertel davon aus Hamlets Reden) in F nicht gedruckt wurden. Es können natürlich auch bei der Drucklegung Fehler unterlaufen sein, was letztlich darin resultiert, dass *keiner* der Texte, die wir heute von ‚Shakespeares Dramen' haben, den Anspruch auf Authentizität erheben kann. Diese können immer nur eine Annäherung an

King Lear

Hamlet

das Original sein und stellen letztlich ein ‚synthetisches Produkt' aus vielen anderen Texten dar (vgl. auch Kap. VII). Es erübrigt sich zu sagen, dass jede Ausgabe der Dramen Shakespeares, die heute im Buchhandel erhältlich ist, das Produkt der Entscheidungen des/der Herausgeber/s ist.

Produkt eines Kollektivs

Die ‚romantische' Vorstellung, Shakespeare habe als „nature's child" an seinem Schreibpult sitzend oder über Felder streifend seine Texte aus seiner Feder unbeschwert, mühelos und aus innerer genialer Eingebung heraus auf das Papier fließen lassen, sind spätestens seit den 1980er Jahren passé (vgl. Kap. VII). Da Shakespeare und seine Truppe von den Aufführungen der Dramen leben mussten, mussten seine Werke wirtschaftlichen Erfolg versprechen und damit auch den Erwartungen des Publikums entsprechen, den Talenten und Möglichkeiten der Truppe gerecht werden und nicht zuletzt auf der zur Verfügung stehenden Theaterbühne umsetzbar sein. Wie hoch der Anteil der Einflussnahme der Schauspielerkollegen Shakespeares im Schaffensprozess war, wissen wir nicht, doch wird aus dieser Praxis erneut offenbar, dass die ‚Texte' Shakespeares keinesfalls stabile Einheiten waren, sondern zwischen der Idee und der schriftlich fixierten Fassung eine unbekannte Zahl von Ebenen der Einflussnahme lagen.

Sobald Shakespeare das Manuskript, die so genannten ‚foul papers', abgeschlossen hatte, ging dieses in den Besitz der Truppe über. Hiervon wurden zwei Kopien angefertigt, von denen eine als Spielvorlage (*prompt book*), in die Anmerkungen etwa zu Kostümen oder Notwendigkeiten der Aufführung bis hin zu Restriktionen durch den Zensor (vgl. Kap. II) eingetragen wurden, bei der Truppe verblieb. Die andere wurde für die Schauspieler zerschnitten und für jede Sprechrolle wieder zusammengeklebt, so dass jeder Akteur nur seinen Text und die Stichworte (*cues*) der anderen bekam. Zeugnisse dieser Praxis bieten Hamlets Anweisungen an die Schauspieler (3.2.) und das Spiel der Handwerker in *A Midsummer Night's Dream*, in dem „Flute, the bellows-mender" (1.2.36), der die Rolle der Thisbe zugewiesen bekommt, den Spielleiter Peter Quince zur Verzweiflung bringt: „You speak all your part at once, cues and all" (3.1.94f.).

3. Chronologie

Ebenso ungesichert wie die Textfassungen ist auch die Chronologie der Dramen. Die Folio bietet hier keine Orientierung, da Heminges und Condell eben nach Gattungen gruppieren und nicht nach Entstehungszeit. Jeder Versuch, die Dramen zu datieren, kann sich zum einen an externen Kriterien, wie etwa Erwähnungen bei Zeitgenossen, den Eintrag in das *Stationers' Register* (das Hauptbuch der Londoner Zunft der Buchhändler, Drucker und Verleger) oder dem Erscheinen einer *Quarto*-Edition orientieren. Ein wertvolles Zeugnis zur Datierung ist Francis Meres' *Palladis Tamia* (1598), der in seinem Vergleich von antiken und zeitgenössischen Dramen, *A Comparative Discourse of our modern poets with the Greek, Latin and Italian poets*, Shakespeare die folgenden Werke zuweist:

Francis Meres, *Palladis Tamia*

> The witty soul of Ovid lives in mellifluous and honey-tongued Shakespeare, witness his Venus and Adonis, his Lucrece, his sugared sonnets

> among his private friends, &c. As Plautus and Seneca are accounted the best for comedy and tragedy among the Latins, so Shakespeare among the English is the most excellent in both kinds for the stage; for comedy witness his *Gentlemen of Verona*, his *Errors*, his *Love's Labour's Lost*, his *Love's Labour's Won*, his *Midsummer Night's Dream*; and his *Merchant of Venice*; for tragedy his *Richard the Second, Richard the Third, Henry the Fourth, King John, Titus Andronicus*, and his *Romeo and Juliet*.

Auch hier bleiben freilich Fragezeichen: Was verbirgt sich hinter *Love's Labour's Won*, und wo sind etwa *The Taming of the Shrew* (verbirgt sich dieses hinter *Love's Labour's Won*?), *Much Ado about Nothing* und die drei Teile von *Henry VI*, die alle als frühe Stücke gelten?

Des Weiteren helfen zur Datierung die internen Kriterien wie Anspielungen auf zeitgenössische Ereignisse, wie etwa eine schlechte Ernte oder ein Unwetter in *A Midsummer Night's Dream* oder der Bezug des Chorus vor dem fünften Akt in *Henry V* auf die Expedition des Earl of Essex nach Irland. Ein weiterer Versuch, eine Chronologie der Dramen zu erstellen, sind Untersuchungen zu Shakespeares Stil (vgl. auch Kap. III.7), die allerdings auch höchst unsichere Ergebnisse bringen.

4. Quellen

Ohne Zweifel würde Shakespeare heute des Plagiats angeklagt werden. Er hat niemals einen Stoff für seine Dramen ‚erfunden', vielmehr übernahm er diesen aus verschiedenen Quellen, die er allerdings innovativ miteinander kombinierte. Shakespeare war zudem Teil dessen, was Stephen Greenblatt „the circulation of social energies" genannt hat (vgl. Kap. VII), von denen er geprägt wurde, und die er zugleich mitprägte. Shakespeares ‚Mischung' aus Elementen der Hoch- wie auch der Volkskultur seiner Zeit in seinen Texten ist auch Ausdruck der Konflikte und der Vielfalt der Autoritäten in seiner Zeit. Für die einzelnen Gattungen, die die Folio unterscheidet, lassen sich jeweils Shakespeares ‚Haupt'quellen ausmachen: für die Historiendramen rekurrierte er insbesondere auf Raphael Holinsheds *Chronicles* (1578, zweite Auflage 1587), für die *Roman plays* schöpfte er vor allem aus Thomas Norths Übersetzung von Plutarchs *Lives* (1579), für die frühen Komödien wählte er Handlungen und Motive aus William Painter's *Palace of Pleasure* (1566–67) aus, einer Sammlung von 101 Geschichten von italienischen Novellen von Boccaccio und Bandello. In den Tragödien finden sich ebenfalls Einflüsse englischsprachiger Texte, sowie antiker Epen wie vor allem Ovids *Metamorphoses*. Generell boten auch die Bibel und die klassische Mythologie ein reiches Repertoire an Zitaten, Anspielungen und Anregungen für Shakespeares Dramen. Eng verbunden mit der Frage nach Shakespeares klassischen Quellen ist die nach seiner Bildung (vgl. Kap. I).

5. Ausgaben

Von den Manuskripten Shakespeares ist uns nichts erhalten. Es besteht Einigkeit unter den Kritikern, dass seine Werke im späten 16./frühen 17. Jahrhundert in Quarto-Ausgaben und der Folio gedruckt wurden (siehe oben). Freilich bestehen Fragen wie die folgenden: woher kamen die Manuskripte, die in den Druck gingen? Gelangten diese direkt vom Autor oder von der Schauspieltruppe zum Drucker? Wie viele von Shakespeares Stücken wurden überhaupt im Quarto-Format gedruckt, wie viele gingen möglicherweise verloren? Welche Versionen eines Dramas repräsentieren Quartos und Folio? Ist die Folio als authentischer und ‚besser' anzusehen als die Quartos? Bis weit ins 18. Jahrhundert galt die Folio als der verlässlichste Text, da die Editoren Heminges und Condell in ihrer Vorrede konstatiert hatten, sie druckten Shakespeares „True Original Copies ... as he conceived [his plays]". Dennoch wurden die Quartos von den (frühen) Herausgebern nicht ganz vernachlässigt, so dass sich seit zirka 1760 (orientiert an der Editionspraxis klassisch-antiker Texte) das Verfahren durchsetzte, ein Stemma, also einen ‚Stammbaum' von potentiellen Abfolgen und Abhängigkeiten zu erstellen. Ein weiterer Schritt war es dann, die Quartos als ‚näher' an Shakespeares eigenen Manuskripten zu sehen als die posthum herausgegebene Folio. Aus den Quartos, so nahm man an, ginge die ‚Intention' des Autors am besten hervor. Die ersten Gesamtausgaben von Shakespeares Werken erschienen im 18. Jahrhundert: der erste war Nicolas Rowe (1709), und der erste, der den Versuch einer systematischen Ausgabe machte, war Lewis Theobald (1733). 1790 erschien die Edition von Edmond Malone, der erstmals eine Chronologie der Werke und eine Biographie Shakespeares erstellte, und 1765 diejenige von Samuel Johnson, der vor allem in seiner Vorrede die Erhebung von Shakespeare zum Naturgenie im 19. Jahrhundert vorbereitete (vgl. Kap. VI). Es folgten ungezählte Editionen im 19. und 20. Jahrhundert, die auf unterschiedlichen Texten basierten und üblicherweise die verschiedenen existenten Textzeugen kollationierten, also zu einer Fassung zusammenmischten.

Editionen

Neuorientierung

Als in den 70er Jahren des 20. Jahrhunderts im Zuge der neuen theoretischen Orientierung (vgl. Kap. VII) die These aufkam, dass auch das Kollektiv der Schauspieltruppe bei der Entstehung eines Stücks gestaltend eingewirkt haben könnte, nahm man an, Shakespeares Dramen könnten auch in mehr als einer autorisierten Version im Umlauf gewesen sein, da dieser auch seine Dramen für bestimmte Anlässe ungearbeitet haben könnte. Aus diesem Ansatz resultierte die Oxford Edition von Stanley Wells und Gary Taylor, die, wie oben erwähnt, erstmals *King Lear* in zwei Fassungen (Quarto und Folio) abdruckte.

6. Gattungen

In der Frühen Neuzeit bestanden Kritiker auf differenzierten Gattungsunterscheidungen. Sir Philip Sidney listet in seiner *Defense of Poesy* (1579) auf: „the heroic, lyric, tragic, comic, satiric, iambic, elegiac, pastoral, and certain others." In *Hamlet* lässt Shakespeare den geschwätzigen und besserwisserischen Polonius die folgende nicht ernst gemeinte Liste von Gattungen herunterbeten: „tragedy, comedy, history, pastoral, pastoral-comical, historical-pastoral, tragical-historical, tragical-comical-historical-pastoral" (2.2.396–399). Shakespeare selbst hat sich keinesfalls an die ‚Reinheit' von

Gattungen gehalten, sondern tragische und komische Elemente sowie Figuren der Komödie und Tragödie in seinen Dramen durchaus gemischt und damit auch gegen die so genannte ‚Ständeklausel' verstoßen, welche für die Tragödie sozial hoch-, und für die Komödie sozial niedriger gestellte Figuren vorsah. Erinnert sei hier nur an den (komischen) *porter* in der Tragödie *Macbeth,* die sozial niedrig stehenden Totengräber in der Tragödie *Hamlet* und den Narren in der Tragödie *King Lear.* In der Komödie *A Midsummer Night's Dream* schwebt die Drohung der Hinrichtung über Hermia, wenn sie der Heirat mit dem Mann, den ihr Vater für sie ausgewählt hat, nicht zustimmt.

Folio

Wie oben erwähnt, kategorisierten Heminges und Condell als Herausgeber der Folio die 36 Dramen, die sie aufnahmen, nach *Comedies, Histories* und *Tragedies,* was vergleichsweise ungewöhnlich war. In der *Folio* von Ben Jonsons *Works* (1616) waren die Dramen nach ihrer Chronologie angeordnet. Eine solche Anlage nach Gattungen lädt den Leser nun ein, eben nach Gattungen zu lesen und dabei Gemeinsamkeiten aber auch individuelle Unterschiede innerhalb dieser (vermeintlichen) Textgruppen festzustellen. Freilich hält sich Shakespeare nicht an traditionelle Erwartungen von Gattungskonventionen, wenn er etwa am Ende der Komödie *Love's Labour's Lost* das *happy ending* mit „Our wooing does not end like an old play" (5.2.851) um ein Jahr auf nach dem Schluss der Dramenhandlung aufschiebt. In *The Tempest* wendet sich eine Rachehandlung zur Versöhnung, und in *Romeo and Juliet* kippt eine Handlung, die wie eine Komödie begonnen hatte (eine ältere Generation verweigert einer jüngeren Generation die Zustimmung zur Wahl des geliebten Partners), mit dem Tod von Mercutio und Tybalt in die Tragödie. Von den drei Gattungen, die in der Folio etabliert wurden, gehen zwei, nämlich Komödie und Tragödie, auf die klassische Antike zurück; die Historiendramen entwickelten sich erst im frühen 16. Jahrhundert aus dem Interesse an nationaler Geschichte (vgl. hierzu Kap. 5).

7. Sprache

Beispiel: *Richard II*

Wenn König Richard II zu Beginn von Shakespeares gleichnamigem Drama Thomas Mowbray auf Lebenszeit verbannt, beklagt dieser nicht den Verlust seiner Familie, Freunde oder seines Besitzes, sondern (durchaus auch an Ovids Exildichtung erinnernd) den der Sprache:

> The language I have learnt these forty years
> My native English, now I must forgo
> And now my tongue's use is to me no more
> Than an unstrig'd viol or a harp,
> Or like a cunning instrument cas'd up
> Or being open, put into his hands
> That knows no touch to tune the harmony.
> Within my mouth you have enjail'd my tongue [...] (1.3.159–166)
> What is thy sentence then but speechless death
> Which robs my tongue from breathing native breath? (1.3.172–173)

Aus Mowbrays Reaktion wird auch deutlich, dass Englisch in der Frühen Neuzeit keinesfalls die Universalsprache war, die sie heute ist. Die Universalsprache der Welt der Gelehrten in dieser Zeit war Latein, was auch in Schulen und Universitäten gelernt wurde (vgl. auch Kap. I). ‚Englisch', bzw. die Sprache, die auf der Insel, oder genauer, vor allem auf deren süd-östlichem Teil gesprochen wurde, war bei Weitem noch nicht in Regeln gefasst oder gefestigt. Zudem galt sie vor allem den Humanisten gegenüber dem Lateinischen als grob, geradezu barbarisch und ohne die Bandbreite der Ausdrucksmöglichkeiten des Lateinischen, weshalb sich diese im 16. Jahrhundert auch durch Übersetzungen um eine Bereicherung der englischen Sprache bemühten (siehe unten).

Die Entwicklung der Sprache in England nahm einen anderen Lauf als auf dem Kontinent, da die Eroberung der Insel durch die Normannen im Jahre 1066 den nachhaltig prägenden Einfluss des Lateinischen bzw. der romanischen Sprachen ins Englische brachte. Das Mittelenglische verfügte über eine eigene Literatursprache, als deren bedeutendster Vertreter Geoffrey Chaucer, der ‚Vater der englischen Dichtung', gilt. In seinen Werken verschmelzen germanischer Wortschatz und altfranzösischer bzw. anglonormannischer Wortschatz (seit 1066) miteinander und sorgen für ein reichhaltiges Vokabular, das durch die Wahl eines germanischen oder romanischen Worts stilistische Differenzierungen erlaubt. Chaucers Dichtung wurde freilich durch den *Great Vowel Shift* als Vorbild für das 16. Jahrhundert in Frage gestellt, weil sich die Aussprache grundlegend veränderte, das *spelling* aber gleich blieb. Der Abfall des auslautenden -e, die Akzentverlagerung bei mehrsilbigen, aus dem Französischen stammenden Worte auf die erste Silbe, sowie die Diphtongierung der Vokale erforderten daher eine neue Erarbeitung der Metrik. Zudem entstanden viele Homophone im Englischen wie etwa „soul" (dt.: „Seele") und – identisch ausgesprochen – „sole" (dt. „Sohle"). Diese Entwicklung führte in der Frühen Neuzeit zu extensivem *punning*, d.h., Wortspielen (nicht selten mit sexuellen oder erotischen Bedeutungen), als deren Meister Shakespeare gelten darf. *Puns*, die heute als Kalauer wenig Ansehen genießen, waren in der Frühen Neuzeit ein legitimes Kunstmittel und eine sprachliche Ausdrucksform, die den Sprachwitz des Sprechers aufzeigten. *Puns* sind natürlich eine Herausforderung für jeden Übersetzer (vgl. Kap. VIII).

Middle English

Geoffrey Chaucer

puns

Durch die Aufhebung der Klöster durch Henry VIII, die bis dahin das Schul- und Bildungswesen dominiert hatten, geriet dieses in weltliche Hände, also Städte wie Stratford und Zünfte wie etwa *The Merchant Taylor School* in London. In diesem Zuge konnten die Humanisten ihre Bildungskampagne entfalten, die weite bürgerliche Schichten umfasste. Sie sahen in der Sprache nicht nur ein Verständigungsmittel, sondern eine Gabe, die dem Menschen eine besondere Würde verleiht und ihn vor allen anderen Lebewesen auszeichnet. Ihre vollkommene Ausformung habe die Sprache im klassischen Latein erfahren, weshalb die klassisch lateinische (nicht die mittellateinische!) Prosa und Dichtung von diesen zur verbindlichen Norm erhoben wurden. Gelehrt wurden Grammatik und Rhetorik, also *recte dicere* und *bene dicere*, was Mündlichkeit und Schriftlichkeit den gleichen Rang zuwies. Die Übersetzungsarbeit der Humanisten vom Lateinischen ins Englische bereicherte den englischen Wortschatz erheblich. Zudem wurden viele mittelenglische, aus dem Französischen stammende Worte re-ethymologisiert, wie etwa „parfit" zu „perfect" (nach dem lateinischen „perfec-

Schul- und Bildungswesen

Humanismus

tum"). Insgesamt entstand hierdurch in der Bevölkerung ein enormes Sprachbewusstsein und ein feines Gehör für Sprache, das auch ins Theater (siehe unten) wirkte. Die Art des sprachlichen Ausdrucks deutete auf den Bildungsstand des Sprechers, bzw. der Rolle auf der Theaterbühne. Sprachbeherrschung wurde Voraussetzung für sozialen Aufstieg und Ansehen. Für einen *gentleman* war es unerlässlich, verschiedene Register und Stile zu beherrschen, sowie Gedichte schreiben zu können. Durch die verfeinerte Sprachkultur fand auch Sprachbombast Eingang ins Englische, so dass sich in der Frühen Neuzeit verschiedene Stile wie *plain style* oder *eloquent style* herausbilden konnten. Ersterem waren – mit seiner schmucklosen und bilderlosen Nüchternheit – die moralisierenden und didaktischen Themen vor allem in Schule und Kirche zugeordnet, während Letzterer dem Themenkreis der höfischen Literatur vorbehalten war. Zu diesem gehörten Preisgedichte, Totenklagen und Gelegenheitsdichtungen im höfischen Umkreis, die sich alle durch einen Reichtum an Metaphern und eine weit gespannte Syntax auszeichneten. Einer der preziösesten Stile war gegen Ende des Jahrhunderts der Euphuismus, benannt nach John Lylys *Euphues: An Anatomy of Wit* (1578; danach bis 1607 nicht weniger als zehnmal wieder aufgelegt) mit seiner Kunst der Parallelismen und Kontraste, der wiederum von Shakespeare in *Love's Labour's Lost* durch die Charaktere Armado, Holofernes und Moth parodiert wurde. Im fünften Akt des Dramas charakterisiert Berowne diesen wie folgt:

Verschiedene Sprachstile

Euphuismus

Beispiel: *Love's Labour's Lost*

O never will I trust to speeches penn'd
Nor to the notion of a schoolboy's tongue, [...]
Nor woo in rhyme, like a blind harper's song!
Taffeta phrases, silken terms precise,
Three-pil'd hyperboles, spruce affection,
Figures pedantical – these summer flies
Have blown me full of maggot ostentation.
I do forswear them [...] (5.2.402–403; 405–410).

Bedeutung für das Theater der Zeit

All diese Entwicklungen bewirkten, dass auf den Londoner Bühnen der Shakespeare-Zeit eine enorme Vielfalt von sprachlichen Registern zu hören war, weil Sprache *das* Mittel zur Charakterisierung darstellte. Das Publikum hatte ein geschärftes Ohr, um Staatssprache, Handwerker- und Fachsprache, Sprache der Bauern bis hin zum Dialekt, fremdsprachliche Zitate, Sprachwitz, Sprachfertigkeit und Tölpelhaftigkeiten zu verstehen und zu goutieren. Wenige Beispiele müssen hier genügen. Narrenfiguren wie Feste in *Twelfth Night* oder der *fool* in *King Lear* zeichnen sich durch ihre hoch komplexen Sprachspiele aus. Othellos Zusammenbruch in 4.2 kündigt sich über den Verlust seiner Sprachmöglichkeiten an. Entsprechend seiner inneren Verfassung spricht der in sich ruhende Othello in der ersten Hälfte des Dramas in weit ausladenden Satzperioden wie der folgenden, die Selbstvertrauen, Ruhe und Kontrolle ausdrücken:

Beispiel: *Othello*

My services which I have done the signiory,
Shall out-tongue his complaints. 'Tis yet to know –
Which, when I know that boasting is an honour,
I shall provulgate – I fetch my life and being

From men of royal siege, and my demerits
May speak unbonneted to as proud a fortune
As this that I have reach'd. (1.2.18–24)

Der inneren Verfassung des Othello entsprechend werden seine syntaktischen Einheiten in in 3.3 und 3.4 kürzer („O blood, blood, blood!" 3.3.451), bevor seine Prosa-Szene mit der stark bruchhaften Rede im vierten Akt den Verlust der Kontrolle und seinen inneren Zusammenbruch vor dem epileptischen Anfall signalisert:

> Lie with her? Lie on her? We say lie on her when they belie her! Lie with her, zounds, that's fulsome! – Handkerchief! Confessions! Handkerchief! – To confess, and be hang'd for his labor! First to be hang'd, and then to confess: I tremble at it. Nature would not invest herself in such a shadowing passion without some instruction. It is not words that shakes me thus. Pish! Noses, ears, and lips. Is't possible? Confess! Handkerchief! O devil! (4.1.35–43)

Des Weiteren unterscheidet sich das Gerede des sich wahnsinnig stellenden Edgar in *King Lear* signifikant von den Reden König Lears in seinem Wahnsinn. Romeos Floskeln in der Beschreibung seiner schwärmerischen Liebe zu Rosaline stehen in Kontrast zu seiner und Julias echter Leidenschaft. Hamlets Monologe wiederum sind keine Arien mehr wie rhetorisch gegliederte Monologe früherer Dramen, vielmehr formen sich Hamlets Gedanken beim Reden, insbesondere in seinen ‚großen' *soliloquies.* Am Hof von Elsinore lassen sich diverse differenzierte Sprachebenen finden. Hamlet selbst benutzt Sprache systematisch, um in seiner bewusst angenommenen Verrücktheit (*antic disposition*) etwas anders als das Gesagte zu sagen. Die Schnelligkeit und Komplexität seines Spiels mit Worten (*puns*) sind Zeichen seines überragenden Intellekts und damit Teil des Bedrohungspotenzials für den Hof. König Claudius beherrscht den figurenreichen und rhetorisch anspruchsvollen Stil mit langen ausgewogenen Perioden zur Verharmlosung und zum Verschleiern, wie in seiner Thronrede:

Beispiel: *Hamlet*

Though yet of Hamlet our dear brother's death
The memory be green, and that it us befitted
To bear our hearts in grief, and our whole kingdom
To be contracted in one brow of woe,
Yet so far hath discretion fought with nature
That we with wisest sorrow think on him
Together with rememberance of ourselves.
Therefore our sometime sister, now our queen,
Th' imperial jointress to this warlike state
Have we, as 'twere with a defeated joy,
With an auspicious, and a dropping eye,
With mirth in funeral, and with dirge in marriage,
In equal scale weighing delight and dole,
Taken to wife [...] (1.2.1–14)

Einen einfachen, sehr direkten Stil verwendet er zur unmittelbaren Machtausübung, wie – gegenüber Laertes – in

Break not your sleeps for that. You must not think
That we are made of stuff so flat and dull
That we can let our beard be shook with danger
And think it pastime. You shortly shall hear more. (4.7.30–33)

Polonius betreibt einen bombastischen rhetorischen Aufwand, um sich in seiner geschwätzigen Wichtigtuerei zu präsentieren, was Gertrude „more matter with less art" (2.2.95) wünschen lässt. Der gebildete Horatio, Laertes und Marcellus bedienen sich einer weniger variablen Sprache und äußern sich (wie letztlich auch die Totengräber) ihrer jeweiligen Funktion im Stück angemessen.

Fehlende Standardisierung

In der Zeit, in der Shakespeare und seine Zeitgenossen schrieben, existierte keine Institution, die die Entwicklung der englischen Sprache überwacht oder reguliert hätte. Auch gab es weder Lexika, die Aussprache, Schreibung, Ethymologie und Bedeutung von Wörtern regelten, noch Grammatiken, die die Konstruktion von Sätzen vorschrieben. Lexika und Grammatiken waren nur als notwendig erachtet für die klassischen Sprachen. Erst im 17. Jahrhundert wurden zunehmend Lexika und Grammatiken des Englischen gedruckt, und erst 1665 setzte die Royal Society ein Komitee ein, um die Verbesserung der Sprache zu überwachen. So war im Frühneuenglischen im Bereich der Syntax die im heutigen Englisch üblicherweise für Aussagesätze geltende Abfolge der Satzglieder *Subject – Verb – Object* (S-V-O) noch nicht verbindlich vorgesehen, weshalb wir beispielsweise in *King Lear* „In th' last night's storm I such a fellow saw" (4.1.32) lesen. Die Umschreibung mit „to do" in Frage und Verneinung hatte sich noch nicht absolut durchgesetzt, weshalb sich sowohl die ‚alte' wie die ‚neue' Form bei Shakespeare finden, wie etwa in „Lives he?" (*Antony and Cleopatra*, 4.14.114) und „Doth he keep his bed?" (*1Henry IV*, 4.1.21); bzw. in einem Satz: „for cogitation / Resides not in that man, that does not thinke" (*The Winter's Tale*, 1.2.272 f.). Auffällig für den heutigen Leser von Shakespeare-Dramen ist zudem die Unterscheidung von „you" (für die förmlichere Anrede; etwa dem deutschen „Sie" entsprechend) und „thou" (weniger formell, dem deutschen „Du" entsprechend).

Shakespeares Wortschatz

Schätzungen haben ergeben, dass Shakespeare über ein Potential von zirka 25.000 Wörtern verfügte – und damit über mehr als jeder andere Autor des Englischen. Er nutzte die oben skizzierte lexikalische Bereicherung und syntaktische Flexibilität des Frühneuenglischen, welches sich aus so vielen Quellen speiste, für manches Experiment und verfügte darüber hinaus über ein breites Repertoire an Fachsprachen.

Fachsprachen

Shakespeares Dramen weisen beispielsweise Fachausdrücke aus der Sprache der Falkner oder der Sprache der Nautik (vor allem in *The Tempest*) auf, was hinsichtlich der Autorschaftsfrage (vgl. Kap. I) Kritiker dazu geführt hat zu diskutieren, ob denn ein Handwerkersohn vom Lande überhaupt über ein solches Wissen verfügen könne.

Parodien

In seinen Dramen spielt Shakespeare auch mit der Spache seiner Zeit. So parodiert er den Gebrauch von Latinismen in „the great feast of languages" (*Love's Labour's Lost*, 5.1.36), in diesem Drama vor allem durch die sprachlichen Exzesse der Charaktere Armando und Holofernes. Im Bereich der britischen Nationalsprachen parodiert er die stereotypischen Akzente der Waliser, Iren und Schotten etwa in *Henry V*, wobei der König – die Nation einend – alle Akzente und Sprachen versteht. Im Spiel der Handwerker in *A Mid-*

summer Night's Dream werden – mit komischem Effekt – syntaktische Einheiten falsch in Beziehung zueinander gesetzt. Unfreiwillig komischer Höhepunkt der Darbietung ist, wenn Peter Quince den Prolog des Spiels mit gänzlich falscher Interpunktion abliefert, so dass das Kompliment an den Duke zu einer Beleidigung wird:

> If we offend, it is with our good will.
> That you should think, we come not to offend,
> But with good will. To show our simple skill,
> That is the true beginning of our end.
> Consider then, we come but in despite.
> We do not come, as minding to content you,
> Our true intent is. All for your delight,
> We are not here. That you should here repent you,
> The actors are at hand; and by their show,
> You shall know all, that you are like to know. (5.1.108–117)

Was von der Hofgesellschaft wie folgt kommentiert wird:

> *Theseus*: This fellow doth not stand upon points.
> *Lysander*: He hath rid his prologue like a rough colt; he knows
> not the stop. A good moral, my lord: it is not enough to speak,
> but to speak true.
> *Hyppolita*: Indeed he hath played on this prologue like a child
> On a recorder; a sound, but not in government.
> *Theseus*: His speech was like a tangled chain
> nothing impair'd, but all disorder'd. (5.1.118–125)

Heutige Lektüre

Zu Beginn des 21. Jahrhunderts ist die Lektüre der Originaltexte Shakespeares auch deshalb nicht ganz einfach, weil viele Ausdrücke im Englischen obsolet geworden sind. Maßgeblich beeinträchtigt wird die Lektüre dort, wo Begriffe neue Bedeutungen angenommen haben. So werden die Totengräber im *Hamlet* im Text als „clowns" aufgelistet, was in Shakespeares Zeit allerdings weniger deren ‚lustigen' Charakter im Sinne unseres Verständnisses von ‚Clown', sondern schlichtweg deren relativ niedrige soziale Verortung signalisieren soll („peasants" wäre wohl der adäquate Begriff heute). Andere Wörter haben einen gänzlichen Bedeutungswandel durchgemacht: so erscheint uns Othellos preisendes „excellent wretch" (3.3.92) für seine Gattin Desdemona eher ungewöhnlich. In Textausgaben werden Stellen wie diese durch einen (je nach Ausgabe mehr oder weniger) aufwändigen Fußnoten-Apparat erläutert. Anomalien im Bereich der Wortformen oder der Zeichensetzung werden in modernen Ausgaben üblicherweise von Herausgebern stillschweigend emendiert. Diese Ausgaben ‚verfälschen' also in gewisser Weise unsere Lektüre von Shakespeares Texten. Unsere Texte sehen ‚sauber' und wohl strukturiert aus, so dass unsere Lektüre einigermaßen unbeschwert erfolgen kann. Was dabei verloren geht, ist der unmittelbare Eindruck des ‚Materials' der Sprache, die wir über unsere Sinne aufnehmen.

IV. Das nicht-dramatische Werk

Einige Leser dieses Buches werden möglicherweise überrascht sein, dass der größte Veröffentlichungserfolg Shakespeares in seiner Zeit nicht etwa *Hamlet* oder *Romeo and Juliet* oder *A Midsummer Night's Dream* war, sondern sein Versepos *Venus and Adonis*. Die relative Vernachlässigung von Shakespeares nicht-dramatischem Werk gegenüber seinen Dramen – zumindest in einer breiteren öffentlichen Wahrnehmung – hängt u. a. auch mit der Folio-Edition seiner Werke zusammen, die eben nur die Dramen, nicht aber die Versepen *Venus and Adonis* und *The Rape of Lucrece* und die Sonette beinhaltet. William Jaggard, dessen Sohn Isaac 1623 Shakespeares First Folio veröffentlichen sollte, hatte 1599 *The Passionate Pilgrim*, eine Sammlung von 20 Gedichten, die (angeblich) von Shakespeare („By W. Shakespeare") stammte, publiziert. Freilich sind nur wenige Gedichte wirklich von diesem, sondern auch von Zeitgenossen wie Christopher Marlowe, Walter Raleigh und Thomas Deloney. Shakespeares Name – als Dramatiker und/oder Dichter – versprach also offenbar guten Verkaufserfolg. Dabei war Shakespeare keinesfalls ein Dramatiker, der nur in seiner freien Zeit ein paar Gedichte schrieb, sondern, in den Worten von Patrick Cheney, ein „poet-playwright", dessen Dramen und Gedichte zeitlich nebeneinander entstanden und zwischen denen sich durchaus Verbindungen ziehen lassen. So werden in den Dramen beispielsweise Gedichte verfasst und zur Liebeswerbung eingesetzt, wie in *The Two Gentlemen of Verona*, wo der Gebrauch von „wailful sonnets" (3.2.69) beim Werben einer Frau ironisch kommentiert und „the force of heaven-bred poesy" (3.2.71) diskutiert wird. In *Love's Labour's Lost* hängen die verliebten jungen Männer ihre Sonette an Bäume, und in *Julius Caesar* wird der Dichter Cinna (der, vollkommen unschuldig, nur das Pech hat, den gleichen Namen wie der Verschwörer Cinna zu tragen) vom *mob* getötet „for his bad verses" (3.3.28). Umgekehrt zeigt sich in den Versepen *Venus and Adonis* und *Lucrece* auch das komische bzw. tragische Potenzial der Dramen (siehe unten).

poet-playwright

1. *Venus and Adonis*

Shakespeares Versepos *Venus and Adonis* gehört in die Tradition der in der Frühen Neuzeit populären ovidischen Kleinepen, wie etwa auch Christopher Marlowes *Hero and Leander*. In der Widmung bezeichnet Shakespeare *Venus and Adonis* als „the first heir of my invention", obwohl er bis dahin bereits zirka sieben Dramen geschrieben haben dürfte. Dichtung war freilich in der Gesellschaft der Zeit ungleich höher angesehen als das Theater (vgl. auch Kap. II), und Shakespeare wollte sich hier offenbar als Dichter etablieren. Geschrieben hat er *Venus and Adonis* und auch *The Rape of Lucrece* (vgl. Kap. IV.2) wahrscheinlich zwischen August 1592 und April 1594, als die Theater in London wegen der Pest geschlossen blieben. Er dürfte diese Pause genutzt haben, um sich als Dichter Ansehen bei Hofe zu verschaffen und sich in den literarischen Zirkeln der Londoner Gesellschaft einen Namen zu machen. Hierfür spricht zum einen, dass er *Venus and Adonis* Henry Wriothesley, dem damals 20 Jahre alten dritten Earl of Southhampton, widmet, der auch zu den Kandidaten zählt, denen Shakespeares Sonette gewidmet sein könnten (siehe unten). Zum anderen zeugt das Motto zu *Venus and Adonis*, „Vilia miretur vulgus; mihi flavus Apollo / Pocula Castalia plena ministret aqua", das Shakespeare Ovids *Amores* (XV 35) entnahm, von seinem gesellschaftlich-literarischen Ehrgeiz. *Venus and Adonis* erschien 1593 (Shakespeare war 29 Jahre alt), dem selben Jahr, in dem auch Marlowes Versepos *Hero und Leander* veröffentlicht wurde, in einer *Quarto*-Ausgabe, hatte sogleich großen Erfolg und brachte es bis 1617 auf nicht weniger als zehn Auflagen (bis 1640 waren es wenigstens fünfzehn).

Mythos

Der Stoff von *Venus and Adonis* war im England der Frühen Neuzeit durchaus beliebt: so hatte Edmund Spensers *The Fairie Queene* (1590) dem englischen Lesepublikum den Mythos bereits in drei verschiedenen Versionen vorgestellt, doch sollte es erst Shakespeares Epos von 1194 Versen sein, das diesem weltliterarischen Rang verlieh (kurioserweise ist das Werk, das seinerzeit Shakespeare großen Ruhm einbrachte, eines seiner heute am wenigsten rezipierten). Wie eingangs erwähnt, war *Venus und Adonis* zu Shakespeares Lebenszeit sein populärstes Werk: es wurde öfters nachgedruckt als Sidneys *Arcadia* oder Marlowes *Hero and Leander* und wurde von Shakespeares eigenen Werken von seinen Zeitgenossen am häufigsten zitiert. In den *Parnassus Plays* (St. John's College Cambridge, 1598–1601) etwa imitiert der Charakter Ingenioso den Stil von *Venus and Adonis.* Ein anderer Charakter, Gullio, übt die Werbung um seine Geliebte anhand der gesamten zweiten Strophe von Shakespeares Gedicht. In Thomas Middletons Drama *A Mad World, My Masters* (1605, veröffentlicht 1608) nimmt der Charakter Harebrain, ein *cuckold*, seiner jungen Frau Shakespeares *Venus and Adonis* und Marlowes *Hero and Leander* weg, da er deren schlechte Wirkung auf sie fürchtet: „I have conveyed away all her wanton pamphlets, as Hero and Leander, Venus and Adonis; Oh, two luscious mary-bone pies for a young married wife." (1.2.47–50)

Äußere Form

Mit der so genannten „sixain" Strophe (Reimschema ababcc) griff Shakespeare auf eine bereits in der Pastoraldichtung bewährte Strophenform zurück, die in ihrem Aufbau Erzählung im Quartett und deren Auflösung im *couplet* kombinieren lässt. Quelle für *Venus and Adonis* war Ovids Verwandlungsepos *Metamorphoses* in Goldings Übersetzung (siehe unten), wobei die Geschichte bei Ovid nur 85 Verse umfasst, bei Shakespeare fast 1200.

Inhalt

Shakespeares *Venus und Adonis* erscheint zunächst wie eine Komödie mit umgekehrter Rollenverteilung: es wirbt eine (ältere) ‚Frau', hier die Liebesgöttin Venus, um einen (jüngeren) Mann, den Sterblichen Adonis, den sie für sich zu gewinnen hofft. Dieser zeigt sich allerdings ausgesprochen zurückhaltend gegenüber der durchaus nachdrücklichen Liebeswerbung der Göttin und zieht die Eberjagd vor, was letztlich tragisch, d. h., mit dem Tod des Adonis, endet. Shakespeares Versepos verkehrt also die traditionellen Rollenerwartungen von Geschlecht und Status in der Liebesdichtung in ihr Gegenteil – in diesem Fall zeigt sich nicht eine unnahbare Frau dem Werben eines Mannes gegenüber unzugänglich und ablehnend, wie üblicherweise in Romanzen oder auch der höfischen Dichtung petrarkistischer Prägung. Hier wirbt eine liebeshungrige ältere Göttin unmissverständlich und für Moralisten nicht geeignet („glutton-like", 547) um ihre „Beute" („yielding prey", 558), d.h., den jüngeren spröden jungen Mann, der ihre Liebe nicht erwidert:

> O, what a war of looks was then between them!
> Her eyes petitioners to his eyes suing,
> His eyes saw her eyes as they had not seen them;
> Her eyes wooed still, his eyes disdain'd the wooing;
> And all this dumb play had his acts made plain
> With tears which, chorus-like, her eyes did rain. (355–360)

Auch gelingt es der Göttin nicht, ihn von seiner Leidenschaft, der Jagd, abzuhalten:

> ‚I know not love', quoth he, ‚nor will not know it,
> Unless it be a boar, and then I chase it.
> ‚Tis much to borrow, and I will not owe it.
> My love to love is love but to disgrace it;
> For I have heard it is a life in death,
> That laughs, and weeps, and all but with a breath. (409–414)

Quelle Ovid

Der Mythos von Venus und Adonis war in den *Metamorphosen* des römischen Dichters Ovid, welches um die Zeitenwende entstanden war, überliefert worden. Shakespeare war die (moralisierende) Übersetzung von Arthur Golding (1565–67) zweifellos zugänglich, und er vereinte in seinem Versepos gleichsam ein Konzentrat aus drei der bekanntesten Ovidischen Mythen, nämlich dem von Venus und Adonis (*Met.*, X 519–739), von Narciss und Echo (*Met.*, III 339–510) und von Salmacis und Hermaphroditus (*Met.*, IV 288–388), wobei ihm die zusätzlichen Geschichten vor allem zur stärkeren Herausarbeitung eines Gegensatzes zwischen dem abweisenden Sterblichen Adonis und der aggressiv werbenden Göttin Venus dienten. So schreckt etwa die Göttin nicht davor zurück, den Geliebten im Zuge ihrer Werbung vom Pferd zu ziehen: „Being so enraged, desire doth lend her force / Courageously to pluck him from his horse." (29f.) Zudem verlagert Shakespeare Ovids mediterrane Hirtenlandschaft in ein unverkennbar südenglisches Milieu. Als ein durchgehendes Leitmotiv erweist sich der Widerstreit von Rot und Weiß, welcher aufgehoben wird in der rot-weiß-gesprenkelten Adonis-Blume, die am Schluss aus dem Blut des vom Eber getöteten jungen Mannes sprießt.

Digressionen

Digressionen, am bekanntesten das Liebesspiel der Pferde (259–324), spiegeln in *Venus und Adonis* das Hauptgeschehen. Als Adonis' Hengst die Stute wittert, reißt er sich los und galoppiert ihr nach, während dieser versucht, sein Pferd wieder einzufangen. Auf dem Höhepunkt der Verfolgungsjagd zwischen Hengst und Stute finden die beiden Tiere zueinander und galoppieren in den Wald.

> His testy master goeth about to take him,
> When, lo, the unback'd breeder, full of fear,
> Jealous of catching, swiftly doth forsake him,

With her the horse, and left Adonis there.
As they were mad, unto the wood they hie them,
Outstripping crows that strive to overfly them. (319–324)

Venus interpretiert diese Episode als Legitimation von sexueller Begierde (385–408) und beginnt erneut mit ihrer Werbung, nachdem Adonis seinen Hengst wieder eingefangen hat. Statt sie am nächsten Tag zu treffen, geht Adonis jedoch auf die Jagd nach dem wilden Eber, der ihm allerdings, wie die Göttin vorausgeahnt hat, eine tödliche Wunde beibringen wird. Als Venus am nächsten Morgen das Bellen seiner Jagdhunde hört, findet sie ihn bereits vom Eber tödlich verletzt.

She looks upon his lips, and they are pale.
She takes him by the hand, and that is cold.
She whispers in his ear a heavy tale,
As if they heard the woeful words she told.
She lifts the coffer-lids that close his eyes
Where lo, two lamps burnt out in darkness lies. (1123–1128)

Aus Adonis' Blut erwächst sodann eine Anemone, und Venus trauert über der Leiche ihres Geliebten:

By this, the boy that by her side lay kill'd
Was melted like a vapour from her sight,
And in his blood that on the ground lay spill'd
A purple flow'r sprung up, chequ'red with white,
Resembling well his pale cheeks, and the blood
Which in round drops upon their whiteness stood. (1165–1170)

Zweifellos hat diese Geschichte von Venus und Adonis nicht nur lyrisches, sondern auch dramatisches Potenzial, was bereits Shakespeares Zeitgenosse William Reynolds erkannte, der 1593 „Venus and Adonis" als „a kind of stage play" pries (Duncan-Jones, 493). Und in der Tat kann der Mythos von Venus und Adonis auch als Tragödie gesehen werden, da es die unüberbrückbaren Weltsichten der beiden Titelcharaktere sind, welche die Katastrophe des Schlusses bedingen. Der Sterbliche Adonis sieht sich in dem unauflöslichen Zwiespalt zwischen den Forderungen der Liebe durch die Göttin und dem Wunsch nach einem jungen, abenteuerreichen und Gefahren missachtenden Jägerleben. Er hält sich noch für zu jung, um allein in Liebe und Nachkommenschaft die Erfüllung seines Lebens zu finden und kann diese Auffassung mit Venus' gierigem Verlangen nach körperlicher Lusterfüllung nicht vereinbaren. Wenn sich Adonis von ihr losreißt, lädt er Schuld auf sich, da er nicht, wie Aeneas in der Dido-Episode in Vergils *Aeneis* etwa, ein höheres Ziel (wie dort die Gründung Roms) verfolgt, sondern um seiner puren Lust am Jagdvergnügen zu frönen, einem Vergnügen, in dem die Göttin Venus nur eine sinnlose Gefährdung für den Jüngling sieht. Die Tragödie der Venus liegt darin, den Geliebten nicht vor der schicksalhaften Bedrohung durch die unkontrollierbare Natur (d.h. den Eber) retten zu können. Nicht einmal ihre grenzenlose Liebe reicht aus, um den Jüngling bei sich zu behalten, und den Tod des Adonis begreift sie symbolisch als endgültige Zerstörung von Schönheit und Liebe auf Erden.

Since thou art dead, lo, here I prophesy,
Sorrow on love hereafter shall attend.
It shall be waited on with jealousy,
Find sweet beginning, but unsavoury end;
Ne'er settled equally, but high or low,
That all love's pleasure shall not match his woe. (1135–1140)

Während in der Digression (siehe oben) Stute und Hengst ihre Sexualität in vollen Zügen genießen, ist dies den Menschen durch die Weigerung des Adonis zukünftig verwehrt. Die Liebe der Menschen wird seitdem voller Unbeständigkeit, Trug und Unheil sein, weil sich Venus am Ende des Epos mit dem zur Blume gewordenen Adonis aus der Welt verabschiedet und in ihr Heiligtum in Paphos zurückzieht:

‚Here was thy father's bed, here in my breast.
Thou art the next of blood, and 'tis thy right.
Lo, in this hollow cradle take thy rest;
My throbbing heart shall rock thee day and night.
There shall not be one minute in an hour
Wherein I will not kiss my sweet love's flow'r.

Thus, weary of the world, away she hies,
And yokes her silver doves, by whose swift aid
Their mistress mounted through the empty skies
In her light chariot quickly is convey'd,
Holding their course to Paphos, where their queen
Means to immure herself, and not be seen. (1183–1194)

Nachleben

Nach der Frühen Neuzeit verlosch das Interesse an diesem Stoff in England. Interessanterweise hatte sich das Sprechtheater nie besonders für den in der Dichtung so erfolgreichen Stoff von Venus und Adonis interessiert: Lope de Vegas *Venus y Adonis* ist eine der wenigen Ausnahmen, die das Thema im Rahmen eines Schäferspiels behandelt. In der Oper war der Adonis-Stoff zwar etwas beliebter, doch bis zu Hans Werner Henzes Oper (vgl. Kap. IX) war er nicht in einem großen kompositorischen Werk verarbeitet worden.

2. *The Rape of Lucrece*

Wie *Venus and Adonis* war auch *The Rape of Lucrece* zu Shakespeares Lebzeiten außerordentlich erfolgreich – bis 1640 erschienen acht Ausgaben. *Lucrece* ist mehr als doppelt so lang wie *Venus and Adonis* und wurde ebenfalls dem Earl of Southampton gewidmet. Shakespeares entwickelt sein „graver labour" (Dedication) in einer siebenzeiligen Strophe, dem *rhyme royal* (ababbcc), den auch Chaucer in *Troilus and Criseyde* verwendet hatte. Diese Reimform ist wegen ihres Umfangs besonders geeignet, innere Seelenzustände, wie hier, den Schmerz und die Verzweiflung einer vergewaltigten Frau, zum Ausdruck zu bringen. In „A Lover's Complaint", dem Gedicht, das in der Ausgabe der Sonette von 1609 enthalten ist, wird Shakespeare noch einmal zu dieser Versform zurückkehren. Quelle für *The Rape of Lu-*

Quelle

crece ist Ovids Festkalender *Fasti*, und zudem ist die Geschichte der Römerin Lucretia auch von Livius in seinem Geschichtswerk *Ab Urbe Condita* (1. Jhd. n. Chr.) überliefert, welches von William Painter 1566 ins Englische übersetzt worden war. Darüber hinaus hatte Chaucer die Figur der Lucretia in seiner *Legend of Good Women* (zirka 1384) erwähnt, zudem Gower in seiner *Confessio Amantis* (1390), so dass Shakespeare auf verschiedene Quellen zurückgreifen konnte. Shakespeares Fassung ist zwölfmal so lang wie die Ovids, und seine bedeutendsten Erweiterungen sind die Reden der Lucrece, und hier vor allem die beiden langen inneren Monologe nach der Vergewaltigung durch Sextus Tarquinius, der Lucretias Freitod nach sich zog und zur Vertreibung der Tarquinier aus Rom beitrug.

Inhalt

Anders als *Venus and Adonis* findet *The Rape of Lucrece* nicht in einer offenen Landschaft des Tages statt, sondern in einer klaustrophobischen Welt der Innenräume und der Nacht. Mit *Venus and Adonis* verbindet es das Thema der aberranten Sexualität. Während in *Venus und Adonis* durchaus auch die positive Kraft sexuellen Begehrens dargestellt ist, geht es in *Lucrece* um dessen zerstörerische Kraft. Das Epos beginnt mit der Charakterisierung des römischen Feldherrn Sextus Tarquinius als „Lust-breathèd Tarquin" (3) [who] „lurks to aspire / And girdle with embracing flames the waist / Of Collatine's fair love, Lucrece the chaste" (5–7). Sein Begehren ist ein „lightless fire" (4), welches zerstört, aber nicht erhellt oder gar wärmt. Damit entspricht Tarquin seiner Charakterisierung in Shakespeares Dramen, wo auf ihn als Inbegriff eines gewaltsamen Eindringlings in einen privaten Raum und im Zuge einer Verletzung von politischem Vertrauen angespielt wird. Letzteres geschieht „with Tarquin's ravishing strides" in *Macbeth* (2.1.55) im Kontext des Mordes an König Duncan, Ersteres mit „Tarquin thus / Did softly press the rushes, ere he wakened / The chastity be wounded" in *Cymbeline* (2.2.12–14). Die Vergewaltigung in *Lucrece* geschieht im Dunkel der Nacht:

> This said, he sets his foot upon the light,
> For light and lust are deadly enemies;
> Shame folded up in blind concealing night,
> When most unseen, then most doth tyrannise.
> The wolf hath seiz'd his prey, the poor lamb cries,
> Till with her own white fleece her voice controll'd
> Entombs her outcry in her lips' sweet fold.
>
> For with the nightly linen that she wears
> He pens her piteous clamours to her head,
> Cooling his hot face in the chastest tears
> That ever modest eyes with sorrow shed.
> O that prone lust should stain so pure a bed!
> The spots whereof could weeping purify,
> Her tears should drop on them perpetually. (673–686)

Nachdem Tarquin sie verlassen hat, bricht Lucrece in eine Klagerede von mehreren hundert Versen aus und wählt schließlich den Freitod, um „this troubled soul" vom „blemish'd fort" ihres Körpers (1175–6) zu befreien. Auch wenn ihr Körper verletzt und missbraucht worden sei – ihre Seele sei stets rein und unberührt geblieben: „Though my gross blood be stained with this abuse, /Immaculate and spotless is my mind" (1655f). Ihr Blut aus der tödlichen Wunde, die sie sich selbst zufügt, teilt sich in „two slow rivers" (1737): „Some of her blood still pure and red remain'd, / And some look'd black, and that false Tarquin stain'd." (1742–1743). Doch das Epos endet nicht mit Lucreces berührendem Tod, wenn Brutus Rache gegen die Familie der Tarquiner schwört: „[...] and by this bloody, knife / We will revenge the death of this true wife" (1840–1841), und die Tarquiner letztlich aus Rom vertrieben werden.

3. Die Sonette

Wie bereits in Kap. III erwähnt, gibt uns Francis Meres *Palladis Tamia* (1598) in seinem Vergleich von antiken und zeitgenössischen Dramen ein wertvolles Zeugnis nicht nur hinsichtlich der Datierung von Shakespeares Dramen und Versepen, sondern seiner Sonette: „The witty soul of Ovid lives in mellifluous and honey-tongued Shakespeare, witness his Venus and Adonis, his Lucrece, his sugared sonnets among his private friends, &c."

Datierung

Shake-Speares Sonnets, never before imprinted, wie die Titelseite verzeichnet, wurden erstmals irgendwann nach dem 20. Mai 1609 gedruckt, als die Sammlung zur Veröffentlichung durch den Drucker Thomas Thorpe registriert wurde. Über welchen Zeitraum hinweg und wann genau die Sammlung entstanden ist, ist unklar. Weder (mutmaßliche) Anspielungen auf zeitgenössische Ereignisse noch mögliche Parallelen mit den übrigen Werken Shakespeares oder seiner Zeitgenossen hinsichtlich Inhalt und/oder Stil haben sich als belastbar genug für eine Festlegung der Entstehungszeit der Sonette erwiesen. Eine gewisse Übereinstimmung besteht unter Kritikern lediglich darin, dass man annimmt, die Gedichte dürften über einen Zeitraum von mehreren Jahren entstanden sein.

Als das unscheinbare Bändchen der 154 je 14-zeiligen Gedichte (mit der einen Ausnahme von Sonett 126, welches nur 12 Verse hat), denen noch „A Lover's Complaint" folgt, von nicht mehr als etwa 80 Seiten 1609 im handlichen Quarto-Format veröffentlicht und in einem Buchladen in St. Paul's Cross Churchyard und Christ Church in London in der Nähe von Newgate angeboten wurde, war das Interesse offenbar keinesfalls außergewöhnlich hoch. Freilich sollten die Sonette in den dann folgenden 400 Jahren zu einem der meistdiskutierten Werke Shakespeares überhaupt werden. Bis heute geben diese ungezählte Rätsel auf und haben diverse kritische Kontroversen entfacht. Shakespeares Sonette sind eines der vielschichtigsten, faszinierendsten und weltweit teils hitzig diskutierten Phänomene der englischen Dichtung geworden, welches mehr Studien der Sekundärliteratur hervorgebracht hat als *Hamlet*. Heute sehen sich Leser mit einer Vielzahl von Ausgaben der Sonette mit mehr oder weniger gelehrten Fußnotenapparaten, die manchmal die Gedichte fast von der Seite verdrängen, konfrontiert. Ungezählte Studien zu ihrer Datierung, der Anordnung der Gedichte, zur Widmung an „Mr. W.H.", zu möglichen biographischen Bezügen zu Shakespeares Leben und dessern sexueller Orientierung, zum Sprecher (*persona*) der Sonette, zum/zu den Adressaten, zur Identität des „sweet youth", der „woman colored ill" und dem „rival poet", sowie zur komplexen Konstellation

Fragen

der Beziehungen der vier Haupt-Charaktere füllen die Regale von Bibliotheken.

Widmung

Die Probleme beginnen schon bei der Widmung des Druckers. Ist sie dem Adressaten der Sonette oder dem Beschaffer des Manuskripts für den Drucker gewidmet? Gewidmet ist die Sammlung einem „Mr. W. H.", für den Henry Wriothesley, der dritte Earl of Southampton (1573–1624) in Frage kommt, dem Shakespeare bereits *Venus und Adonis* und *The Rape of Lucrece* (vgl. Kap. IV.2) gewidmet hatte – wobei allerdings dessen Initialen vom Drucker vertauscht worden sein müssten. Der zweite hoch gehandelte Kandidat ist William Herbert, der dritte Earl of Pembroke (1580–1630), dem die First Folio (1623) gewidmet ist. In beiden Fällen wäre das „Mr." für einen Adeligen ungewöhnlich, so dass es letztlich auch ein Unbekannter sein könnte – und eine besonders ingeniöse These für die Identität des „W. H." dürfte „William Himself" sein. Eine zweite Ausgabe der Sonette erfolgte erst 1640, und dies in einer ganz anderen Edition (POEMS WRITTEN BY WILL. SHAKESPEARE. Gent.), d. h., anderer Reihenfolge der Gedichte und in einem anderen Format.

Tradition

Shakespeares Sonette stehen in der Tradition des bekanntesten höfischen Sonettdichters der Zeit, Sir Philip Sidney, und dessen Nachfolgern wie Samuel Daniel und Henry Constable. Die posthume Veröffentlichung von Sidneys Sammlung *Astrophel and Stella* (1591) löste eine Welle von Sonett-Dichtungen aus, und neben Spenser, Daniel, Barnfield und Chapman wandte sich auch Shakespeare der Sonettdichtung zu. Sidney und Spenser waren inhaltlich und formal Petrarcas Zyklus *Canzoniere* verpflichtet, von dem Sir Thomas Wyatt und Henry Howard, Earl of Surrey, im frühen 16. Jahrhundert einige Sonette aus Italien nach England gebracht und übersetzt hatten. Wyatt, wie Surrey Höfling unter Henry VIII, hatte auf seinen Reisen auf den Kontinent Petrarcas Dichtungen kennengelernt und bemühte sich in der Folge, einzelne Sonette in der eigenen Sprache nachzubilden. Diese Leistungen, welche in England vor allem durch die Anthologie *Tottel's Miscellany* (1557) bekannt wurden, fanden jedoch nur begrenzte Rezeption. Erst Sidneys *Astrophel and Stella* und in dessen Nachfolge Daniels *Delia* und Constables *Diana* (beide 1592), Draytons *Ideas Mirrour* (1598) und, heute wahrscheinlich von diesen noch am bekanntesten, Edmund Spensers *Amoretti* (1595) sind Ausdruck der Sonett-Begeisterung im ausgehenden 16. Jahrhundert in England.

Italienisches und englisches Sonett

Die englische Form des Sonetts wandelte formal die italienische Form des Sonetts mit seinen zwei Quartetten und zwei Terzetten (Reimschema: abba abba cdc dcd) ab zu drei Quartetten und einem Reimpaar (abab cdcd efef gg), behielt aber inhaltlich die thematische Grundsituation der petrarkistischen Liebeswerbung bei. In dieser wirbt ein Mann vergeblich, einseitig und im Paradox der Schmerzliebe um eine einzigartig schöne, tugendhafte und fehlerlose Dame, die sich ihm gegenüber unnahbar und abweisend zeigt. Diese ‚Grausamkeit der Dame' ist unabdingbare Voraussetzung für petrarkistische Dichtung, die ein Erhören der Werbung üblicherweise nicht vorsieht (Spensers Sonettzyklus *Amoretti* ist die Werbung um seine zweite Frau, die in christliche Ehe mündet). Diese Gedichte sind also Ausdruck eines höfisch-virtuosen *game of love*, in dem es nicht um ein sexuelles Interesse, geschweige denn, sexuelle Erfüllung geht. Shakespeare wandelt dieses Muster in mehrfacher Hinsicht ab. Zunächst bleibt sein Sonettzyklus schon einmal ohne besonderen Titel. Formal hält er sich an die (englische) Struktur der drei Quartette und ein *couplet,* die nicht nur mehr Reimwörter für das Englische, sondern auch eine pointierte Zuspitzung im *couplet* der letzten beiden Verse (oft eingeleitet mit „yet" oder „but") erlaubt. Inhaltlich erweitert Shakespeare das traditionelle Personal von zwei Figuren (Werber und Umworbene) auf das doppelte: einen alternden Dichter als Sprecher, einen jungen Mann, einen Dichterrivalen und eine Frau, die dem petrarkistischen Schönheitsideal gar nicht entspricht. Aus dieser Konstellation entwickelt er eine Fülle an Perspektiven, Themen und Facetten möglicher Liebesbeziehungen und überwindet damit die engen Grenzen, die der Petrarkismus den Dichtern gesetzt hatte. Der größte Teil der Sonette ist bei Shakespeare nicht an die Dame, sondern an den jungen Mann gerichtet. Zudem sind bei ihm die Beziehungen der Charaktere nicht mehr so statisch und unausgewogen wie bei seinen Vorgängern, sondern facettenreicher und flexibler. Auch bei Shakespeare liebt der Sprecher eine andere Person, es entfällt aber das Element der Werbung und Erhörung, und damit auch die Klage um die Zurückweisung. Freund und Dichter stehen bei Shakespeare (zumindest potentiell) auf gleicher Augenhöhe. Zwar ist der Freund, jung und schön, dem Dichter sozial überlegen, doch hat Letzterer die größere Lebenserfahrung und die Macht der Dichtung. Beide können allerdings die Beziehung stören: in den Sonetten 57 und 58 sieht sich der Dichter als Sklave des jungen Mannes; in den Sonetten 109 bis 112 gesteht der Dichter seine Vernachlässigung des Geliebten ein.

Themen

Obwohl wir nicht wissen, ob Shakespeare die Reihenfolge der 154 Sonette in der Weise intendiert hatte, die uns heute vorliegt, können wir wenigstens einige Gruppen identifizieren, die um gemeinsame Themen kreisen. Generell lassen sich die Sonette an den Jüngling (1–126) und an die so genannte Dark Lady (137–152) unterscheiden, wobei diese bei Shakespeare (anders als bei seinen Zeitgenossen) beide anonym bleiben. Sonette 153 und 154 stehen etwas abseits der Sammlung als Gedichte auf die Macht Cupidos. Sie schildern die Vergeblichkeit menschlicher Versuche, die Krankheit der Liebe zu ‚heilen'.

Gruppierung und Themen

Innerhalb der Sonette an den jungen Mann lässt sich einigermaßen klar die Gruppe der so genannten *procreation sonnets* (1–17) ausmachen, in denen der junge Mann aufgefordert wird, seine Schönheit durch die Zeugung eines Nachkommen weiterzugeben. Darüber hinaus bewegen sich Sonette an „the fair youth" um die Themen der Vergänglichkeit, der Treue und Untreue, Schlaflosigkeit, moralische Verfehlung, Verzweiflung und Verzeihen. So wird durch das unehrenhafte Verhalten des jungen Mannes die Beziehung zum Dichter nachdrücklich belastet, bis der Dichter ihm verzeiht, wie etwa in Sonett 34:

procreation sonnets

Why didst thou promise such a beauteous day,
And make me travel forth without my cloak,
To let base clouds o'ertake me in my way,
Hiding thy brav'ry in their rotten smoke?
'Tis not enough that through the cloud thou break
To dry the rain on my storm-beaten face,
For no man well of such a salve can speak

That heals the wound, and cures not the disgrace:
Nor can thy shame give physic to my grief;
Though thou repent, yet I have still the loss;
The offender's sorrow lends but weak relief
To him that bears the strong offence's cross.
Ah, but those tears are pearl which thy love sheeds,
And they are rich, and ransom all ill deeds.

Zeit

Das Thema der Zeit spielt in den ersten 126 Sonetten eine zentrale Rolle. Zeit ist in diesen vielfach eine Kraft, die Schönheit dahinrafft und Objekte der Begierde und Liebe zerstört. Das Verstreichen der Zeit mahnt wiederholt an die Sterblichkeit der Menschen, welche aber durch die Macht der Dichtung, das Zeugen von Nachkommen oder das *carpe diem* Motiv überwunden werden kann. Durch das Zeugen von Nachkommen kann zwar des Jünglings äußere Schönheit in Abbildern bewahrt werden, nicht aber das innere Wesen und die Einzigartigkeit seiner Persönlichkeit („truth"), die der Schönheit erst seine Vollkommenheit verleihen, wie in Sonett 14:

Not from the stars do I my judgement pluck,
And yet methinks I have astronomy;
But not to tell of good or evil luck,
Of plagues, or dearths, or seasons' quality;
Nor can I fortune to brief minutes tell,
Pointing to each his thunder, rain, and wind,
Or say with princes if it shall go well
By oft predict that I in heaven find;
But from thine eyes my knowledge I derive,
And, constant stars, in them I read such art
As truth and beauty shall together thrive,
If from thy self to store thou wouldst convert.
Or else of thee this I prognosticate:
Thy end is truth's and beauty's doom and date.

Und aus der poetologischen Frage, wie er der Dichter der Schönheit des Jünglings am besten gerecht werden kann in Sonett 18:

Shall I compare thee to a summer's day?
Thou art more lovely and more temperate:
Rough winds do shake the darling buds of May
And summer's lease hath all too short a date:
Sometime too hot the eye of heaven shines,
And often is his gold complexion dimm'd;
And every fair from fair some time declines,
By chance, or nature's changing course, untrimm'd;
But thy eternal summer shall not fade
Nor lose possession of that fair thou ow'st;
Nor shall Death brag thou wand'rest in his shade,
When in eternal lines to time thou grow'st:
So long as men can breathe or eyes can see,
So long lives this, and this gives life to thee.

erwächst in Sonett 55 die Sicherheit, dass nur die Dichtung das wahre Wesen abbilden und dem jungen Mann damit Unsterblichkeit verleihen kann:

Not marble, nor the gilded monuments
Of princes shall outlive this pow'r ful rhyme;
But you shall shine more bright in these contents
Than unswept stone, besmear'd with sluttish time.
When wasteful war shall statues overturn,
And broils root out the work of masonry,
Nor Mars his sword nor war's quick fire shall burn
The living record of your memory.
'Gainst death and all-oblivious enmity
Shall you pace forth; your praise shall still find room,
Even in the eyes of all posterity
That wear this world out to the ending doom.
So, till the judgement that yourself arise,
You live in this, and dwell in lovers' eyes.

Woraus in einem weiteren Schritt (Sonett 116) die Erneuerung der Freundesliebe resultiert, die nicht mehr Schwärmerei, sondern verstehende Zuneigung ist:

Let me not to the marriage of true minds
Admit impediments. Love is not love
Which alters when it alteration finds,
Or bends with the remover to remove.
O no, it is an ever-fixed mark,
That looks on tempests and is never shaken;
It is the star to every wandering bark,
Whose worth's unknown, although his height be taken.
Love's not time's fool, though rosy lips and cheeks
Within his bending sickle's compass come;
Love alters not with his brief hours and weeks,
But bears it out even to the edge of doom.
If this be error and upon me prov'd,
I never writ nor no man ever lov'd.

Dark Lady

Die Sonette an die so genannte Dark Lady, die dem petrarkistischen Schönheitsideal so gar nicht entspricht (am bekanntesten sicher Sonett 130 „My mistress' eyes are nothing like the sun"), sind weniger komplex als die an den jungen Mann und entfalten vor allem das Thema sexueller Hörigkeit bis hin zu Demütigungen und Selbsttäuschung des Sprechers, wie beispielsweise in Sonett 140:

Be wise as thou art cruel; do not press
My tongue-tied patience with too much disdain;
Lest sorrow lend me words, and words express
The manner of my pity-wanting pain.
If I might teach thee wit, better it were,
Though not to love, yet, love, to tell me so;
As testy sick men, when their deaths be near,

No news but health from their physicians know.
For, if I should despair, I should grow mad,
And in my madness might speak ill of thee.
Now this ill-wresting world is grown so bad
Mad slanderers by mad ears believed be.
That I may not be so, nor thou belied,
Bear thine eyes straight, though thy proud heart go wide.

Sprachlich sind diese Sonette geprägt von burleskem Witz und obszönen Wortspielen, oft um „Will", was „Wille", „Penis" oder auch die Abkürzung des Vornamens „William" bedeuten kann.

Deutungen

Nicht anders als bei Shakespeares Dramen, bestehen auch im Falle der Sonette bis heute viele Fragen. Insbesondere in Anbetracht der spärlichen biographischen Daten, die wir von William Shakespeare haben (vgl. Kap. I), versuchte man, aus den Sonetten Aufschluss zu gewinnen über die persönlichen Lebensumstände und Gefühle des Dichters. William Wordsworths Überzeugung „with this key, / Shakespeare unlocked his heart" hatte maßgeblichen Einfluss auf diese These. In seinem Sonett „Scorn not the sonnet" (1827) formuliert Wordsworth diese Überzeugung aus der romantischen Auffassung, dass der Dichter in der Lyrik seine intimsten Gefühle zum Ausdruck bringe. Doch sind Fragen, inwieweit die Sonette Ausdruck gleichgeschlechtlicher Liebe sind, und damit, einen Schritt weiter, ob Shakespeare selbst homosexuell oder bi-sexuell war (wie es Sonett 20 nahelegen mag) in der Forschung ebenso stark diskutiert wie spekulativ. Die Sonette können auch in der literarischen Tradition des klassischen *amicitia*-Ideals zu sehen sein, welches von einer rein geistigen (Männer)Liebe ausgeht. Auch darf der zeitgeschichtliche Kontext der Sonett-Dichtung nicht vernachlässigt werden. Möglicherweise wollte Shakespeare bewusst gegen die Sonett-Zyklen Sidneys und Spensers (siehe oben) anschreiben oder Möglichkeiten und Grenzen der Gattung austesten, wie er es auch in seinen Dramen tat (vgl. Kap. V).

Zyklus

Des Weiteren stellt sich für Interpreten die Frage, ob die Sonette als Einzelgedichte zu sehen und zu lesen sind oder als Zyklus? Wer ist für deren Anordnung verantwortlich gewesen? Shakespeare? Der Drucker? Welche

A Lover's Complaint

Bedeutung für den Zyklus hat „A Lover's Complaint"? Ist es Teil dessen oder kann man dieses unberücksichtigt lassen? Betrachtet man dieses als Teil des Sonettzyklus, ändert sich auch dessen Bewertung als literarisches Werk und nicht als autobiographisches Dokument, und die beiden letzten Sonette wären – nach dem Vorbild Samuel Daniels – als Überleitung zu diesem Gedicht zu deuten. So übersteigen die Positionen der Sekundärliteratur zu einzelnen Sonetten, Sonettgruppen und dem Zyklus als Ganzem bei Weitem den Rahmen, den dieses Einführungsbuch bieten kann, weshalb hier letztlich nur noch auf die Bibliographie verwiesen werden kann.

V. Das dramatische Werk

Der Zielsetzung und dem Konzept dieses Buches entsprechend, sollte es nicht Aufgabe dieser wissenschaftlichen Einführung sein, jedes Drama Shakespeares einzeln zu besprechen, da *jede* Perspektive und jede Gruppierung der Dramen bereits eine subjektive Interpretation impliziert. So ruft die Überschrift „Komödien" im Leser üblicherweise die Erwartung von Clowns und Wortspielen, „Historie" einen Königshof und Schlachtfelder, und „Tragödie" Staatsaktionen und den Tod des Protagonisten auf. Dass ein solches Konzept für Shakespeare nicht problemlos trägt, liegt darin begründet, dass dieser solche Erwartungen immer wieder durchbricht und sich nicht festlegen lässt (vgl. auch Kap. III). Wesentlich gewinnbringender erscheint es uns im Rahmen dieses Buches, Leitlinien aufzuzeigen, die sich durch Shakespeares Werk ziehen. Da nun aber der Leser der Textsorte *Einführungsbuch* durchaus auch erwarten darf, dass er eine kurze Orientierung zu einzelnen Dramen Shakespeares bekommt, wollen wir dies im Folgenden zunächst erfüllen, bevor wir im Anschluss daran auf der Basis des bisher Dargestellten versuchen werden, eine Gesamtschau vorzunehmen.

Grundlegende Fragen

Grundlegend bei jeder Besprechung zu berücksichtigen ist, dass jede Kurzinterpretation bei allem Bemühen um Objektivität letztlich subjektiv und zeitgebunden bleiben muss. Zudem bestimmt, wie oben erwähnt, *jede* Gattungs- oder Gruppenzuordnung bereits die Perspektive bzw. Rezeption eines Stücks. Wie bisher insbesondere in Kap. III aufgezeigt, bestehen bei Shakespeare Unsicherheiten bereits bei der Feststellung des Gesamtwerks, der instabilen Textlage, sowie der Chronologie der Stücke. Damit verbunden stellt sich bei einzelnen Dramen die Frage, ob diese jeweils einer frühen (Lern)Phase oder späteren und damit erfahreneren Phase Shakespeares zuzuordnen sind. Inwieweit sind darüber hinaus Gruppierungen innerhalb des Werks anhand der in den Titeln der *Quartos* und der *First Folio* von 1623 verwendeten Gattungsbezeichnungen möglich? Welches Gattungsverständnis hatte Shakespeare überhaupt? Welches hatte die Zeit? Deutlich wird aus seinen Dramen, dass er zwei Gattungsgrenzen, wie wir sie gegenwärtig üblicherweise für Tragödie und Komödie ansetzen (die Gattung ‚Historie' ist uns heute kaum mehr vertraut), immer wieder überschritt. Inwieweit haben in einem Volkstheater die von den damaligen Theoretikern aufgestellten Regeln überhaupt interessiert? Shakespeares Zeitgenosse und schärfster Rivale Ben Jonson hatte den literarischen Anspruch, nach klaren Gattungsregeln zu schreiben (vgl. Kap. I) und bezeichnete Shakespeares *Pericles* in der Vorrede seines Dramas *Bartholomew Fair* als „mouldy tale". Experimentierte Shakespeare vielleicht lediglich gegen seine(n) Kritiker? Oder hatte er dabei eine bestimmte Intention? Dass auch das Gattungsverständnis der modernen Literaturkritik sich wandelt, zeigen die verschiedenen Ansätze, die Gruppe der *problem plays* (siehe unten) zunächst zu etablieren und dann wiederum mit verschiedenen Stücken zu füllen. Gruppierungen könnten beispielsweise nach inhaltlichen Gesichtspunkten wie Liebeskomödien/-tragödien, Tragödien der Macht, Tragödien der Rache, Tragödien der Liebe, *dark comedies* oder *problem plays*, Romanzen, *late comedies* etc. vorgenommen werden. Auch äußere Einflüsse sind für Analysen und Interpretationen in Betracht zu ziehen. Inwieweit hat sich Shakespeare am Markt orientiert? Welche literarischen Einflüsse waren für ihn maßgeblich (in seiner Zeit wurde etwa die Tragikomödie von Guarini populär)? Wollte Shakespeare vor allem in den späten Stücken eine *crisis of aristocracy* bedienen und eine heile Welt für die Aristokratie auf der Bühne zeigen? Inwieweit war Shakespeare auch/vor allem – wie u.a. Sidney Lee aufgezeigt hat – Geschäftsmann neben seiner Existenz als Dramatiker? All dies sind Fragen, die eigentlich bei jeder Besprechung seines Werkes Berücksichtigung finden müssten oder – wie im Folgenden – diese lediglich als Annäherung verstanden haben wollen.

Äußere Einflüsse

1. Komödien

Im Kontrast zur Gattung ‚Tragödie' wurde die Komödie Jahrhunderte lang als weniger anspruchsvolle Untergattung des Dramas angesehen. Zwar hat die Literaturkritik seit der zweiten Hälfte des 20. Jahrhunderts mit verschiedenen Theorien zum Wesen des Komischen und des Lachens neue Impulse der Interpretation gegeben (siehe unten) und so die Komödie wieder stärker in den Fokus der zeitgenössischen Literaturkritik gerückt, doch bleibt die Komödie insgesamt bis heute ein relativ schwer zu fassendes Phänomen mit diversen Untergattungen und einer gewissen Durchlässigkeit der Gattungsgrenzen. Ebenso wie die Tragödie hat auch die Komödie religiöse Wurzeln, zunächst im Dionysos-Kult der Antike, und dann ein zweites Mal in den Osterfeierlichkeiten des ausgehenden Mittelalters. Die Komödie geht ursprünglich hervor aus dem *komos*, einem Umzug zu Ehren des Fruchtbarkeitsgottes Dionysos. Die ersten uns noch erhaltenen Komödien sind die elf Komödien des Aristophanes aus dem 4. Jhd. v. Chr. Die Vorstellung von Lachen und einem *happy ending* mag vermuten lassen, dass Komödien nicht ernste Themen darstellen können, was allerdings keinesfalls zutrifft. Bei der Komödie gilt es (wie bei der Tragödie) zunächst, die dramatische Gattung gegen das Komische als Phänomen der Lebenswelt abzugrenzen. Der Lebenswelt fehlt das, was das Komische in der literarischen Gattung ‚Komödie' ausmacht, nämlich die kommunikative Intention. Komik entsteht in der Lebenswelt, wenn eine Erwartung dessen, was geschehen wird, plötzlich und in unerwarteter Weise durchkreuzt wird. So kann etwa eine Person auf ein Ziel zugehen, und ein Beobachter darf erwarten, dass sie dies bis zu dessen Erreichen tun kann. Doch anstelle dieses Ziel zu erreichen, trifft die Person auf ein Hindernis (eine Bananenschale, einen Laternenpfahl, etc.), es passiert jedoch keine Katastrophe, denn sie bricht sich nicht das Genick, wenn sie auf der Schale ausrutscht oder gegen den Laternenpfahl stößt. In der Lebenswirklichkeit ist eine komische Handlung also eine Situation, welche unerwartet und ungeplant eintritt. Das Komische liegt dabei unfreiwillig auf Seiten des Objekts. Im Gegensatz zur Realität ist in der literarischen Gattung der Komödie das Komische absichtsvoll geplant, da diese – wie jeder literarische Text – eine fundierte Organisationsform eines Kommunikationsprozesses ist. Komik wird in der Komödie für einen Adressaten (Leser oder Thea-

Historische Entwicklung

‚Komödie' versus ‚komisch'

Lebenswelt vs. literarische Texte

terzuschauer) bewusst ‚hergestellt'. Entsprechend muss für die komische Wirkung erst eine Situation auf der Handlungsebene aufgebaut werden, die den komischen Effekt herbeiführen kann und auf der sich Komik dann erst entfalten kann.

Sujet-Begriff Juri Lotmans

Für eine Analyse der dargestellten Handlung in einer Komödie hat sich der Sujet-Begriff Juri Lotmans als besonders geeignet erwiesen: Lotman geht aus von einem bestimmten semantischen Feld, das in zwei sich ergänzende Teilmengen (z.B. Vernünftigkeit/Unvernünftigkeit) gegliedert ist. Zwischen diesen Teilmengen besteht eine Grenze, die unter den gegebenen Umständen nicht überschritten werden kann. Die Liebe und das Heiratsbegehren eines ‚ungleichen' Liebespaars (reich und arm, Herr und Sklavin) steht gegen eine erstarrte Gesellschaft, die nach Geld oder Standesdünkel verheiraten möchte. Das Liebespaar überwindet jedoch diese starren Gesetze und hebt sie in seinem Sinne auf. Damit verhilft es letztlich der Gesellschaft, ihre Erstarrung zugunsten einer Feier des Lebens aufzugeben. Weder Handlung (Grenzüberschreitung) noch Liebespaar ist dabei komisch – komisch wirken die Charaktere, die die Grenze verteidigen.

Aristoteles, *Poetik*

Die *Poetik* des Aristoteles ist hinsichtlich der Komödie im Vergleich zur Tragödie wenig ergiebig, da der Teil über die Komödie nicht überliefert wurde. Aristoteles' *Poetik* bezeichnet Komödie als

> … die Nachahmung von Gemeinerem, aber nicht im Bezug auf jede Art von Schlechtigkeit, sondern nur des Lächerlichen, das ein Teil des Häßlichen ist. Das Lächerliche ist nämlich ein Fehler und eine Schande, aber eine solche, die nicht schmerzt und nicht verletzt, wo wie etwa eine lächerliche Maske häßlich ist und verzerrt, aber ohne Schmerz. (29)

Normabweichungen

Inkongruenz

Automatismus

Der „Fehler" fügt also weder ihrem Träger noch dessen Umwelt ernsthaften Schaden zu. Die Lächerlichkeit der Fehlhandlung ist begründet in ihrer Konsequenzlosigkeit. Im neunten Kapitel setzt Aristoteles dann zwar auch eine Fabel (*mythos*) für die Komödie voraus, definiert allerdings im Unterschied zur Tragödie die Fehlhandlung der Komödie nicht über den *mythos*, sondern resultierend aus einem Katalog lächerlicher Normabweichungen, welche im Bereich der Sprache, der Handlungen und der Charaktere angesiedelt sein können. Am häufigsten ist die Platzierung eines Charakters in einem unpassenden, für ihn untypischen sozialen Umfeld, was als Inkongruenz (*incongruity*) bezeichnet wird. In *A Midsummer Night's Dream* zum Beispiel, entbrennt die unter einem Zauber stehende Feenkönigin Titania in heftiger Liebe zum Weber Bottom, der von Puck einen Eselskopf aufgesetzt bekommen hatte. In der Rahmenhandlung von *The Taming of the Shrew* findet sich ein betrunkener Kesselflicker in der Position eines Lords wieder. Komik aufgrund von Inkongruenz entsteht auch dann, wenn sich Charaktere eines sprachlichen Registers bedienen wollen, das sie nicht beherrschen. Neben Inkongruenz ist Automatismus eine der häufigsten Quellen von Komik, und dies vor allem in farcenhaften Dramen. Von Automatismus spricht man, wenn Charaktere die Flexibilität des Handelns verlieren und (auch sprachlich) in immer gleicher Weise reagieren. Gründe für dieses Verhalten können Geistesabwesenheit oder soziale Isolation sein.

Formen

Als a-historische Typen der Komödie lassen sich drei Ausformungen unterscheiden, welche dann jeweils historische Ausprägungen erfahren haben,

Liebeskomödien

nämlich Liebeskomödien, satirische Komödien und Farcen. Die Liebe ist thematisches Zentrum der sogenannten ‚romanesken' Komödien, deren Handlungsvorlagen der spätmittelalterlichen Romanzenliteratur entnommen sind. Romaneske Komödien sind bestimmt durch Verkleidungen, Verwechslungen, Vertauschungen, das Erleiden von Schiffbruch, oft verbunden mit der Trennung von Familienangehörigen, die am Ende des Dramas aber wieder zusammenkommen. Das *happy ending* wird häufig durch ein Fest, oft eine Hochzeit oder einen Tanz, als Zeichen der Harmonie, realisiert. Romaneske Komödien sind ganz auf die Identifikation der Zuschauer mit dem Helden angelegt: der Zuschauer wird dazu aufgefordert, sich für die Perspektive des Helden, dessen Liebe als positiver Wert dargeboten wird, zu engagieren. Die poetologische Position der romanesken Komödie vertritt in England als erster Sir Philip Sidney in seiner *Apology for Poetry* (zirka 1580). Er folgte Aristoteles' Feststellung, die Komödie ahme „gemeinere Menschen nach als sie in Wirklichkeit sind" (s. o.) wie folgt:

Sir Philip Sidney, *An Apology for Poetry*

> [...] the comedy is an imitation of the common errors of our life, which he [the poet] representeth in the most ridiculous and scornful sort that may be, so as it is impossible that any beholder can be content to be such a one. Now, as in geometry the oblique must be known as well as the right, and in arithmetic the odd as well as the even, so in the actions of our life who seeth not the filthiness of evil, wanteth a great foil to perceive the beauty of virtue. This doth the comedy handle so in our private and domestical matters, as with hearing it we get, as it were, an experience what is to be looked for of a niggardly Demea, of a crafty Davus, of a flattering Gnatho, of a vain-glorious Thraso; and not only to know what effects are to be expected, but to know who be such, by the signifying badge given them by the comedian. (834–846)

Die zitierten Beispiele sind Figuren aus Stücken des römischen Komödiendichters Terenz (ca. 195–159 v. Chr.), die deutlich machen, welche Verhaltensweisen in einer Komödie lächerlich gemacht werden: Geiz, Durchtriebenheit, Schmeichelei, Eitelkeit und Prahlsucht. Es handelt sich also um allgemein-menschliche moralische Verhaltensweisen, menschliche Torheiten, keine Verbrechen, die der Lächerlichkeit preisgegeben werden und damit *ex negativo* auf den positiven Standard verweisen sollen. Dieser Zustand soll für die Zuschauer erkennbar werden und sie an der Nachahmung schlechter Eigenschaften hindern. Um dieses moralische Ziel zu erreichen, fordert Sidney als wirkungsästhetisches Verfahren „that all the end of the comical part be not upon such scornful matters as stir laughter only, but mixed with it that delightful teaching which is the end of poesy" (1561 –1564). Anstelle von Komödien, die also nur lautes Gelächter erzeugten, propagiert Sidney Komödien, die im Zuschauer Heiterkeit hervorrufen und durch die Darstellung des Guten und des Glücks die Menschen auf angenehme Weise belehren und zur Tugend führen können. Shakespeares Komödien stehen in der Tradition des Sidney'schen Komödienbegriffs. Für gewöhnlich verfolgt man als Zuschauer die letztlich erfolgreichen Bemühungen eines jungen Paares, sich über den Widerstand der Eltern oder zumindest eines strengen Vaters gegen ihre Verbindung hinwegzusetzen und durch ihre Hochzeit am Ende die Erstarrung der Gesellschaft aufzuheben.

Delightful teaching

Satirische Komödien

Das wirkungsästhetische Verfahren einer Komödie kann aber keinesfalls nur „delightful" sein. Sidney schreibt in seiner *Apology for Poetry* weiter:

> But our comedians think there is no delight without laughter; which is very wrong, for tough laughter may come with delight, yet cometh it not of delight, as though delight should be the cause of laughter; but well may one thing breed both together. [...] Delight hath a joy in it, either permanent or present. Laughter has only a scornful tickling (1533–1542).

Ben Jonson

Das Ver-Lachen als gezeigte Praxis seiner Zeit lehnt Sidney also ab. Prominentester Vertreter dessen ist Shakespeares Zeitgenosse Ben Jonson. Seine satirischen Komödien spielen in einer Welt, die real zu sein vorgibt, etwa London. Es handelt sich um eine Welt kommerzieller Ausbeutung, die einem Publikum Laster und Fehlverhalten, das entlarvt wird, zeigt und zu Schaden-Freude und Verlachen einlädt, um moralisches Fehlverhalten auf diese Weise bloßzustellen und zu korrigieren. Anders als in der romanesken Komödie agieren in der satirischen Komödie typisierte Figuren in einem relativ geschlossenen Illusionsraum. Die Dramenfiguren werden überzeichnet und ‚aufgeblasen' (*inflatio*) und oft verzerrend auf einen Charakterzug festgelegt. Die dadurch bedingte ausgesprochen selektive Weltsicht dieser Figuren wird im Laufe der Handlung immer wieder entlarvt und bloßgestellt (*deflatio*). Die satirische Komödie zielt also mit ihrer didaktischen Orientierung auf die moralische Belehrung des Zuschauers. Die beabsichtigte Rezeptionsperspektive ist klar erkennbar und wird zudem durch Prologe oder Epiloge vermittelt. Entsprechend kann sich der Zuschauer kaum mit den Dramenfiguren identifizieren, vielmehr distanziert er sich von diesen. Jonsons so genannte *comedy of humours* (*humour* in der Bedeutung von *Körpersaft*; siehe unten) steht also in Opposition zum wirkungsästhetischen Verfahren des *Mit*lachens wie es Sidney postulierte und Shakespeare es in seinen *happy comedies* umsetzte, und führt die korrektive und belehrende Funktion des *Ver*lachens vor. In Jonsons Komödien treten in ihren Verhaltensweisen einseitig festgelegte Figuren auf, die von einem der vier Körpersäfte (*humours*), also gelbe Galle, schwarze Galle, Blut und Phlegma (Schleim), dominiert werden. In der Frühen Neuzeit bestand alles Körperliche nach Auffassung der Zeit aus den vier Elementen Erde (kalt und trocken), Wasser (kalt und feucht), Luft (heiß und feucht) und Feuer (heiß und trocken), denen entsprechend sich das menschliche Temperament in jeweils unterschiedlicher Weise zusammensetzte. Je nach Dominanz eines Körpersaftes können Figuren auf den Charaktertyp entweder des Cholerikers, Melancholikers, Sanguinikers oder Phlegmatikers festgelegt werden. Im Prolog zu *Every Man Out of his Humour* gibt der Satiriker Asper die Definition des *humour*-Begriffs:

comedy of humours

> As when some peculiar quality
> Doth so possess a man, that it doth draw
> All his affects, his spirits, and his powers
> In their confluctions, all to run away,
> This may be truely said a humour. (*Induction*, 105–109)

Beispiele

In *The Alchemist* zeigt Jonson an der Auffassung der Zeit, in der Alchemie einen schnellen Weg zum Reichtum zu sehen, zum einen das menschliche Übel der Habgier auf, zum anderen stellt er auch das Gewinnstreben der

Gesellschaft seiner Zeit dar, die im Stadium des beginnenden Kapitalismus große Umschichtungen von Vermögen und immense Profite aus kaufmännischen Unternehmungen verzeichnete. Jonson hält also in dieser Komödie dem Publikum einen Spiegel vor, in dem es sich als korrupte Gesellschaft mit einer pervertierten Gesellschaftsordnung erkennen soll, in der Habgier und gesellschaftliches Ansehen die beherrschenden Impulse, und Reichtum der oberste Wert sind. Der alte Morose in *Epicoene or The Silent Woman* ist besessen vom Verlangen nach Ruhe und Stille, wird dazu gebracht, eine angeblich schweigsame Frau zu heiraten, die sich freilich erstens als *chatterbox* und zweitens als junger Mann entpuppt. *Volpone or the Fox* zeigt eine Gruppe von Charakteren, die nur noch von Habgier besessen sind. Diese Komödien Ben Jonsons leben also insgesamt von einem gewissen Automatismus (siehe oben) der immer gleichen Verhaltensmuster; die Figuren sind eher ein- als mehrdimensional angelegt und sollen mit ihren Verhaltensweisen zu Spott und Verlachen anregen und den Zuschauer auf diese Weise zu Einsicht und moralisch richtigem Handeln kommen lassen.

Farce

Die Farce als dritter ahistorischer Typ der Komödie trifft gemeinhin eher auf ästhetische Geringschätzung als kritisches Interesse. Bezeichnend für eine Farce ist in erster Linie die Unwahrscheinlichkeit des Geschehens. Die Einbettung des Unwahrscheinlichen oder des Unmöglichen in einen Kontext des Vertrauten steigert demnach noch den Eindruck des Unwahrscheinlichen, ebenso wie umgekehrt durch diese Diskrepanz das Vertraute verfremdet wird. Schon die Ausgangssituation der Farcenhandlung ist höchst unglaubhaft; sie ist jedoch notwendig, um die Figuren in eine Serie von komischen Situationen zu versetzen, die sich dann jeweils in Situationskomik entladen. Eine realistische Milieuschilderung und eine psychologisch glaubwürdige Zeichnung der Figuren kann die komische Wirkung steigern, da durch diese für den Zuschauer eine Diskrepanz zwischen der Unwahrscheinlichkeit der Grundsituation und einem vertrauten Kontext geschaffen wird. Die Figuren in einer Farce müssen also bei aller Handlungs- und Situationsorientiertheit einen gewissen Grad an Plausibilität besitzen, da erst aus der Überschneidung der kontrastierenden Perspektiven die Komik der Missverständnisse und Verwechslungen entsteht. Andererseits dürfen die Charaktere nicht zu stark ausgestaltet sein, um eine Identifikation des Zuschauers zu vermeiden und vielmehr die Distanz zu schaffen, die Voraussetzung für Komik ist. Mehr als in anderen Formen komischer Dramatik betrachtet der Zuschauer Figuren und Situationen in einer Farce unter dem Aspekt des Spielcharakters und der Illusion des Theaters, da das Publikum unausgesprochen etwas Unwahrscheinliches oder Unmögliches als gegeben hinnimmt und sich um des eigenen Vergnügens willen gar nicht erst mit den Figuren identifizieren will.

Wiederkehrende Motive

Innerhalb der Komödien Shakespeares gibt es – weshalb diese hier in Gruppen und nicht einzeln besprochen werden sollen – wiederkehrende Motive/Elemente wie Intrigen, Verkleidung, und vor allem die Etablierung zweier einander entgegengesetzter Welten wie in Hof und Wald in *A Midsummer Nigtht's Dream, As You Like It* oder in Venedig und Belmont in *The Merchant of Venice*. Der Kontrast bzw. das graduelle Zusammenführen zweier Welten führt in allen Fällen zu einer produktiven Balance der beiden. Shakespeares Komödienwelt ist im Unterschied zu der Ben Jonsons nicht realitätsverhaftet und zeigt deutlich, dass es sich um Theater handelt.

Seine Welt ist der Folklore und dem Märchen verpflichtet, und mehr mit Liebenden und der Zusammenführung von Familien befasst als mit – wie bei Jonson – Figuren, die von sozialen oder moralischen Normen abweichen. Shakespeares romaneske Komödien sind voll von unwahrscheinlichen Zufällen, Missverständnissen und Verwechslungen rund um Zwillingspaare (*The Comedy of Errors; Twelfth Night*), verlorene und wiedergefundene Kinder (*Pericles, Cymbeline, The Winter's Tale*), verleumdete Frauen (*Much Ado about Nothing; The Winter's Tale*) oder Frauen in Verkleidung (*As You Like It; The Merchant of Venice, Twelfth Night*). Zudem weisen aber auch Shakespeares Dramen Charaktere auf, die verlacht werden sollen wie etwa Don Armado in *Love's Labour's Lost* oder Malvolio in *Twelfth Night*. Nicht selten schwebt eine ernsthafte Bedrohung über der Handlung der Komödie, wenn Figuren vom Tod bedroht sind (Aegeon in *The Comedy of Errors*; Hermia in *A Midsummer Night's Dream*; Rosalind in *As You Like It*; Antonio in *The Merchant of Venice*; Claudio in *Measure for Measure*). Letztlich werden diese Charaktere gerettet, und doch ist deren Angst vor der Bedrohung Teil der Komödie. Letztlich feiern Komödien die Macht der Liebe, die Vereinigung Getrennter und die neu gewonnene Harmonie in der Gesellschaft.

Struktur

Eine Komödie Shakespeares beginnt üblicherweise mit einem Moment sozialen Bruchs: eine Tochter gehorcht nicht dem Willen ihres Vaters (*A Midsummer Night's Dream*); ein Mann verbannt seinen Bruder (*As You Like It, The Tempest*); ein Mann verdächtigt eine Frau, die er liebt, eines Fehltritts (*Much Ado about Nothing, The Winter's Tale*). Dieser Bruch zieht eine Reihe von Verwicklungen nach sich, wie Frauen, die sich als Männer verkleiden (*As You Like It, The Merchant of Venice, Twelfth Night*), Diener, die die Macht von Herren haben (*Twelfth Night*); Identitätszweifel (*The Comedy of Errors*). Oft wird die Bedrohung in einer so genannten ‚green world', also einer – im Gegensatz zu einer Welt des Hofes und der Stadt – Welt des Waldes (*A Midsummer Night's Dream, As You Like It*) und/oder der Magie (*A Midsummer Night's Dream, The Tempest*) aufgehoben. Der anfängliche Bruch wird letztlich beigelegt durch eine plötzliche und unerwartete Enthüllung von Identitäten, eine – durch die Geschehnisse herbeigeführte – fundamentale Veränderung der Einstellung eines Charakters, welche eine harmonische Lösung des Konflikts eröffnet. Diese wiederum impliziert natürliche Harmonie durch Fruchtbarkeit und die Erneuerung des Lebenszirkels, sowie die Rückkehr zu sozialer Harmonie, die die Grundlage sozialen Zusammenlebens bildet. Dabei stellt sich allerdings auch die Frage, was die fundamentale Erwartung an die Komödie, das *happy ending*, eigentlich ist. Wer ist am Ende einer Komödie *happy*? Für Shakespeares Komödien ist typisch, dass am Ende eine Person alles andere als glücklich ist und vom *happy ending* ausgeschlossen bleibt: Shylock wird in der Gerichtsszene des *The Merchant of Venice* in seiner Existenz vernichtet, und ob Antonio am Ende des Dramas glücklich ist, ist keinesfalls gesagt. In *As You Like It* geht der Usurpator in die Einsiedelei, und am Ende von *Twelfth Night* stürmt Malvolio mit den Worten „I will be revenged on the whole pack of you" (5.1.378) von der Bühne. Am Schluss von *Measure for Measure* werden vier Hochzeiten angekündigt, aber es gibt deutliche Anzeichen, dass diese nicht glücklich werden dürften: was hält Isabella vom Heiratsantrag des Herzogs? Inwieweit akzeptiert Mariana die Ehe mit Angelo? Signalisiert Katharinas langer Monolog der Unter-

happy ending

werfung unter ihren Mann Petruchio in *The Taming of the Shrew* Glück? Auch dort, wo Hochzeiten stattfinden, stellt sich aus der Dramenhandlung heraus die Frage, welch gute Ehemänner etwa Bassanio (*The Merchant of Venice*), Claudio (*Much Ado about Nothing*) oder der selbstverliebte Orsino (*Twelfth Night*) für ihre Frauen sein werden. Auch Ehen sind in den Dramen keinesfalls immer durchwegs harmonisch (Oberon und Titania in *A Midsummer Night's Dream*; Leontes und Hermione in *The Winter's Tale*). Oft fehlt in Dramen die Mutter, so dass es zu einer spannungsreichen Beziehung von Vater und Tochter kommt (*The Taming of a Shrew, A Midsummer Night's Dream, As You Like It*).

Zeit

Hinsichtlich der Zeit sind Komödien eher flexibel: die richtigen Person kommt als *deus ex machina* genau zum richtigen Zeitpunkt, um die Handlung noch umzudrehen oder eine drohende Katastrophe noch abzuwenden (Valentine in *The Two Gentlemen of Verona*; die Äbtissin in *The Comedy of Errors*).

Metadramatik
Beispiele

Ein weiteres charakteristisches Element von Shakespeares Dramen ist deren Metadramatik, also die Darstellung von Illusion und Theater an sich. Es treten ganz konkret Schauspieler auf (Spiel im Spiel in *A Midsummer Night's Dream* und in *Hamlet*), zudem ruft die Verkleidung weiblicher Charaktere als Männer in den Komödien (*cross-dressing*) den Kontext des Theaters auf. Charaktere nehmen bewusst andere Rollen an und verstellen sich (Hamlet, Hal in *Henry IV*) oder führen die Regie in einer Inszenierung, deren Fäden sie in der Hand haben (Richard III; Jago in *Othello*). Am Ende von *Antony and Cleopatra* befürchtet die Königin von Ägypten, im Triumphzug der Römer wie in einer Theateraufführung zur Schau gestellt zu werden.

Häufig findet sich bei Shakespeare auch das Bild des Schauspielers für die menschliche Existenz an sich: so spricht Macbeth in seinem „tomorrow, and tomorrow, and tomorrow"-soliloquy vom Leben als „a poor player / That struts and frets his hour upon the stage / And then is heard no more" (5.5.24–26), und King Lear räsoniert: „When we are born, we cry that we are come / To this great stage of fools" (4.6.182 f.). Jacques in *As You Like It* sieht die Welt an sich als Bühne: „All the world's a stage / And all the men and women merely players" (2.7.139 f.), und in *The Tempest* geht es (auch) um die Kunst der Illusion als solche, wenn Prospero mit seiner Magie den Titel gebenden Sturm evoziert und damit einmal mehr die Instabilität der Welt auf die Bühne bringt.

2. Romanzen / Späte Stücke

Üblicherweise in die Nähe der Komödien gerückt werden die so genannten ‚späten' Stücke Shakespeares, auch als ‚Romanzen' oder ‚Tragikomödien' bezeichnet, welche die Charaktere an den Rand einer Tragödie bringen, sie letztlich aber doch noch vor der Katastrophe bewahren. All diese Dramen zeichnen sich durch intensive familiäre Bande und einen langen Leidensweg und Bußeprozess einzelner Charaktere aus. Zu diesen zählen (oft vergessen) *The Two Noble Kinsmen, Pericles* (in der Folio nicht enthalten), *Cymbeline* (in der First Folio unter die Tragödien eingereiht), *The Winter's Tale* und *The Tempest. Pericles, Cymbeline* und *A Winter's Tale* sind alle in ihrer Anlage des *plot* unkonventionell, indem sie sich – noch weniger als andere Dramen Shakespeares – nicht an die ‚Einheiten' des Ortes oder der Zeit halten. *Pericles* segelt rastlos auf den Weltmeeren umher, *Cymbeline* spielt gleichzeitig in England und in Rom, und in *The Winter's Tale* überbrückt die Figur *Time* in einem *soliloquy* einen Zeitraum von 16 Jahren. In *Pericles* glaubt die Titelfigur, Frau und Tochter verloren zu haben, gibt sich auf, und wird letztlich durch die Liebe seiner Tochter ein zweites Mal ‚geboren'. Ähnlich wird in *The Winter's Tale* der Vater Leontes, der gegen seine Familie gesündigt und nach Erkennen seines Fehlers 16 Jahre lang gebüßt hat, durch seine Frau und Tochter wieder ins Leben zurückgeholt. In *Cymbeline* bringt das Erscheinen des Gottes Jupiters auf einem Adler die Lösung herbei. In *The Tempest*, welches üblicherweise auch zu den Romanzen gezählt wird, geht es nicht so sehr um die Zusammenführung von Vater und Tochter, sondern um die Rolle der kleinen Tochter, deren Dasein den Vater vor der Verzweiflung auf dem Meer gerettet hat. Durch ihre spätere Liebe zu Ferdinand trägt sie zudem zu Prosperos Verzicht auf Rache bei.

3. Tragödien

Mit ‚Tragödie' assoziieren wir üblicherweise ‚das Gegenteil' von Komödie und eine Dramenform, die mit dem Tod des Helden endet. Ganz so einfach ist es aber auch hier nicht. Der Name *Tragödie* leitet sich von griech. *tragos*: „Ziege", „Bock" und *odè*: „Lied" ab, was sich damit erklären lässt, dass im Rahmen des Dionysos-Kults, aus dem das Drama in der Antike entstand, ein Bock geopfert wurde. Auch wenn der alltagssprachliche Begriff ‚Tragik' jedem Leser vertraut sein dürfte, so gilt es doch – wie auch bei der Komödie – zwischen Tragik im täglichen Sprachgebrauch und als dramatischer Form zu unterscheiden. Grundsätzlich dürfte Übereinstimmung dahingehend bestehen, dass der Begriff ‚Tragik' den Untergang – in der Regel den physischen Tod – eines Menschen voraussetzt. Doch welche Formen des Untergangs werden in Drama als tragisch empfunden, und wie unterscheiden sich diese von den nicht-tragischen? Für Gelfert (12–14) zählen zu den nicht-tragischen Arten des Untergangs generell natürlicher Tod durch Altersschwäche, natürlicher Tod durch Krankheit oder unnatürlicher Tod durch sinnlosen Zufall. Ebenso wenig als ‚tragisch' zu bezeichnen sind ein sinnloser Tod durch Irrtum, unnatürlicher und zufälliger Tod in ‚sinnvollem' Kontext (Heldentod), verdienter Tod als Strafe, gewollter Tod durch Selbstmord, Märtyrertod und der Tod im Zweikampf. Wenn man all diese Todesarten als Gegenstand von Tragik ausschließt, bleibt eine Form des Untergangs übrig, die folgende Kriterien erfüllt: Der Untergang ist unnatürlich, nicht zufällig, ungewollt, selbstverschuldet und moralisch nicht völlig verdient. Alle diese Kriterien werden auch in der lebensweltlichen Realität mit dem Begriff ‚Scheitern' in Verbindung gebracht, da dieser impliziert, dass jemand gegen eine Niederlage ankämpft und doch nicht zum Erfolg kommt.

Ursprung

Tragödie vs. Tragik

Auch im Drama markiert das Zusammenspiel von Zufall und Notwendigkeit, Sich-Aufbäumen und Erliegen, von Schuld und übermäßigem Leid das Tragische. Dazu kommt noch, dass im tragischen Ablauf ein Wendepunkt eintreten muss, an dem das Zufällige ins Unausweichliche, das Unbelastete ins Schuldhafte und das Sich-Aufbäumen ins Erliegen übergeht. Dabei erwartet man in der Tragödie unbedingt von einer tragischen Figur, dass sich diese ihrer tödlichen Verstrickung und Verfehlungen vor dem Ende bewusst wird. Die Ursache für den tragischen Untergang eines Menschen darf also weder ganz in ihm selbst, noch außerhalb seiner Person liegen, vielmehr verteilt sie sich auf den tragisch Scheiternden und die Instanz, die den Untergang herbeiführt wie etwa einen persönlichen Widersacher, den Staat, allgemeine Sittengesetze etc. Die ‚klassische' Situation eines tragischen Konflikts liegt dann vor, wenn der tragisch Scheiternde und sein Gegenspieler in gleichem Maß eine moralische Rechtfertigung für ihr Handeln beanspruchen können. Wenn der Scheiternde einen ungerechtfertigten Anspruch stellt, spricht man von Schuldtragödie. So wird beispielsweise Macbeth wissentlich schuldig, da seine *ambition* stärker als seine moralische Einsicht ist. Wenn ein Mensch gegen seinen Willen durch ein übermächtiges Schicksal zur Schuld getrieben wird, bezeichnet man dies als Schicksalstragödie. Wenn eine Person bei ihrem Streben, einen verabsolutierten Wert, wie etwa einen bedingungslosen Liebesanspruch, kompromisslos durchzusetzen, in einen Zustand der Verblendung gerät, so dass ihr positives Streben sich ins Gegenteil verkehrt (der Liebesanspruch kann sich zu blinder Raserei gegen die geliebte Person umkehren), spricht man von dialektischer Tragödie.

Verschiedene Typen der Tragödie

Schuldtragödie

Schicksalstragödie

Dialektische Tragödie

Strukturmomente der Tragödie

Aristoteles, *Poetik*

Ein tragischer Fall einer Person macht freilich noch keine Tragödie aus; hierzu muss dieser erst in eine bestimmte dramaturgische Form gebracht werden, wie bereits Aristoteles, dem wir in seiner *Poetik* den ersten überlieferten Versuch zur Systematisierung der Dichtkunst verdanken, ausführt:

> Die Tragödie ist die Nachahmung einer edlen und abgeschlossenen Handlung von einer bestimmten Größe in gewählter Rede, derart, daß jede Form solcher Rede in gesonderten Teilen erscheint und daß gehandelt und nicht berichtet wird und daß mit Hilfe von Mitleid [*eleos*] und Furcht [*phobos*] eine Reinigung [*katharsis*] von eben derartigen Affekten [*pathemata*] bewerkstelligt wird. (30; meine Ergänzungen in eckigen Klammern).

Aristoteles beschreibt also in der zweiten Hälfte dieses Zitats den Reaktionsablauf, der von der Tragödie im Zuschauer ausgelöst wird: *eleos*, *phobos* und *katharsis*, wobei die deutsche Übersetzung dieser Begriffe in zweierlei Weise möglich ist (vgl. Gelfert, 17). Zum einen können *eleos* und *phobos* eine Reinigung der Affekte („pathemata" als *genitivus separativus* übersetzt), zum anderen eine Reinigung *von* den Affekten („pathemata" als *genitivus objectivus* übersetzt) bewirken. Die erste Übertragungsmöglichkeit wählten die Kritiker, die – von der christlichen Ethik geprägt – die Erziehung des Menschen zu Gottesfurcht und selbstloser Nächstenliebe als oberstes Ziel betrachteten. Folglich übersetzten sie *phobos* und *eleos* mit *Furcht* und *Mitleid*. Der zweiten Übertragungsmöglichkeit folgten diejenigen, die eher von der stoischen Philosophie beeinflusst waren und das erstrebenswerte Ziel in größtmöglicher Affektlosigkeit sahen, doch auch sie blieben bei der Übersetzung *Furcht* und *Mitleid*. Beide Deutungen haben nun ihre Schwierigkeiten: wie sollten im ersten Fall Affekte durch ihre bloße Erregung gereinigt werden, und weshalb sollte im zweiten Fall eine Reinigung von einem so positiven Gefühl wie Mitleid überhaupt erstrebenswert sein? Eine Lösung

Furcht und *Mitleid* versus *Schauder* und *Jammer*

dieses Problems wurde erreicht, als Jakob Bernays im 19. Jahrhundert nachwies, dass Aristoteles den Begriff *Katharsis* im medizinischen Sinne als Abreaktion eines Affektstaus verstand, womit auch eine angemessenere deutsche Übersetzung von *phobos* und *eleos* möglich wurde. Aristoteles meint mit diesen Begriffen nicht die sittlichen Inhalte der Empfindungen von Furcht und Mitleid, sondern die physiologischen Affekte, die sie begleiten. *Phobos* bewirkt danach eine Anhebung des Erregungsniveaus bis kurz vor den Zustand der Unerträglichkeit, worauf sich diese Spannung durch *eleos* löst und sich nach Absenken des Erregungsniveaus *katharsis* im Sinne einer Empfindung von lustvoller Befriedigung einstellt. Damit trifft die von Wolfgang Schadewaldt vorgeschlagene deutsche Übersetzung von *phobos* und *eleos* mit *Schauder* und *Jammer* diesen wesentlich besser zu als *Furcht* und *Mitleid*, da erstere Begriffe nicht moralisch-ethisch besetzt sind, sondern vielmehr das Physiologisch-Affekthafte betonen. Der Punkt, an dem die *phobos*-Phase der Tragödie in die *eleos*-Phase übergeht, wird von Aristoteles *Peripetie* genannt.

Tragischer Held

Dieses Umschlagen von *phobos* in *eleos* muss eine für den Zuschauer nachvollziehbare Motivation haben. Aristoteles sieht diese in einem Fehler (*harmatia*) des Helden:

> … so ist es zuerst klar, dass nicht anständige Leute beim Umschlag von Glück in Unglück gezeigt werden sollen (denn dies erzeugt nicht Furcht oder Mitleid [bzw. Schaudern und Jammer; meine Ergänzung], sondern Widerwillen) und auch nicht der Übergang schlechter Menschen von Unglück zu Glück (denn diese läuft der Tragödie völlig zuwider), da keine der geforderten Wirkungen sich einstellt: es ist weder menschenfreundlich noch Mitleid erregend noch erschreckend), noch darf der gar zu Schlechte von Glück in Unglück stürzen (eine solche Empfindung ist zwar menschenfreundlich, enthält aber weder Furcht noch Mitleid; Mitleid entsteht nur, wenn der, der es nicht verdient, ins Unglück gerät, Furcht, wenn es jemand ist, der dem Zuschauer ähnlich ist. Also entsteht in diesem Fall weder das eine noch das andere). Es bleibt also nur der Fall dazwischen übrig. Er tritt ein, wenn einer weder an Tugend und Gerechtigkeit ausgezeichnet ist noch durch Schlechtigkeit und Gemeinheit ins Unglück gerät, sondern dies erleidet durch irgendeinen Fehler. Und zwar muss er zu denjenigen zählen, die großen Ruhm und Glück gehabt haben, wie Oedipus oder Thyestes, oder andere berühmte Männer aus einem solchen Geschlechte. (*Poetik*, 40f.)

Danach muss ein Held im Drama also ein so genannter ‚mittlerer' Held sein, d.h., weder ein Muster an Tugend und Gerechtigkeit, da sein Untergang dann nicht durch *eleos* in kathartische Befriedigung überführt werden könnte, noch ein Verbrecher, für den man kein *phobos* aufbringen könnte. Der Held muss vielmehr eine „moralische ‚Mittellage' einnehmen, durch die er einerseits anfällig für eine schuldhafte Verfehlung ist und andererseits der jammernden Anteilnahme würdig bleibt". (Gelfert, 18) Als strukturelle Alternative zur Peripetie kann eine dramatische Handlung ihre tragische Wendung auch durch ein plötzliches Offenbarwerden eines verborgenen Zusammenhangs erhalten, was Aristoteles *anagnorisis* nennt. In der Praxis der Dramenliteratur zeigt sich aber, dass die tragische Wirkung eines Stücks sich

Anagnorisis

vor allem dann entfaltet, wenn die Hauptfiguren spätestens bei der Katastrophe Einsicht in ihre tragische Verstrickung erhalten. So wäre beispielsweise Othellos Selbsttötung für einen Zuschauer nicht befriedigend, wenn dieser nicht zuvor über Desdemonas Unschuld aufgeklärt worden und zu Einsicht über sein Fehlverhalten gelangt wäre. Auch wenn am Schluss eines Dramas oft nicht immer alle Verwicklungen der Handlung ganz geklärt werden können, könnte man doch kein Stück als Tragödie bezeichnen, in dem der Held untergeht, ohne das Ausmaß seiner Verfehlung erkannt zu haben.

Formen der Tragödie

Der aristotelische Tragödienbegriff war nicht von der Antike bis in die heutige Zeit für alle Epochen maßgeblich, vielmehr haben sich in der Geschichte des Dramas verschiedene Formen der Tragödie herausgebildet. Fundamental verschieden von den aristotelischen Positionen ist die Tragödienauffassung des Mittelalters. Hier stand ein Mensch im Mittelpunkt, der, wenn er sich auf weltliche Dinge wie etwa Machtstreben eingelassen hatte, auf das Rad der Fortuna gestiegen war. Dieses hob ihn durch unvorhergesehene Drehungen zunächst nach oben, d. h. zu Macht, Ansehen und Reichtum empor, um ihn dann durch ein für ihn unvorhersehbares Weiterdrehen des Rades wieder in die Tiefe, d. h. in Elend und Tod, herabstürzen zu lassen. Diese Form nennt man *de-casibus*-Tragödie. In ihr dominiert die moralisierende Perspektive, wobei der Schwerpunkt dieses Handlungsschemas entweder bei der Darstellung des Aufstiegs oder des Falls der Zentralfigur liegen kann. Im Volkstheater gab es bereits früh Dramen, die den Sturz eines stolzen und grausamen Tyrannen wie König Herodes oder Pilatus darstellten. Solche Tragödien der Macht setzten sich im England der Frühen Neuzeit vor allem fort in Christopher Marlowes *Tamburlaine the Great* (1587) und *Dr Faustus* (1604). Marlowes Leistung war es, anstelle der bloßen Aneinanderreihung des Lasterkatalogs eines Tyrannen in den mittelalterlichen *de-casibus*-Tragödien diesen mit einer komplexeren Figurenkonzeption auszustatten. Tamburlaine wie Dr Faustus erweisen sich durch ihre Monologe und *soliloquies*, sowie durch die indirekte Charakterisierung durch andere Figuren als Zentralfiguren einer differenzierten Konzeption des Tragödienhelden, die dann in den Dramen Shakespeares mit der Genauigkeit in der Zeichnung der seelischen Vorgänge und moralischen Entscheidungen seiner Dramenfiguren, sowie deren komplexen Beziehungen untereinander ihren Höhepunkt erreichen sollte.

Tragödienbegriff des Mittelalters: *de-casibus*-Tragödie

Shakespeares Tragödien

Wie auch die Komödien Shakespeares, folgen seine Tragödien generell keiner festen Formel. So erfolgt die tragische Verfehlung (*error of judgement*) an unterschiedlicher Stelle im Drama: in *King Lear* ist es die Reichsteilung gleich zu Beginn; in *Romeo and Juliet* der Tod von Mercutio und Romeos Rache für diesen an Tybalt im dritten Akt. Das Spektrum des Leidens reicht von heroischem Ertragen unglaublicher Grausamkeiten in *Titus Andronicus* und *King Lear*, der Spannung zwischen Generationen und sozialen Schichten in *Romeo and Juliet* bis zum Konflikt zwischen persönlicher Loyalität und politischer Notwendigkeit bei Brutus in *Julius Caesar* (welches auch zu den so genannten ‚Römerdramen' gerechnet werden kann – siehe unten).

Tragischer Held

Der tragische Held ist üblicherweise (die Ausnahme ist *Romeo and Juliet*, die beide nicht handlungsmächtig sind) eine mächtige (männliche) Figur, die in einen Konflikt moralischer Autoritäten gerät. Die fatalen Ereignisse in Shakespeares Tragödien entspringen oft einer spezifischen sozialen Situation. Der Prolog zu *Romeo and Juliet* bezeichnet die beiden Liebenden als „star crossed lovers“, aber es ist eher die Familienfehde, die den Tod der jungen Liebenden bedingt. Othello ist eifersüchtig, aber er ist als Schwarzer auch ein Außenseiter in der Gesellschaft Venedigs, dem sich Jago als *guide* durch diese anbietet. Othellos Untergang resultiert letztlich nicht nur aus seiner Eifersucht sondern dem Konflikt zwischen seiner Identität als Ehemann in einer ihm nur unzureichend vertrauten Sozialstruktur, sowie seiner Identität als militärische Führungsperson (*general*) mit ihrer wiederum eigenen Sozialstruktur von Rangfolgen und Autoritäten.

Shakespeares Tragödien haben, wegen der jeweils unterschiedlichen Helden und deren Schicksalen, größere individuelle Ausprägungen als die Komödien und sollen deshalb hier einzeln kurz vorgestellt werden.

Titus Andronicus

Titus Andronicus (veröffentlicht 1594) ist Shakespeares erste Tragödie, die gemeinhin als noch etwas grobschlächtig und als Beleg dafür gilt, dass Shakespeare sich erst einen Namen als Tragödiendichter machen musste. *Titus Andronicus* ist eine Rache- und Schauertragödie in der Tradition von Seneca und Thomas Kyd's *The Spanish Tragedy* (zirka 1585). Diese reiht eine Grausamkeit an die nächste, von der Hinrichtung des ältesten Sohns der Gothenkönigin Tamora bis zur Schändung von Titus' Tochter Lavinia, der die Hände abgehackt und die Zunge herausgeschnitten werden, damit sie ihre Vergewaltiger nicht verraten kann. Zwei Söhne von Titus werden geköpft, er selbst hackt sich eine Hand ab, um den einen – vergeblich – zu retten. Titus wird wahnsinnig, tötet die Söhne der Tamora, die seine Tochter vergewaltigt und verstümmelt hatten, und setzt ihrer Mutter schließlich eine Pastete aus deren Fleisch vor.

Hamlet

Eine weitere, wesentlich differenziertere, Rachetragödie schreibt Shakespeare mit *Hamlet*, und die Sekundärliteratur zu diesem Drama füllt ganze Bibliotheken. *Hamlet* (zirka 1600) ist nicht nur ein Drama über einen zögernden Denker, zu dem ihn vor allem die deutsche Romantik verklärt hat, sondern auch über Macht und Fragen der Thronfolge, wie nicht zuletzt ein Kriminalstück, in dem es um das Aufspüren eines Täters geht. Der Geist seines Vaters erscheint Hamlet zu Beginn des Dramas (aus dem katholischen Fegefeuer; siehe auch Kap. I) und enthüllt ihm die Umstände seines Todes: er wurde von seinem Bruder, der kurz darauf seine Frau bzw. Witwe heiratete, ermordet. Hamlet sieht sich in der Verantwortung, seinen Vater zu rächen „The time is out of joint. O cursed spite / That ever I was born to set it right“ (1.5.196–7), zögert aber, den rechten Zeitpunkt zu finden. Freilich zögert er nicht – was die ‚romantische‘ Sicht auf Hamlet gerne übersieht – Polonius im Affekt zu erstechen und seine Freunde Rosenkrantz und Guildenstern wissentlich in den Tod zu schicken. Hamlet ist nicht nur Rächer, sondern auch Soldat und Student in Wittenberg, der vorgibt, „mad“ zu sein, was wiederum Ophelia in den Wahnsinn treibt. Am Schluss tötet er den Sohn des Polonius, Laertes, der auch den Tod seines Vaters rächt, und findet selbst dabei den Tod. Hamlet ist hinsichtlich der Sprache besonders komplex und variantenreich.

Romeo and Juliet

Romeo and Juliet als frühe Tragödie Shakespeares ist der Untergattung der Liebestragödie zuzuordnen. Die jungen Lieben finden die

Erfüllung ihrer Liebe und Leidenschaft verhindert durch die Autorität der älteren Generation (und deren Fehde) – was eigentlich typisch für eine Komödie ist: *A Midsummer Night's Dream* beginnt ebenfalls in dieser Konstellation. Zunächst ist Romeo – in petrarkistischer Schwärmerei (vgl. Kap. IV) – in Rosaline verliebt, doch als er Julia begegnet, ist es Liebe auf den ersten Blick. Die ,romantische' Liebe und auch Sprache der beiden wird von der einfachen und sexuell direkten Sicht der Liebe durch die Amme und die Obszönitäten in der Sprache der Diener und Mercutios kontrastiert. Letztlich scheitern die beiden an dem Versuch, ihre Liebe außerhalb der sozialen Gegebenheiten verwirklichen zu wollen. Der Schwarze Othello ist die Zentralfigur Shakespeares, welche zu Beginn mit der größten Würde und poetischer Schönheit der Sprache auftritt (vgl. Kap. III). Als General von Venedig hat er nicht nur die Senatoren überzeugt, sondern auch Desdemona, die Tochter des angesehenen Senators Brabantio, für sich gewonnen. Desdemona verteidigt ihre Eheschließung vor dem Senat und besteht darauf, Othello nach Zypern, zu dessen Verteidigung gegen die Türken dieser abberufen wird, zu begleiten. Dort freilich wird Othello Objekt und Opfer von Jagos Intrigen (für die es keinen wirklich objektiven Grund gibt, was Jago in die Tradition der mittelalterlichen *Vice*-Figur stellt), der ihn glauben macht, Desdemona habe ein Verhältnis mit Leutnant Cassio. Othello verändert sich in seinem Wesen, was sich auch in seiner Sprache spiegelt, und tötet letztlich seine Frau, bevor er noch von Jagos Frau Emilia erfährt, dass sie unschuldig war. In Erkenntnis seiner eigenen Schuld richtet er sich selbst. Das die Tragödie prägende Thema der Eifersucht verbindet *Othello* wiederum mit Komödien wie *Much Ado About Nothing* und auch *The Merry Wives of Windsor.* Dass Othello ein Schwarzer ist, hat ihn als „the other" klassifizieren lassen und *Othello* zusammen mit *The Tempest* zu den fleißig interpretierten Dramen für die *postcolonial studies* werden lassen (vgl. Kap. VII).

Othello

King Lear

Wie in den Historien (siehe unten), geht es auch in *King Lear* um die Problematik der Thronfolge und die Rechte und Pflichten von Herrschenden. Zu Beginn des Dramas will der König sein Land aufteilen und fordert hierzu einen Liebeswettbewerb unter seinen drei Töchtern. Er verstößt die Jüngste, Cordelia, die ihm nicht, wie die beiden älteren schmeicheln, sondern aufrichtig ist und ihm antwortet, sie liebe ihn „according to my bond" (1.1.93). Im Folgenden wird Lear, der sich einen sorgenfreien Lebensabend mit großem Gefolge erhofft, von seinen beiden älteren Töchtern bei seinem jeweiligen Besuch erniedrigt und von deren Schlössern verstoßen. Er findet sich, nur begleitet vom Narren, in einem Unwetter auf einem offenen Feld wieder und macht einen höchst schmerzhaften Prozess durch zu lernen, was menschliche Existenz ohne Macht bedeutet. Im Zustand geistiger Umnachtung trifft er im vierten Akt seine Tochter Cordelia wieder und erfährt einen letzten Augenblick des Glücks mit ihr. Diese wird allerdings von ihren Schwestern getötet, und Lear kommt mit seiner toten Tochter in seinen Armen auf die Bühne. Er stirbt mit „Do you see this? Look on her, look, her lips, / Look there, look there!" (5.3.310–311), was in Inszenierungen ganz unterschiedlich umgesetzt werden kann.

Parallel zur Lear-Handlung erfolgt die Gloucester-Handlung, welche ebenfalls eine Vater-Kinder-Beziehung zum Gegenstand hat (in diesem Fall sind es Söhne statt Töchter). *King Lear* dürfte das mit Abstand düsterste Drama Shakespeares sein, und dies nicht nur wegen Gloucesters „As flies to wanton boys, are we to th' Gods; / They kill us for their sport" (4.1.36f.). Der Tod der vollkommen unschuldigen Cordelia (entgegen Shakespeares Quelle, in der sie überlebt) widerspricht eklatant dem Prinzip der *poetic justice*. Er ist der brutale Schlusspunkt in Lears grausamen Prozess der Welterfahrung. Wenn Lear mit seiner toten Tochter auf den Armen auf die Bühne kommt, schwankt er zwischen Verstand und Wahnsinn, bis der Tod ihn erlöst. Nirgends erscheint die Welt so hoffnungslos und sinnlos wie in *King Lear*, weshalb Jan Kott dieses Drama auch als das erste absurde Drama der Weltliteratur gedeutet hat.

Macbeth

Macbeth als die letzte ‚große' Tragödie (A.C. Bradley; vgl. Kap. VII) Shakespeares ist, wie *King Lear*, eine Tragödie der Macht, wenn auch nicht über die Folgen der Abgabe von Macht, sondern über den rücksichtslosen Erwerb von Macht, an dessen Ende ebenfalls die Erfahrung der Sinnlosigkeit des menschlichen Lebens steht. Zu Beginn ist die Titelfigur ein loyaler Soldat des Königs, doch sein eigener Ehrgeiz und der seiner Frau lassen sie König Duncan töten und im Folgenden alle weiteren Personen, die Macbeth auf dem Weg zum Thron im Weg sind. Im Unterschied zu Richard III, der seine Morde bewusst und mit einer gewissen Distanz von sich selbst begeht (siehe unten), reflektiert Macbeth die Konsequenzen seines Handelns, weshalb *Macbeth* den Tragödien und nicht den Historiendramen zugeordnet wird. Lady Macbeth wird über den Mord an Duncan wahnsinnig und tötet sich selbst. Macbeth unterliegt letztlich Malcolm auf dem Schlachtfeld.

4. Römerdramen

Wie die Historiendramen, haben auch die so genannten Römerdramen (*Julius Caesar, Antony and Cleopatra, Coriolanus*) Staatskrisen zum Thema. Die Zuordnung dieser Stücke und der Dramentyp an sich sind keinesfalls unumstritten, da diese drei Werke – legt man das Augenmerk auf die Titelfiguren – auch zu den Tragödien gezählt werden können.

Julius Caesar

Julius Caesar (1599) zeigt die Angst vor der Alleinherrschaft der Titelfigur, was an den Iden des März mit der Ermordung derer im dritten Akt beendet wird. Der tragische Held des Dramas aber ist Brutus, dessen innerer Kampf, an der Verschwörung gegen Caesar teilzunehmen und seine Gewissensqualen danach ihn als solchen ausweisen. In *Coriolanus* geht es vor allem um soziale Themen. Hier ist es schwer für ein Publikum, Identifikation mit der Titelfigur zu entwickeln, da Coriolanus sich diesem kaum in *soliloquies* oder auch anderen sprachlichen Äußerungen öffnet und in seinem Verhalten gegen das Volk wenige Sympathien für sich gewinnen kann. Coriolanus stellt wahrscheinlich Shakespeares stärkste Ausprägung von Individualismus dar: „As if a man were author of himself / And knew no other kin" (5.3.36–37). Aus Rom verbannt, schließt er sich den gegnerischen Volskern an und zieht mit ihnen gegen Rom. Einzig seine Mutter vermag es, ihn vom Angriff auf Rom abzuhalten und führt damit seinen tragischen Tod herbei. *Antony and Cleopatra* zeigt ein älteres Liebespaar, welches freilich nicht, wie Romeo und Julia, frei von ‚beruflichen' Verpflichtungen ist. Antony ist einer der drei römischen Triumvirn, Cleopatra die Königin von Ägypten. Antonys Tragödie

Coriolanus

Antony and Cleopatra

resultiert aus dem Dilemma seiner Liebe für Cleopatra und seinem politischen Amt mit dem militärischen Code Roms. Sein Gegenspieler ist der rein rational agierende Caesar, der spätere Kaiser Augustus. Cleopatra ist eine der schillerndsten und komplexesten Frauenfiguren, die Shakespeare je entworfen hat. Enobarbus beschreibt sie in einer berühmten Passage (2.2.191–240) in ihrer „infinite variety" (vgl. Kap. II). Antony will beide Welten, die politische Roms, wie auch die private Ägyptens, und er besiegelt seinen Untergang, als er Cleopatra in einer militärischen Entscheidung, der Umkehr ihrer Schiffe bei Actium, folgt. Antony tötet sich letztlich selbst, und Cleopatra legt sich eine giftige Schlange an die Brust, nachdem sie in Erfahrung gebracht hat, dass Caesar sie in seinem Triumphzug vorzuführen gedenkt. *Timon of Athens* wird, wie *Troilus and Cressida*, üblicherweise als Tragödie klassifiziert, hat jedoch auch stark satirische Elemente. Auch hier ist es schwierig, sich mit der Titelfigur zu identifizieren. Zu Beginn des Dramas ist Timon ein Menschenfreund, der seine Freunde reichlich und selbstlos beschenkt. Als er sich selbst finanziell übernimmt und auf die Hilfe seiner Freunde vertraut, lassen ihn diese (bis auf einen Diener) alle im Stich, und er wird zum unversöhnlichen Menschenhasser, der außerhalb Athens lebt und die Stadt und alle, die ihn besuchen, verflucht und vertreibt. Anders als König Lear macht er freilich keinen Prozess der Erkenntnis durch, sondern verharrt in seiner Misanthropie. Der einzige, den er von dieser ausnimmt, ist sein treuer Diener: „How fain would I have hated all mankind / And thou redeemst thyself. But all save thee I fell with curses." (4.3.499–501). Timon begeht wahrscheinlich Selbstmord – ein römischer Soldat findet jedenfalls eine Grabaufschrift, die Timon selbst verfasst hat und die alle verdammt, die vorbeigehen. *Timon of Athens* ist keine populäre Tragödie, vielen gilt das Drama als unfertig; auch wurde die These aufgestellt, dass Shakespeare dieses zusammen mit John Massinger geschrieben habe. Letztlich dürfte auch *Timon*, wie *Coriolanus* und das sehr sperrige *Troilus and Cressida* Produkt des Experimentierens Shakespeares mit der Gattung *Tragödie* sein.

Timon of Athens

5. Historien

Die ‚Historien' als wichtige Dramenform der Frühen Neuzeit stellen ein heutiges Publikum oft vor Probleme, da diese keine eigene Gattungstradition begründeten und uns diese Form entsprechend wenig vertraut geblieben ist. Historiendramen waren vor allem in den 1590er Jahren aktuell, und Shakespeare war nicht der einzige Autor der Frühen Neuzeit, der Historiendramen schrieb. *History plays* erschließen sich vor allem vor dem Hintergrund der Geschichtsauffassung des ausgehenden 16./beginnenden 17. Jahrhunderts. Geschichte wurde damals insbesondere als Material- und Beispielsammlung gedeutet, aus welcher der Mensch Einsichten und Erkenntnisse für seine eigene Situation gewinnen kann. Entsprechend lassen sich Shakespeares *history plays* inhaltlich als Darstellung des Weges der Nation England deuten, welche implizit als politischer Kommentar zu zeitgenössischen Ereignissen dienen sollte. Dies hatte auch nicht selten die Abänderung politischer Fakten in den Dramen zur Folge. Vertrautheit mit den

Geschichtsauffassung

historischen Gegebenheiten der politischen Verhältnisse, vor allem der Thronfolge, zur Entstehungszeit der Dramen sind Voraussetzung für deren Analyse und Verständnis. In realer Chronologie reichen Shakespeares Historien von der Krönung King Johns 1199 bis zur Geburt Elizabeths I (1533), wobei im Zentrum die Rosenkriege von der Absetzung Richards II und seiner Ermordung 1400 bis zur triumphalen Thronbesteigung von Henry Tudor, Earl of Richmond, als Henry VII 1485, stehen, deren Folgen für England noch im 16. Jahrhundert zu spüren waren.

Rosenkriege

Shakespeares Historien spielen in den so genannten Rosenkriegen, d.h., den Auseinandersetzungen der englischen Adelshäuser von York und Lancaster, welche in ihrem Wappen jeweils eine Rose trugen (*House of York*: weiße Rose, *House of Lancaster*: rote Rose). Quellen sind Edward Halls *The Union of the two Noble and Illustre Families of Lancastre and Yorke* (1548) und Raphael Holinsheds *Chronicles of England, Scotlande and Irelande* (1577), die nicht nur historisch verbürgte Fakten sondern auch Anekdoten und eher unwahrscheinliche Ereignisse beinhalten. ‚Geschichte' bedeutete in der Frühen Neuzeit ein Arsenal an Beispielen, aus denen Lehren für die Gegenwart gezogen werden können.

Shakespeare diskutiert in diesen Dramen das Thema der Thronnachfolge und stellt die Frage in den Mittelpunkt, ob die dynastische Thronfolge bedingungslos einzuhalten ist oder ob außergewöhnliche persönliche Fähigkeiten eines nicht von Gott gesandten Herrschers die Absetzung eines schwachen Königs rechtfertigen. Unmittelbarer zeitlicher Anlass hierfür mag gewesen sein, dass Königin Elizabeth kinderlos geblieben war und die Thronfolge dem entsprechend unsicher war. Die Angst vor einem (erneuten) Bürgerkrieg war durchaus gegeben. Er analysiert zudem, wie sich die Aufgaben und Verpflichtungen eines Herrschers auf dessen Persönlichkeit auswirken.

Gattungskriterien

Wie Tragödien und Komödien lassen auch die Historien keine einheitlichen Gattungskriterien erkennen. Die Folio ordnet diese – zwischen den Komödien und Tragödien nach deren historischer Chronologie: *King John, Richard II, 1,2 Henry IV, Henry V, 1,2,3 Henry VI, Richard III, Henry VIII*, wobei Shakespeare die drei Teile von *Henry VI* und *Richard III* vor *Richard II*, den zwei Teilen von *Henry IV* und *Henry V* schrieb. Diese Stücke existieren also zum einen als Einzeldramen, zum anderen auch in der Konstruktion von Gruppen und sind generell stärker als Tragödien oder Komödien der Zeit ihrer Entstehung verpflichtet. Sie eint, dass überwiegend nicht so sehr Zentralfiguren im Mittelpunkt stehen, sondern vorwiegend Themen wie politische Führungsqualitäten und das Wesen von Herrschaft, die Nation an sich, und Gründe für Rebellion. Strukturell sind diese eher episodisch angelegt, und ihr Ende ist zeitlich offen, da in den meisten Fällen ein neuer Herrscher eingeführt wird, der die Geschichte fortsetzen wird. Sie enthalten immer – publikumswirksam – spektakuläre Szenen und eindrückliche Reden großer Figuren. Doch neben dem Patriotischen hat auch das Skeptische in Shakespeares Historien Platz. So erklärt ein Gärtner seinen Lehrlingen in *Richard II*, England gleiche einem Garten, der von Unkraut überwuchert und voller Parasiten sei, der unkontrolliert und exzessiv wachse und einen guten Gärtner brauche. Auch Falstaffs Rede über die Nichtigkeit von Ehre auf dem Schlachtfeld („what is honour"; 5.1.127) in *1Henry IV* ist hier einzuordnen.

Umakzentuierungen

Shakespeares Historien halten sich nicht an historische Wahrheiten, wobei er Geschichte nicht umschrieb, sondern neu und bühnenwirksam akzentuierte. Um nur wenige Beispiele zu nennen: der Erzschurke Richard III ist Shakespeares Konstrukt (der historische Richard war nicht ‚böser' als andere Könige auch), und die bitteren chorischen Kommentare von Queen Margaret in diesem Drama sind Shakespeares Zutat, da die historische Königin Margaret bereits 1476 nach Frankreich zurückgekehrt und bereits vor Richards Thronbesteigung verstorben war. In *Henry IV* stellt Shakespeare Hal und seinen Gegenspieler Hotspur als ungefähr gleichen Alters dar (obwohl sie in der historischen Realität viele Jahre trennten), um sie als höchst unterschiedliche Gegenspieler zu präsentieren.

Tudor myth

Seit E. M. W. Tillyard werden die *history plays* – immer wieder kritisch diskutiert, aber dennoch nie vollkommen verworfen – in zwei Tetralogien mit einem ‚Prolog' (*King John*) und einem ‚Epilog' (*Henry VIII*) unterteilt. Die erste Tetralogie, die *Lancaster Tetralogy*, wahrscheinlich geschrieben zwischen 1589 und 1594, besteht demnach aus den drei Teilen von *Henry VI* und *Richard III*. Die zweite, die York Tetralogy, umfasst *Richard II*, die beiden Teile von *Henry IV* und *Henry V*. Der von Tillyard begründete *Tudor myth* besagt, dass Henry Bolingbroke durch die Absetzung des von Gott gesandten Königs Richard II ein göttliches Strafgericht über England gebracht habe, das sich in den Rosenkriegen (*Henry VI*) äußerte und in der blutigen Tyrannei Richards III seinen Höhepunkt fand. Nur Henry V wusste durch seine persönlichen Tugenden das göttliche Strafgericht vorübergehend außer Kraft zu setzen. Der Earl of Richmond beendete als Henry VI die Rosenkriege und begründete durch seine Heirat mit Elizabeth of York das (gottgewollte) House of Tudor:

O, now let Richmond and Elizabeth,
The true succeeders of each royal house,
By God's fair ordinance conjoin together!
And let their heirs, God, if thy will be so,
Enrich the time to come with smooth-fac'd peace,
With smiling plenty, and fair prosperous days! (*Richard III*, 5.5.29–34)

York-Tetralogie
Henry VI

Die drei Teile von *Henry VI* zeigen noch den lernenden Shakespeare. Im Chaos des Bürgerkriegs zwischen den Häusern Lancaster und York tritt eine fast unüberschaubare Vielfalt von wenig individuell gezeichneten Charakteren auf, die (neben einer noch etwas bombastischen Sprache) deutlich macht, dass auch Shakespeare hinsichtlich der Ökonomie der Handlungsführung durchaus noch lernen musste und konnte. Die Brutalität und Sinnlosigkeit des Krieges zeigen sich exemplarisch in einer emblematischen Szene im dritten Teil, in der Henry einen Vater beobachtet, der seinen Sohn, und einen Sohn, der seinen Vater getötet hat.

Richard III

Richard III ist dagegen ein sehr straff organisiertes Stück, welches ganz um die Titelfigur angeordnet ist. Richard, der „unfinished", also mit einer körperlichen Behinderung, in die Welt geschickt wurde, beseitigt durch seine Machtspiele und Intrigen („plots have I laid" 1.1.32) alle, die in der Thronfolge vor ihm stehen. Richard III steht in der Tradition der mittelalterlichen *Vice*-Figur (vgl. Kap. II), die das Publikum immer wieder in *soliloquies* und *asides* in seine Pläne einweiht und damit – trotz aller moralischer Verwerflichkeit ihres Handels – auf ihre Seite bringt. Meisterstücke seiner Rhetorik und Wortspiele („Thus like the formal Vice, Iniquity, / I moralize two meanings in one word“ 3.1.82–83) sind die Werbung um Queen Anne noch am Sarg ihres Schwiegervaters Henry VI, dessen Tod Richard zu verantworten hatte. Richard ist generell ein Meister der Illusion und des Spiels, das dem gesamten Drama ein hohes Maß von Metadramatik (vgl. Kap. V.1) verleiht. Er spielt den Bruder von Clarence (1.1.), den hingebungsvollen Werber um Anne (1.2.), den Unschuldigen und zu Unrecht Angeklagten (1.3), den trauernden Bruder, der schockiert ist von der Nachricht vom Tod Clarence' (2.1), sowie den ebenso Besorgten wie Erregten gegenüber Hastings (3.4). Dabei genießt er es, seine Virtuosität des Rollenspiels mit den Zuschauern im Theater zu teilen: so wissen die Zuschauer längst von seinen Plänen, Clarence zu töten, diesen hingegen fragt er jedoch höchst besorgt: „But what's the matter, Clarence? May I know?“ (1.1.51). Ebenso weiß das Publikum, dass er aus politischem Kalkül heraus Anne heiraten möchte, ihr gegenüber tritt er jedoch in 1.2 als hingebungsvoll Liebender auf, der mit allen Klischees die Morde, die er gerade begangen hat, rechtfertigt. Unterstützt von Buckingham erreicht Richard seinen größten Erfolg, eine regelrechte Komödie der Usurpation (3.5 und 3.7) auf die Bühne zu bringen. Beginnend mit der Diskussion zwischen Richard und Buckingham über das Vortäuschen tragischer Emotionen (3.5.1–11) nutzt er die Leichtgläubigkeit des Mayor und der Bürger aus (3.7.95–103) und erreicht letztlich sein Ziel der Thronbesteigung. Richard wird bei Bosworth besiegt vom Earl of Richmond. Vor der Schlacht gibt es einen kurzen Moment, in dem der Zuschauer tatsächlich Mitleid mit Richard empfinden kann, wenn diesem im Traum all die von ihm Ermordeten erscheinen und er angstvoll (Richmond dagegen schläft ganz ruhig) aus dem Traum hochschreckt: „I shall despair. There is no creature loves me; / And if I die, no soul will pity me. / And, wherefore should they, since that I myself / Find in myself no pity to myelf?“ (5.3.201–204)

Obwohl *Richard III* mit der Glorifizierung von Richmond endet, zeigt die Tetralogie doch immer wieder skeptische Blicke auf die Mechanismen der Macht auf. Heroische Ideale werden nicht selten durch Egoismus und rücksichtslosen Ehrgeiz zerstört.

Lancaster-Tetralogie
Richard II

In der so genannten Lancaster-Tetralogie präsentiert Shakespeare mit Richard II einen zwar legitimen, aber schwachen und unentschlossenen König, den sein handlungsstarker Cousin Richard Bolingbroke, der aus der Verbannung zurückkehrt und keinen Thronanspruch hat, im dritten Akt zur Abdankung zwingt. Der Usurpator lässt sich zum König Henry IV krönen, doch seine Herrschaft wird deshalb von Rebellionen bedroht sein. Shakespeare diskutiert in diesem Drama das Göttliche Recht auf den Thron, welches vor allem im Licht der Eignung und der Fähigkeit des jeweiligen Herrschers in der eindrucksvollen und wirkungsmächtigen Rede des sterbenden John of Gaunt (1.2), durch Richard nach seiner Rückkehr aus Irland („Dear earth, I do salute thee with my hand“ 3.2.6), sowie durch den Bischof von Carlisle („Worst in this royal presence may I speak [...]“ 4.1.115–149) artikuliert wird. Im ersten Teil des Dramas verlässt sich König Richard darauf, ein von Gott gesandter König zu sein: er fällt willkürliche Entscheidungen, konfisziert pietätlos die Güter des im Sterben liegenden John of Gaunt, umgibt sich mit Schmeichlern, was die Sympathie des Publikums durchaus auf seinen Gegenspieler Bolingbroke lenkt. Im weiteren Verlauf des Dramas stellt sich freilich die Frage, ob Bolingbroke wirklich durch selbstloses Interesse an Gerechtigkeit oder eigenen Ehrgeiz getrieben ist. Nach seiner Absetzung reift Richard deutlich in seinem Leiden und reflektiert über seine Identität als König und Mensch. Nicht zuletzt auch bedingt durch seine Gattin Queen Isabell wird in den Akten vier und fünf viel Sympathie auf Richard gelenkt. In der Quarto-Fassung des Dramas wird *Richard II* als „tragedy" deklariert, und es gibt tatsächlich einige Berechtigung, *Richard II* als Tragödie zu sehen. Richard gewinnt durchaus Größe und Einsicht in seiner Machtlosigkeit.

Henry IV

Die beiden Teile von *Henry IV* führen die Gattung der Historie am stärksten an die Komödie heran, und dies vor allem wegen des Charakters Falstaff. Im Mittelpunkt von *Henry IV* steht nicht so sehr der Titel gebende König, sondern sein Sohn, Prince Hal, der spätere Henry V. Er bewegt sich zwischen der Welt des Hofes und der Welt der Tavernen mit Falstaff und seinen Kumpanen hin und her und lernt dadurch sein späteres Reich in allen sozialen Schichten kennen. Beiden zeigt er freilich nur eine Inszenierung von sich. In seinem *soliloquy* „I know you all [...]" (1.2.190–212) enthüllt er dem Publikum sein Spiel: er verhält sich wie die Sonne, die erst hinter den Wolken bleibt, um sich dann umso strahlender zu zeigen, wenn es an der Zeit ist. Sein Vater Henry IV ist gegenüber seinem tatkräftigen und zielgerichteten Handeln in *Richard II* ein erstaunlich passiver und melancholischer Herrscher geworden, der sich permanent mit Aufständen, etwa der Schotten und Waliser, konfrontiert sieht. Die Zentralfigur der Aufständischen ist der cholerische Henry Percy, genannt Hotspur. Der König wünscht sich ihn anstelle seines anscheinend einem Lotterleben verfallenen Hal zum Sohn, doch Hotspur erweist sich vor allem als von Ehrgeiz getrieben und ohne politisches Verantwortungsgefühl. Hotspur ist die eine Folie für Hal, Falstaff die andere. Letzterer ist der personifizierte Lebensgenuss, der nichts von Ehre auf dem Schlachtfeld hält („What is honour [...]" 5.1.127–141), sondern vor allem an seinem eigenen Wohlergehen interessiert ist. Zugleich ist er witzig, schlagfertig und durchschaut das Ränkespiel der Mächtigen. In einer meisterhaft konstruierten Szene eines Spiels im Spiel (2.4.) proben Hal und Falstaff die Rückkehr Hals an den Hof zu seinem Vater und wechseln dabei jeweils die Rollen. Wenn Hal in der Rolle des Königs Falstaff gegenüber äußert, er werde ihn verbannen, signalisiert sein „I do, I will" (2.4.475) in der Rolle des Vaters auch sein zukünftiges Handeln als König. In Hals Konzept einer Monarchie wird es für ein anarchisches Element wie Falstaff keinen Platz mehr geben.

Der zweite Teil von *Henry IV* führt die Distanz zwischen Vater und Sohn fort, eine weitere Rebellion droht im Norden. Falstaff, für den das Publikum im ersten Teil große Sympathien entwickeln konnte, verändert sich immer mehr zu einem rücksichtslosen Egoisten, dem der Tod der von ihm angeworbenen Soldaten gleichgültig ist und der vor allem hofft, über Hal Macht in England zu gewinnen. Als Hal nach dem Tod seines Vaters zum König gekrönt wird, weist er Falstaff jedoch zurück („I know thee not old man" 5.5.47) und erfüllt damit das, was er im Spiel im Spiel des ersten Teils (2.4) angekündigt hatte. Er verabschiedet sich damit auch von einem Teil seines unbeschwerten Lebens.

Henry V

Hal als König Henry V ist die Zentralfigur, um die das Drama *Henry V* aufgebaut ist. Strukturelle Neuigkeit ist in diesem Stück das Auftreten eines Chorus, der jeden Akt einführt und dabei deutlich eine patriotische Sichtweise vertritt („now all the youth of England are on fire" 2 Chorus 2–4), welche dann aber durch die unmittelbar folgenden Szenen in Frage gestellt wird (im zitierten Fall: die Charaktere des Tavernenmilieus ziehen keinesfalls begeistert in den Krieg). Henry hat innere Unruhen zu überwinden und das Land aus Iren, Schotten, Walisern und Engländern letztlich im Kampf gegen die Franzosen zu einen. Vor der entscheidenden Schlacht bei Agincourt, als das englische Heer dem französischen zahlenmäßig weit unterlegen und durch Regen und lange Märsche geschwächt ist, hält er eine solch flammende Rede („What's he that wishes so [...]" 4.3.18–67), dass sie einen überwältigenden Sieg davon tragen. Das Drama endet mit der Werbung Henrys um die französische Prinzessin Catherine und kommt damit zu einem *happy ending* – welches allerdings vom Chorus letztlich wieder etwas relativiert wird, wenn er den frühen Tod Henrys und die katastrophale Regentschaft seines Sohnes ankündigt mit: „Whose state so many had the managing, / That they lost France and made his England bleed; / Which oft our stage has shown" (11–13).

Die Zentralfigur Henry V wird vom Chorus „a mirror of all Christian kings" (2 Chorus 6) genannt, und dies war – vor allem im *Tudor myth* (siehe oben) – lange Zeit die gängige Interpretation: Henry V setzt durch seine persönlichen Tugenden, von denen er einen ganzen Katalog für sich beanspruchen kann, das göttliche Strafgericht aus, das Henry Bolingbroke durch die Absetzung Richards II über England gebracht hat. Bei ausgewogener Betrachtung des Dramas stellen sich freilich Fragen etwa nach den rücksichtlosen und keinesfalls christlichen Drohungen, die Henry vor Harfleur ausstößt, wenn er androht, Frauen zu vergewaltigen und Kinder und Alte zu ermorden, sollte sich die Stadt nicht ergeben. Auch stellen seine Soldaten vor der Schlacht (4.1) ihrem König, der sich in Verkleidung unter sie begeben hat, Fragen nach dem Sinn des Krieges, die er nicht zu beantworten vermag. Falstaff tritt in diesem Drama noch einmal indirekt auf, wenn die Hostess in komischer und zugleich anrührender Weise seinen Tod schildert („The king has killed his heart"; 2.1.88), was das Idealbild eines Königs durchaus ebenfalls in Frage stellt. Dass Henry Bardolph, seinen alten Kumpanen aus Tavernenzeiten, für den Diebstahl, den er begangen hat, tatsächlich hinrichten lässt, demonstriert ebenso wie die Zurückweisung Falstaffs sein konsequentes Handeln in seiner neuen Identität als König einer Nation, in der Anarchie keinen Platz mehr hat.

Henry VIII

Henry VIII oder (so der Untertitel) *All is True* unterscheidet sich stark von den anderen Historiendramen. Shakespeare dürfte dieses nicht allein, sondern in Zusammenarbeit mit John Fletcher verfasst haben (der auf der Titelseite der Quarto von 1634 von *The Two Noble Kinsmen* als Co-Autor, und erneut als Co-Autor des verlorenen Dramas *Cardenio* im *Stationer's Register* von 1653 genannt ist). Mit seiner episodischen Struktur ähnelt dieses Stück eher den Romanzen und den *court masques* der Zeit, von denen Shakespeare, soweit wir wissen, keine geschrieben hat. Dieses Drama hat keine Schlachtszenen und keinen komischen *sub plot*, sondern stellt das Intrigenspiel am Hof dar. Es zeigt Leid und Tod der Katharina von Aragon, verfolgt den Aufstieg und Fall bedeutender Männer wie Buckingham und Wolseley, die Krönung Annes und endet mit der Taufe Elizabeths, bei der Cranmer ein goldenes Zeitalter unter ihrer Regentschaft prophezeiht (5.5.20–47).

Verbindung zu Tragödien und Komödien

Mit den Tragödien verbindet die Historien die Spannung zwischen privater und öffentlicher Rolle, Fragen der Macht und eine eher beiläufige Dimension von Liebesbeziehungen. Dramen wie *Richard II* oder auch *Richard III* könnten wegen der starken Rolle der Titelfigur auch in Richtung der Tragödie klassifiziert werden, wie es ihre Quarto-Ausgaben – und im Fall des Letzteren auch die Folio – ausweisen. Komische Elemente sind in den Historien ebenfalls zu finden, so z. B. das Werben um (s)eine Frau (*Henry V*), der König, der sich in Verkleidung *incognito* unter seine Soldaten begibt, oder die Streitigkeiten unter den Soldaten (*Henry V*). Die stärksten Affinitäten mit der Komödie zeigen die beiden Teile von *Henry IV* in der Figur des Falstaff (der in der Komödie *The Merry Wives of Windsor* ebenfalls auftritt). Zudem kontrastieren diese Dramen die Welt des Hofes mit der der Tavernen und entsprechen damit der Struktur der Shakespeare'schen Komödie.

6. Gesamtschau

Wie zu Beginn dieses Kapitels angekündigt, soll im Folgenden der Versuch gemacht werden aufzuzeigen, wie man sich wissenschaftlich dem Gesamtwerk Shakespeares – abseits der einzelnen theoretischen Ansätze, die in Kap. VII skizziert werden – nähern *kann*. Es soll hier darum gehen, Leitlinien durch Shakespeares Werk zu verfolgen, d. h., seine bevorzugten Motive und Themen zu verfolgen, die er immer wieder aufgreift und auch in den Gattungstraditionen variiert und adaptiert.

Komödien

Wie auch oben dargelegt, lässt sich Shakespeares Entwicklung als Komödiendichter auf keine Formel bringen. Die Gattung der Komödie geht zurück auf die Verwechslungs-Komödien der römischen Dichter Plautus und Terenz, und zudem die englische Volkstradition mit ihren *festivals* mit Gesang, Tanz, Verkleidung und den Jahreszeiten entsprechenden Fruchtbarkeitsriten, sowie der vorübergehenden Einsetzung eines *lord of misrule*. Verschmelzungen dieser Art gab es bereits in Dramen wie *Ralph Roister Doister* (1552) und *Gammer Gurton's Needle* (1553), und in den 1580er und 1590er Jahren in den Dramen von John Lyly, Robert Greene and George Peele.

Typisch für Shakespeare ist generell ein *multiple ploting*, auch mit einer Rahmenhandlung wie in *Taming of the Shrew*, *inductions*, sowie Haupt- und Nebenhandlungen. Diener und Clowns können vor allem an der Befriedigung ihrer körperlicher Bedürfnisse interessiert, aber auch – in den Narrenfiguren – gewitzt und tiefgründig sein; charakteristisch für beide Typen sind Wortspiele (vgl. auch Kap. III). Shakespeare beginnt sein Komödienschaffen mit farcenhaften Stücken, die charakterisiert sind durch unwahrscheinliche Zufälle und Episodenhaftigkeit. *In The Two Gentlemen of Verona* zeigt er sich noch unter dem Einfluss der höfischen Komödie Lylys stehend, mit der er sich noch etwas zaghaft auseinandersetzt. In dieser frühen Komödie werden die verschiedenen Orte der Handlung noch nicht als dramatische Räume semantisiert und einander kontrastierend gegenüber gestellt. Monologe und Dialoge folgen eher formal aufeinander, und Shakespeare scheint das Gespräch zwischen mehreren Figuren noch nicht zu beherrschen. Seine Blankverse (5-hebiger Jambus ohne Reim) sind noch von den Regeln der Rhetorik geprägt, und nur die Prosa der Diener Launce und Speed wirkt der Alltagssprache entnommen. Nach dem Vorbild Lylys werden Normen der höfischen Erziehung, wie das Thema *Männerfreundschaft gegen Frauenliebe* erörtert und normengerecht entfaltet. Lediglich in Launce und dessen hingebungsvoller Liebe zu seinem Hund Crab, der bevorzugt in aristokratischen Kreisen sein Bein hebt, wird – nach plautinischem Muster – im *subplot* eine ganz unhöfische Norm in das Stück eingeführt. Bereits in dieser frühen Komödie zeigen sich, wenn auch nur angedeutet, die Motive, die Shakespeare in der Folgezeit immer wieder entfalten und variieren sollte: das *cross-dressing* (Frauen verkleiden sich als Männer); Frauen, die in Liebesdingen die Initiative ergreifen; die kontrastierenden Clownsfiguren, und die *green world*, in der Lösungen möglich werden. Zudem liegt bereits in diesem frühen Stück ein dunkler Schatten über der komischen Handlung. In *The Taming of the Shrew* wendet sich Shakespeare der Farce zu und zeichnet einen deftigen Mann-Frau-Streit mit psychologischen Ansätzen, die vor allem deutlich werden, wenn man Kate mit der wortgewandten Beatrice in *Much Ado about Nothing* vergleicht. Mit *Love's Labour's Lost* kehrt er wieder zur höfischen Komödie zurück (die bürgerliche Komödie der *Merry Wives of Windsor* verfolgt er nicht weiter), allerdings zeigt er hier gegenüber *The Two Gentlemen of Verona*, dass er die höfische Form der Komödie kritisch behandelt. Die Lebensfremdheit der intellektuellen Männergruppe wird ebenso lächerlich gemacht wie die Auswüchse eitler humanistischer Gelehrsamkeit, und die drei jungen Männer werden nicht nur von den überlegenen Frauen verspottet und auf Distanz gehalten, sondern auch vom Dorfschulmeister wegen der Verletzung höfischen Verhaltens zurechtgewiesen. Shakespeare variiert hier innovativ die Konvention des harmonischen Komödienschlusses, indem er durch die Todesmeldung des Königs von Frankreich das Geschehen abrupt zu Ende führt, das Drama nicht mit einer Hochzeit enden lässt und nur die Hoffnung auf später einsetzende Harmonie belässt. Die männlichen Figuren, die noch am Anfang ihrer Einsicht und Reifung stehen, haben hier erst einen Reifeprozess durchzumachen, und es beginnt sich abzuzeichnen, welchen Entwicklungen Shakespeare seine späteren Figuren unterziehen wird. Die beiden Schlusslieder, in denen der Rhythmus der Jahreszeiten beschworen wird, weisen kritisch zurück auf die absurde, lebensfeindliche Männerakademie und nehmen das Jahr der Prüfung für die Männer vorweg. Aber nicht nur diese Logik in der Figurenentwicklung macht diese Komödie so bemerkenswert, sondern auch das Experimentieren mit dem Spiel im Spiel, welches Shakespeare später in *A Midsummer Night's Dream* und *Hamlet* wieder aufgreifen wird. In *Love's Labour's Lost* ist es die missglückte Präsentation der *Nine Worthies*, in der eine metatheatralische Ebene angedeutet wird, die für Shakespeares Werk so charakteristisch werden sollte.

In *A Midsummer Night's Dream* findet Shakespeare das Grundmodell seiner Komödien. Hier verwendet er erstmals zwei dramatische Räume, d.h. die Welt des Hofes und die Welt des Waldes, welche kontrastiv gegeneinander gesetzt werden und zwischen denen sich die Figuren hin- und her bewegen. Sie erfahren sich dabei in jeweils neuer Weise, und diese Erfahrung trägt entscheidend zum Schluss bei. Das Athen des Theseus repräsentiert die Welt des Tages, eine Welt von Recht und Gesetz, die den jungen Liebenden die freie Partnerwahl verweigert und diese aus ihr fliehen lässt. Sie fliehen in die *green world*, einen Ort der Natur, der Nacht, der Phantasiegebilde, der Träume und Albträume, in dem Gefühle verwirrt werden und sich Aggressionen Bahn brechen. In dieser Welt lässt Shakespeare drei so unterschiedliche Figurengruppen wie Aristokraten (der Hof von Athen), Handwerker und Phantasiegestalten (die Feenwelt) nicht nebeneinander sondern größtenteils miteinander agieren und führt sie im fünften Akt zu einer harmonischen Gesellschaft zusammen. Vor allem das Theater selbst wird hier zum Thema gemacht, wenn Verwandlungen auf der Bühne geschehen, er die Besetzung von Rollen und das Proben von Szenen diskutieren lässt und letztlich mit dem Spiel im Spiel eine gesamte Aufführung auf die Bühne stellt. *Pyramus und Thisbe* spiegelt die mögliche Tragik, die die jungen Athener Liebenden auch hätten erfahren können. Die binäre Raumopposition, die Shakespeare in *A Midsummer Night's Dream* auf die Bühne bringt und in den folgenden Dramen immer wieder variieren wird, ist die dramatische Welt des Karnevalesken, in der der Mensch aus dem Alltag, dem Arbeitsleben und den gesellschaftlichen Zwängen heraustreten kann und sich in einer Welt der Freiheit und der Anarchie, der Herrschaft des Körpers und der Sinne, sowie der Festlichkeit neu erfahren kann. Auch die erste nach *A Midsummer Night's Dream* entstandene Komödie, *The Merchant of Venice*, zeigt die binäre Raumopposition der Handelswelt Venedigs und Portias Belmont. Hier greift Shakespeare noch einmal das Thema *Männerfreundschaft gegen Frauenliebe*, das er in *Two Gentlemen* noch wenig überzeugend gestalten konnte, auf und löst es in der Ringepisode spielerisch durch die als Mann verkleidete Portia. Letztlich können sich die Paare in der Harmonie Belmonts versammeln, doch bleibt unklar, welche Zukunft Antonio haben wird. Dem Juden Shylock bleibt ein glückliches Ende ohnehin verwehrt.

Eine weitere Variation erfährt dieses Muster der binären Opposition in *Much Ado about Nothing*. Auf der Bühne herrscht zu Beginn des Dramas die festliche Atmosphäre nach einer gewonnenen Schlacht und der angeblichen Versöhnung der ehemaligen Feinde. Die andere, nicht-karnevaleske Welt freilich liegt vor dem Dramenbeginn und wird in der bösartigen Intrige Don Johns in die karnevaleske Welt hineingespiegelt. In dieser Welt der Festlichkeit und Gastfreundschaft vermag seine Intrige jedoch nur vorübergehend das Zusammenfinden des von gesellschaftlichen Konventionen geprägten Paares Hero und Claudio zu stören. Sie ist aber Voraussetzung für Benedicks und Beatrices Heraustreten aus ihrer jeweils liebesfeindlichen Haltung, die eine mit Witz, Spott und Ironie verteidigte Erstarrung ist, hinter der sich Angst vor Enttäuschung und Selbstverlust verbirgt. Mit dieser Entkrampfung als Voraussetzung für ein Zueinanderfinden greift Shakespeare ein Motiv wieder auf, das er in *The Taming of the Shrew* noch reichlich grob und farcenhaft ausgeführt hatte.

In *As You Like It* gestaltet Shakespeare den karnevalesken Raum erneut als *green world*, die bereits am Ende von *Two Gentlemen* als Fluchtort der *outlaws* und in *A Midsummer Night's Dream* in der nächtlich-dämonischen Variante eingesetzt wird. Im Gegensatz zum höfischen Raum, der durch Usurpation, Gewalt und Unterdrückung markiert ist, wird der *Forest of Arden* als Ort der Möglichkeiten und Chancen gestaltet, der von einzelnen Bewohnern in ganz unterschiedlicher Weise wahrgenommen wird. Er ist der Ort, wo ein Gegenentwurf zur hierarchischen, gewalttätigen Hofgesellschaft gelebt werden kann und der Ort der freien Kommunikation, in dem verschiedene Perspektiven und Wahrnehmungen gegeneinander gesetzt werden können. Er ist auch für Orlando der Ort der spielerischen Erziehung zur Liebe. Für den Schäfer Corin bleibt er die harte Arbeitswelt mit den von der Natur auferlegten Bedingungen. Vor allem im *cross-dressing* Rosalinds wird bereits Violas Hosenrolle in *Twelfth Night* vorweg genommen, insofern als in der karnevalesken Situation des *Forest of Arden* die Grenzen zwischen den Geschlechtern spielerisch aufgehoben werden: Phoebe, die Schäferin, verliebt sich in Ganymed, der die verkleidete Rosalind ist, die wiederum im Theater der Zeit (vgl. Kap. II) von einem Knaben gespielt wird. Dieser spielt also eine als Mann verkleidete Frau, die Orlando als Ganymed die Frau Rosalind bzw. weibliches Verhalten vorspielt, und dadurch Orlando, den unbeholfenen Liebhaber, aus seiner Verkrampfung lösen kann. Mit *Twelfth Night* wird die Phase der binären Raumoppositionen in der Gattung der Komödie abgeschlossen, die schon im Titel auf den Höhepunkt und gleichzeitig das Ende des Karnevals am 6. Januar verweist. Auch in den kurz zuvor entstandenen Historien *1, 2 Henry IV* und *Henry V* wird mit der Zurückweisung Falstaffs und dessen Tod das Karnevaleske aus der Gesellschaft verbannt. In *Twelfth Night* braucht dieses, wie das Wirtshaus-Milieu in den angesprochenen Historien, keinen eigenen Raum mehr, sondern es liegt in der Kumpanei von Sir Andrew Aguecheek, Sir Toby Belch und des Narren Feste inmitten von Olivias Haushalt. Durch Violas Verkleidung als Cesario wird die karnevaleske Verwirrung aus der Beziehung der Protagonisten selbst entfaltet. Mit Malvolio hat der puritanisch geprägte, ehrgeizige Gegner des Karnevals in Olivias aristokratischem Haushalt bereits seine leitende Position und strebt nach noch mehr Macht. Wie Beatrice und Benedic in *Much Ado* sind hier Orsino und Olivia beide erstarrt: Orsino in seiner petrarkistischen Schmerzliebe zu Olivia, deren Aussichtslosigkeit er geradezu narzisstisch genießt, und Olivia in der demonstrativ zur Schau getragenen Trauer um ihren Vater und Bruder. Beide erleben eine Verunsicherung ihrer sexuellen Orientierung, wenn sich Orsino zu dem jungen Mann Cesario hingezogen fühlt (ein erneutes Zitat der Männerfreundschaft, das Shakespeare seit *Two Gentlemen* verfolgt), und Olivia sich in eine als Mann verkleidete Frau (Viola) verliebt. Die Lösung erfolgt mit Hilfe des Zwillingsmotivs, das Shakespeare in der *Comedy of Errors* – noch ohne Geschlechterkomponente – bereits virtuos mit den Paaren der Herren und der Diener durchgespielt hatte. In *Twelfth Night* dagegen wird das ursprünglich farcenhafte Motiv zum Ausdruck tiefer Sehnsucht nach Aufhebung der Geschlechtergrenzen im androgynen Menschen und damit nach einer neuen Harmonie, wie sie im Schlussbild mit den Zwillingen Viola und Sebastian sichtbar wird. Aber diese Harmonie ist, wie auch in *The Merchant of Venice* und *Much Ado about Nothing*, nicht ungetrübt. Malvolio stürzt am Ende des Dramas mit seinem „I will be revenged on the whole pack of you" (5.1.378) unversöhnt von der Bühne, und die Zeit des karnevalesken Trios, das ihn zuvor noch gequält und erniedrigt hatte, scheint nicht nur wegen des Jahresrhythmus, sondern für immer vorbei zu sein.

In diesen ‚mittleren' Komödien muss also das Liebespaar – anders als in der plautinischen Liebeskomödie seiner Anfänge – nicht äußere, gesellschaftliche Widerstände überwinden, sondern es muss sich vielmehr verändern, um zu Liebe und Bindung fähig zu werden. Zudem eint die *happy comedies* dieser Phase das Personal der überlegenen Frauen in *The Merchant of Venice, Much Ado, As You Like It* und *Twelfth Night*. Portia, Beatrice, Rosalind und Viola spielen alle mit der Maske, die sie – bis auf Beatrice – in ihrer Verkleidung als Männer anlegen, aber diese Maske wird ihnen auch zur Last, wenn sich Liebesbeziehungen entwickeln.

Problem plays

Einige Dramen Shakespeares verweigern sich (einigermaßen) klaren Gattungszuordnungen, weshalb Kritiker über die Jahre Untergruppen wie *problem plays* oder *romances* bzw. *late plays* oder *tragicomedies* etabliert haben. Der Begriff des *problem play* wurde 1896 von F.S. Boas eingeführt, und er zählte hierzu *Measure for Measure, All's Well that Ends Well, Hamlet*, und *Troilus and Cressida*. Boas übertrug den Begriff „problem play" von Ibsen und Shaw, deren Dramen drängende soziale Fragen, wie Krieg, Armut oder Prostitution zum Inhalt hatten. Ernest Schanzer (1963) wandte den Begriff dagegen an auf *Measure for Measure, Julius Caesar* und *Antony and Cleopatra*. Welche Stücke auch immer unter dieser Bezeichnung geführt wurden – sie eint das Thema moralischer Ambiguität, welche die Sympathielenkung auf die Charaktere ausgesprochen schwierig macht. *Problem plays* sind durch eine starke Betonung von Sexualität sowie klare Abgrenzungen sozialer Klassen geprägt und lassen sich am ehesten als Experimente verstehen. Üblicherweise gelten heute *Troilus and Cressida* (in der First Folio unter die Tragödien eingereiht), *Measure for Measure* und *Alls Well that Ends Well* (in der First Folio zu den Komödien gezählt) als *problem plays*.

Hatte Shakespeare in seiner ‚mittleren' Schaffensphase Motive, die er in seinen frühen Stücken noch ‚fremdbestimmt' behandelt hatte, in seiner eigenen dramatischen Formsprache wieder aufgegriffen und entfaltet, sollte er in den *problem plays* diese Themen einer radikalen Revision und vertiefenden Neuinterpretation unterziehen. Deren Thema ist nicht mehr die Erlangung eines neuen Selbstverständnisses und einer Reifung zur Partnerschaft in einem karnevalesken Raum wie in *Much Ado* oder *Twelfth Night*. In *Measure for Measure* und *All's Well* geraten Frauen (Isabella; Helena) in ein moralisches Dilemma, und Männer (Angelo, der Herzog; Bertram) erweisen sich in ihrem Verhalten als moralisch höchst problematisch. Angelo und Bertram verweigern beide ihre Entwicklung zur Einsicht und zur Öffnung anderen Menschen gegenüber und sind in ihrer Erstarrung bereit, bis zum Verbrechen zu gehen. Hier ermöglicht kein karnevalesker Raum mehr eine Lösung, stattdessen existiert als Alternative zur Welt des Gesetzes nur die schäbige Welt der Bordelle in *Measure for Measure* oder die Welt des Krieges, in die Bertram in *All's Well that Ends Well* flieht. Auch die Frauenfiguren können die Männer in diesen Dramen nicht mehr durch ihre heitere Überlegenheit aus ihrer Erstarrung lösen: sie wollen sich strenger Askese unterwerfen wie Isabella, die ins Kloster gehen möchte, oder Mariana, die in lähmender Trauer aus verschmähter Liebe verharrt. Lediglich Helena in *All's Well* ergreift tatkräftig die Initiative, aber nur um den Preis, dass Bertram die Flucht ergreift. In diesen Dramen kann eine Lösung nicht mehr aus den Figuren selbst erfolgen, weshalb in diesen auch kein karnevalesker Raum mehr eingeführt wird, in dem die Figuren sich wandeln können. Stattdessen wird in beiden Stücken der *bed trick* eingesetzt, mit dem einem Mann im Bett eine Frau untergeschoben wird, die er nicht haben will, und erst mit diesem Manöver kann das Spiel einem mühsamen und fragwürdigen Schluss zugeführt werden. Die Beziehungen am Ende lösen sich nicht in ein großes Eheglück auf, sondern bleiben offen (der Heiratsantrag des Duke an Isabella bleibt in *Measure für Measure* unbeantwortet) oder münden in Pflichtehen (Angelo wird in *Alls Well* zur Hochzeit mit Mariana verpflichtet).

Historien

In den Historiendramen wird der Fokus der Darstellung auf einzelne Figuren (*Richard II, Richard III, Henry V*) wie auch auf größere soziale Konstrukte (*Henry IV, Henry VI*) gelegt. Die Zeit ist mit dem Rückblick auf den vorhergehenden König und dem Ausblick auf den Thronfolger stets analeptisch wie auch proleptisch angelegt. In der frühen Tetralogie *1,2,3 Henry VI* zeigt Shakespeare noch wenig Kontrolle über eine ausufernde Handlung ohne klare Foci. Die Figuren sind in ‚gut' und ‚böse' aufgeteilt, und symbolische Szenen wie die Tötung des positiv besetzten Talbot durch die als Hexe dargestellte Pucelle lenken die Sympathie des Publikums. In den Teilen zwei und drei, die nach Auffassung der Editoren der Oxford Edition, Stanley Wells und Gary Taylor, vor dem ersten Teil entstanden sind, werden Schlachten auf Schlachten und Grausamkeiten auf Grausamkeiten gehäuft, sprachlich immer begleitet von etwas hölzerner Schulrhetorik. Lediglich Richard, Duke of Gloucester, der spätere Richard III, erhält seine eigene von Ironie getränkte Sprache. Wie in *The Two Gentlemen* of Verona ist es die Prosa des Rebellen Jack Cade im zweiten Teil von *Henry VI*, die in Kontrast zu den Blankversen der Aristokraten steht. Besonders der erste Teil von *Henry IV* lässt erkennen, wie schnell Shakespeare das dramatische Handwerk erlernte. Er beherrscht zunehmend, Spiegelszenen zu schreiben, die das chaotische Geschehen erläutern und interpretieren. In der York-Tetralogie sind diese noch zum Teil steif und nicht zusammenhängend eingefügt, in der Lancaster-Tetralogie werden sie bis zur Meisterschaft von 2.4 in *1Henry IV* entwickelt. Spätestens seit *Richard II* und *The Comedy of Errors*, in der Shakespeare die plautinische Verwechslungskomödie virtuos gesteigert hat, beherrscht er die Kunst, komplex gebaute Handlungen zu schreiben. In dieser Historie mit tragischem Potential wird der Aufstieg Bolingbrokes und der Fall des Königs dargestellt, was auch sprachlich repräsentiert wird, wenn der lyrischen Sprache Richards die sachliche Sprache Bolingbrokes gegenübergestellt wird.

Blickt man auf die Historien der Lancaster-Tetralogie, die in der gleichen Phase wie die *happy comedies* entstehen, ergibt sich ein ähnliches Bild wie bei den Komödien. Gegenüber der früheren York-Tetralogie wird zunächst das dramatische Personal reduziert, was das Geschehen überschaubar werden lässt. Die Figuren treten zunehmend in komplexere Beziehungen zueinander, so dass dichte Geflechte von unterschiedlichen Positionen entstehen, an denen fundamentale politische und gesellschaftliche Themen erörtert werden können. Anstelle des von der Vorsehung verhängten Strafgerichts über England, wie es der York-Zyklus in seinen Schlachten und Grausamkeiten vorführte, treten nun Probleme der Macht und ihrer Legitimation, die Eignung und Unfähigkeit des Herrschers und die politische Formierung der Gesellschaft in den Vordergrund. Gleichzeitig öffnet Shakespeare die Gattungsgrenze der Historie zur Komödie (*Henry IV*) und Tragödie (*Richard II*), so dass diese Dramen ganz unterschiedlich gelesen werden können. Den Anfang macht *Richard II*, ein Stück, das durch die zwei gegenläufigen Handlungskurven der beiden Protagonisten besonders klar strukturiert und aufeinander bezogen ist. König Richard verkörpert Legitimität, Gottesgnadentum aber auch Willkür und politische Unfähigkeit. Bolingbroke repräsentiert Usurpation, faktischen Machtbesitz und die Fähigkeit zur politischen Führung. Mit dem Sturz Richards öffnet er das Stück zur Tragödie des Identitätsverlusts eines Menschen, der sich nur über sein Königtum definieren konnte und erst durch den Machtverlust zu dieser tragischen Erkenntnis gelangt. Dieses Motiv wird Shakespeare in *King Lear* noch einmal aufgreifen.

In den beiden Teilen von *Henry IV* entwirft Shakespeare die Handlung nicht aus der Opposition zweier Protagonisten, sondern aus einem überaus vielfältigen Beziehungsgeflecht zwischen vier Charakteren: dem Usurpator auf dem Thron und zugleich unglücklichen Vater eines scheinbar missratenen Sohns, eben diesem Prinz Hal, Hotspur als Konkurrenten im Kampf um den aristokratischen Führungsanspruch, sowie Falstaff als karnevaleskem *lord of misrule*. Er ist damit Spiegel des Usurpators auf dem Thron, zugleich alternative Vaterfigur für Hal und Anwalt des Lebens in kritischer Opposition zur todesverachtenden Ruhm- und Ehrsucht Hotspurs. Aus diesem Personal entwickelt Shakespeare eine zwischen Hof und Wirtshaus oszillierende Handlung, in der die beiden Milieus sich gegenseitig beleuchten und kommentieren, bis sie zusammengeführt werden. Am eindrucksvollsten gelingt dies in der komplexesten Spiegelszene, die er je schrieb (2.4). In der Zurückweisung Falstaffs, der das Karnevaleske wie keine andere seiner Figuren verkörpert, wird – wie in den Komödien – am Ende des zweiten Teils von *Henry IV* die Austreibung des Karnevals aus der neuen Gesellschaft unter König Henry V vollzogen. In *Henry V*, in dem der Tod Falstaffs nur noch berichtet wird, wird diese formierte Gesellschaft in ihrer inneren Bienenstaat-ähnlichen Funktionalität ebenso vorgeführt wie in ihrer Aggressivität nach außen. Der neue König etabliert ein neues Verhältnis von ‚Kopf' und ‚Körper' des Staates, wenn er bei seiner Krönung verkündet, dass der Lord Chancellor nun sein neuer ‚Vater' sein soll. Shakespeare wählt mit der Figur des Chorus die epische Form für dieses letzte Stück des Zyklus, und vermittelt eine doppelte Perspektive einerseits durch den Chorus, der den Volkskönig propagiert, und andererseits durch das Bühnengeschehen, das diesem nicht selten widerspricht. Wenn die Charaktere des Wirtshaus-Milieus sich der Begeisterung für die Kriege des Königs nicht anschließen können, werden auch die Defizite dieser neuen panoramaartig dargestellten Gesellschaft, nämlich die Ausgrenzung alternativer Lebensentwürfe und der Unangepassten, deutlich. Eine Erzählerfigur wie der Chorus wird wiederkehren in den Romanzen, d.h. in Gower in *Pericles* und der Figur *Time* in *The Winter's Tale*. Zu den Romanzen ist auch *Henry VIII* eher zu zählen als zu den Historien. Diese Zuweisung rechtfertigt zum einen die zeitliche Nähe zu diesen, sowie das

Thema einer leidvollen Vergangenheit, die durch die Geburt einer Tochter in ein goldenes Zeitalter geführt wird.

Tragödien

In der Anfangsphase seines Schaffens hatte Shakespeare nur wenige Tragödien (*Titus Andronicus, Romeo and Juliet*) verfasst. Der ‚mittleren' Phase, die vor allem von Komödien dominiert zu sein scheint, lässt sich einzig *Julius Caesar* zuordnen, wenn wir dieses Stück nicht als *Roman play* sondern als Tragödie einordnen. Shakespeare wendet sich dieser Gattung also relativ spät zu, wobei sich alle Tragödien keiner einheitlichen Formel zuordnen lassen. Shakespeare beginnt auch hier mit einem Experiment, wenn er in *Titus Andronicus* die vorhandenen Tragödientypen der Rache- und Schauertragödie Thomas Kyds (*The Spanish Tragedy*) und Christopher Marlowes (*Tamburlaine the Great*) ausprobiert und heroisches Leid mit rhetorischem Bombast zur Darstellung bringt. Die zum Teil schon absurde Häufung von Grausamkeiten und Serie ritueller Opfer, Verstümmelungen und Intrigen ist so dicht, dass das Stück gelegentlich als Burleske auf die Rachetragödie verstanden wurde. Aber auch hier zeigt sich an einzelnen Zügen bereits die Hand des späteren Shakespeare (*King Lear*), wie etwa in der Szene, in der Titus nach der Ermordung seiner Söhne und der Schändung und Verstümmelung seiner Tochter Lavinia Pfeile mit Schriftrollen zum Himmel schießt, um die Götter um ein Eingreifen zu bitten, oder in der Figur des Erzschurken Aaron, der allerdings, wenn es um sein eigenes Kind geht, plötzlich menschliche Züge zeigt. Wenn Shakespeare in *Hamlet* die Rachetragödie erneut aufgreift, werden nicht mehr, wie eben bei *Titus*, nur die zu rächenden Taten und der Rachevollzug im Vordergrund stehen, sondern die Sinnfrage gestellt werden. Extremes Leid kehrt wieder in *King Lear*, allerdings in einer Tiefe und Aussichtslosigkeit der Tragik, die *Titus Andronicus* bei Weitem nicht kennt.

In *Romeo and Juliet*, das in unmittelbarer zeitlicher Nachbarschaft zu *A Midsummer Night's Dream* entstanden ist, gestaltet Shakespeare die Geschichte von Pyramus und Thisbe aus *A Midsummer Night's Dream*, welche in der Komödie im Handwerkerspiel zum komischen Spiel wird, als Tragödie. Die Handlung beginnt zunächst als Liebeskomödie, wenn sich die jungen Liebenden, wie im *Midsummer Night's Dream*, gegen die Autorität der Elterngeneration durchsetzen müssen. Eine ähnliche Situation wird sich wieder in *Othello* finden, wo Brabantio sich gegen die Eheschließung seiner Tochter Desdemona mit Othello stellt. In den ersten drei Akten von *Romeo and Juliet* treten die beiden Liebenden aus ihren vorgegebenen Rollen und Konventionen heraus, um die absolute Liebe zu erfahren. Es ist die in Feindschaft erstarrte Gesellschaft und Romeos Rückfall in die Loyalität zu seiner Familie, die ihn im dritten Akt Mercutio rächen und Tybalt töten, und damit die Komödie in die Tragödie umschlagen lässt. Shakespeare vollzieht also in *Romeo and Juliet* den Wandel zu sozialen und generationsgebundenen Spannungen, welche in *King Lear* wiederkehren werden. Romeo und Juliet haben freilich keine Machtposition. Mit den Komödien verbindet das Stück (neben dem Beginn), dass Juliet, wie etwa auch Rosalyn in *As You Like It* oder Portia in *The Merchant of Venice*, eine passive Rolle der Frau ablehnt, und die Gesellschaft letztlich reformiert wird. Die Abwandlung des plautinischen Komödienmusters zeigt sich freilich darin, dass erst der Tod der Protagonisten die Erneuerung der Gesellschaft bringt.

In der Serie der Tragödien, die den Helden im Titel haben, zeigt *Julius Caesar* noch sehr stark das politische Interesse Shakespeares, das auch die Historien geprägt hat. Gegenstand ist, wie in *Richard II*, *Henry IV* und *Henry V* der Konflikt zwischen persönlicher Integrität und politischer Notwendigkeit. Allerdings stellt sich hier die Frage nach dem tragischen Helden. In Caesar und Brutus stehen sich zwei tragische Helden gegenüber: Caesars Hochmut und seine Ermordung auf dem Höhepunkt der Macht ist noch weitgehend von der mittelalterlichen *de casibus* Tragödie (vgl. Kap. II) geprägt, Brutus zeigt dagegen bereits Züge des neuzeitlichen tragischen Helden. Er ist von der Richtigkeit seines Handlungsziels überzeugt, aber blind für die brutale Realität des politischen Kampfes. Er überredet sich selbst in II.1 zum politischen Mord, den er als rituelles Opfer beschönigt, um dann in einer Serie von Fehlentscheidungen ohne tragische Einsicht sich selbst und seine Mitverschwörer in die Katastrophe zu stürzen. Caesar wirft als Toter einen großen Schatten über das Stück – er hat mehr Macht als Toter als als Lebender. Wie oben bereits angedeutet, ist auch *Coriolanus* dem Konflikt zwischen Persönlichem und Politischem verpflichtet.

Mit *Hamlet* beginnt Shakespeare die Serie seines *rewriting* von dramatischen Formen und Motiven, die er bereits früher gestaltet hatte. Er greift das Muster der Rachetragödie in der Tradition Senecas und Thomas Kyds auf, behält deren Konventionen weitgehend bei und vervielfältigt noch das Rachemotiv durch die Rächer Laertes und Fortinbras. Der Geist erteilt Hamlet den Auftrag zur Rache, und hier setzt Hamlets Dilemma ein: dieser Rächer ist ein neuzeitlicher Mensch, der in Wittenberg studiert hat, der subjektive Gewissheit erlangen und die Tat vor seinem Gewissen verantworten muss. Rache ist für ihn nicht gesellschaftliche Pflicht, auch nicht das Machtmonopol, das der Staat für sich beansprucht. Hier geht es um den Gewissenskonflikt eines Menschen, der Gewissheit haben will und sich bewusst ist, dass er selbstverantwortlich handeln muss. Einen Helden, der nicht nur am Sinn der Rache zweifelt, sondern auch an der gerechten Weltordnung. Wittenberg als Hamlets Studienort deutet darauf hin, dass hier nicht (wie bei den Tragödien, die im mediterranen Raum spielen) der leidenschaftliche Rächer portraitiert wird.

Shakespeares Verwendung von wiederkehrenden Motiven wird besonders deutlich in *Troilus and Cressida*, in dem – wie in *Romeo and Juliet* – ein jugendliches Liebespaar in einer von Feindschaft und Kampf geprägten Umwelt steht. Anders als in der frühen Tragödie kann das Paar hier allerdings nicht seine Liebe bis zum Tod bewahren, sondern das Verhältnis ist von Anfang an von Misstrauen, Angst und falschen Erwartungen geprägt. Die beiden Liebenden und ihre Beziehung erscheinen deshalb so vielschichtig, unsicher und problematisch, weil beide bereits von Anfang an von ihrer Gesellschaft und vom Krieg geprägt sind, dessen korrumpierender Wirkung sie sich nicht entziehen können. Shakespeare verweigert ihnen die Bewahrung der Liebe und Treue bis in den Tod und damit ein tragisches Ende, und lässt stattdessen das Stück in einer Beschimpfung des Publikums enden, so dass es bis heute umstritten ist, ob es sich um eine Tragödie, eine Satire, oder um eine zynische Komödie handelt.

In den Liebestragödien *Othello* und *Antony and Cleopatra* wird die Prägung einer Liebesbeziehung durch gesellschaftliche und politische Zwänge und Normen noch stärker entwickelt als in *Romeo* und *Troilus.* Auch Othello beginnt im ersten Akt wie eine plautinische Liebeskomödie: ein ungleiches Paar lernt sich lieben, lässt sich heimlich trauen und gewinnt die Anerkennung der Gesellschaft im Spruch des Dogen. Es ist die Diskrepanz zwischen Othellos Idealbild einer Frau und dem unbefangenen Verhalten Desdemonas, das der gesellschaftliche Außenseiter Othello nicht zu deuten weiß und Jago den Ansatz für sein Werk der Zerstörung bietet. Othello verfügt über alle Tugenden und ist zu Beginn des Dramas eine gefestigte stolze Persönlichkeit. Doch im Umgang mit Gefühlen ist er unbeholfen, was Jago ausnutzt. In *Antony and Cleopatra* sind es die politischen Verantwortlichkeiten, der Machtkampf und ihr eigener Wille der Selbstbehauptung, die dem (älteren) Liebespaar die Erfüllung ihrer Liebe verweigern.

Wie *Troilus and Cressida* ist auch *Timon of Athens* ein besonders interessantes Beispiel für das Wiederaufgreifen eines früher gestalteten Themas, nämlich den Umgang mit Geld, den Shakespeare bereits in *The Merchant of Venice* verhandelt hatte. Im *Merchant* wird der großzügige Umgang mit Geld in Kontrast zur Hortung und zum Wucher Shylocks gesetzt, und das freigebig fließende Geld wird zum Symbol der Freundschaft und der Harmonie zwischen Antonio und Bassanio. In *Timon* dagegen muss der Titelheld erfahren, dass er mit dem Einsatz seines Vermögens nicht eine harmonische Gesellschaft dauerhaft einrichten kann, sondern Freundschaftsbezeugungen nur kurzfristig erkaufen konnte. Die Menschen erweisen sich in ihrem Egoismus und ihrer mangelnden Solidarität den anderen gegenüber nicht als veränderbar. In mancher Hinsicht mutet *Timon* auch wie eine Vorstudie zu *King Lear* an, der ebenfalls erkennen muss, dass sein bisheriges Weltbild, in dem natürliche Bindungen zwischen Vater und Töchtern, Autorität und Loyalität hohe Werte sind, eine Illusion war, und er die Liebe seiner Töchter nicht durch die Schenkung von Macht und Reichtum erkaufen kann. Es herrschen Chaos, Gewalt, Hass und Egoismus. In *King Lear* zeigt sich besonders Shakespeares Interesse am Zerbrechen von Persönlichkeiten, die aus der Sicherheit ihrer bisherigen Existenz heraus geschleudert werden. Der König meint zu Beginn, Macht gegen Liebe eintauschen zu können und muss erkennen, dass dies nicht möglich ist. Sobald er machtlos ist, wird er zum Ausgestoßenen, muss fliehen, begreift diese Welt nicht mehr und wird wahnsinnig. So kann dieses Drama auch als ein vertiefendes und durch den *double plot* der Gloucester-Handlung ins Allgemeine ausgeweitete Wiederaufgreifen des Motivs des Identitätsverlusts verstanden werden, auf das Shakespeare in *The Comedy of Errors* bereits angespielt, und das er in *Richard II* tragisch ausgeführt hatte. Während in der Historie *Richard II* Richards Identität nur an sein Königtum gebunden ist, ist Lears Identitätsverlust nach seiner freiwilligen Abdankung als König wesentlich tiefer begründet, wenn er fragt: „who is it that can tell me who I am?" (1.4.230) In der Begegnung mit dem als Poor Tom verkleideten Edgar stellt er die Frage nach dem Wesen des Menschen an sich: „is man no more than this?" (3.4.103) und nach dessen Möglichkeit rationaler Erkenntnis: „Thou art the thing itself: unaccomodated man is no more but such a poor, bare, fork'd animal as thou art." (3.4.105–107). Lears bisheriges Weltbild hat ab dem dritten Akt keine Geltung mehr. Er muss erkennen, dass der Mensch nichts als ein nacktes Wesen ist, das schutzlos der Natur ausgeliefert ist. Mit welcher Souveränität und Freiheit der Gattungstraditionen Shakespeare hier umgeht, zeigt nicht nur die Einführung des Narren in die Tragödie, sondern vor allem der Tod der unschuldigen Cordelia, der jede poetische Gerechtigkeit und damit zugleich jede die Gerechtigkeit durchsetzende Macht in dieser Welt leugnet. Das Motiv des Wahnsinns verbindet *King Lear* mit *Hamlet* (Hamlet spielt aber bewusst den Wahnsinnigen; Ophelia verliert über seine Zurückweisung den Verstand) und auch *Macbeth* (Lady Macbeth wird zur Schlafwandlerin). Das Motiv der verstoßenen Tochter, die dem Vater dennoch selbstlose Liebe entgegenbringt und ihn aus dem Wahnsinn für kurze Momente ins Leben zurückholt, sowie Gloucesters Rettung durch seinen Sohn Edgar in der *Dover cliff scene*, ist bereits eine Vorwegnahme des Generationenkonflikts in den Romanzen, in dem die Tochter dem Vater zu einer ‚zweiten Geburt' verhilft.

Macbeth mutet in der Reihe der tragischen Helden wie eine reziproke Version des *King Lear* an. Während Lear auf seine Macht verzichtet, um sein Alter zu genießen, mordet sich Macbeth mit Erfolg zum Königsthron, aber nur, um – wie Lear – am Ende keinen Sinn in seinem Leben mehr zu finden und den Sinn der menschlichen Existenz überhaupt in Frage zu stellen („out out brief candle"; „life is but a walking shadow"). Anfangs ist Macbeth ein loyaler tapferer Kämpfer mit hoher Sensibilität und der Vorstellungskraft, das zu sehen, was sein wird. Er zögert – im Gegensatz zu seiner Frau – Duncan zu töten, weil er weiß, dass dies feiger Mord und eine moralische Verletzung der Weltordnung ist. Doch wird er von seiner Frau getrieben, die eine moralische Orientierung nicht kennt, und die Macht, die er letztlich erreicht, ist blutige Tyrannei, die seine Persönlichkeit zerstört. In *Macbeth* greift Shakespeare auch die blutige Karriere von Richard III wieder auf, der sich verschlagen und intrigierend seinen Weg zum Thron bahnt. In *Richard III* gestaltet Shakespeare einen in der Tradition der mittelalterlichen *Vice*-Figur stehenden bekennenden Bösewicht, der seine blutige Karriere derart lustvoll betreibt, dass sie vom Publikum mit der Faszination verfolgt wird, die brillante Bösartigkeit und Meisterschaft im Verbrechen bis heute auslösen können. In *Macbeth* dagegen verfolgen wir den Titelhelden weniger mit Faszination als mit Schaudern und Mitleid mit einem Menschen, der eher ein Getriebener ist als ein lustvoller Täter, und der, als er die Macht erlangt hat, erkennen muss, dass er dafür den Sinn seines Lebens geopfert hat.

Romanzen / Späte Stücke

Die letzte Phase von Shakespeares radikalem *rewriting* früherer Leitideen und nicht minder radikalem Experimentieren mit der Tragödie und der Komödie erfolgt in *Cymbeline, Pericles, The Winter's Tale* und *The Tempest.* In diesen wird die Struktur der zwei Räume aus den Komödien ausgeweitet (nur *The Tempest* hält sich an eine Einheit des Ortes) zu Irrfahrten über weite geographische Räume hinweg (vor allem im mediterranen Raum) in eine Welt, in der Unglücke serienweise passieren, die allerdings bewusst märchenhaft gestaltetet ist. Ähnlich wie in den Tragödien geht es auch hier um das Ausleuchten extremer emotionaler Zustände, aber mit gutem Ausgang. Von ihrer Anlage her gehen die Romanzen organisch und mit geradezu innerer Logik aus dem bisherigen Gesamtwerk hervor. Die Keimzelle liegt in

King Lear, und hier in der Beziehung von Vater und Tochter, die dem Vater ein zweites Leben schenkt. Cordelia gelingt es, ihren Vater aus dem Wahnsinn ins Leben zurückzuführen, so dass dieser für einen kurzen Augenblick von einem gemeinsamen Glück mit seiner Tochter träumt. In den Romanzen sind es Väter wie Pericles, Leontes (*The Winter's Tale*), Cymbeline und Prospero (*The Tempest*), die mehr oder weniger schuldhaft ins Unglück stürzen, ihre Familie und Herrschaft verlieren oder ihre Frauen und Kinder verstoßen. Und es sind deren verbannte und verstoßene Töchter, die diesen unglücklichen, dem Leben abgewandten Vätern ein neues Zuhause und ein in die Zukunft weisendes Leben schenken und dadurch, wie es paradox in *Pericles* heißt, dem eigenen Vater zur zweiten Mutter werden. Cordelia stirbt in *King Lear* in einer grausamen und sinnlosen Welt einen ebenso grausamen und sinnlosen Tod, an dem Lear selbst zerbricht. In den Romanzen dagegen kehren die Töchter nach ihrer Verstoßung zurück, vergeben den Vätern ihre Schuld und ermöglichen in einer scheinbar auswegslosen Situation einen Neuanfang. Doch Shakespeare macht in diesen Stücken seinem Publikum nicht vor, dass dies ein Spiegel der Wirklichkeit, und die Lebenswelt so eingerichtet ist. Er setzt in diesen Stücken in besonderem Maße die Metadramatik ein, die seit *Love's Labour's Lost, A Midsummer Night's Dream* und später *Hamlet* zu seiner Signatur gehört. In den Romanzen wird dem Publikum sehr bewusst gemacht, dass es Welten auf der Bühne sieht, die in ihrer Phantastik, ihrer Unwahrscheinlichkeit, in ihren Fügungen nur im Theater möglich sind, und diese nicht mit der Lebenswelt verwechselt oder vermischt werden dürfen. Die Welt der Romanzen ist eine Welt der zweiten Chance, in der der Mensch nicht, wie in den Tragödien, immer in seiner Schuld verstrickt bleibt und seine Verfehlungen unnachsichtig geahndet werden, sondern in der Schuld vergeben wird, Verfehlungen durch das Verzeihen derer, die anderen Charakteren mit bedingungsloser Liebe und Zugewandtheit begegnen, rückgängig gemacht werden können, und sogar vermeintlich Tote wiederkehren.

Shakespeares Dramen waren damit insgesamt nicht, wie die seines Zeitgenossen Ben Jonson, von einer Theorie des Dramas, von strenger Gattungstrennung und einer festen Figurenkonzeption geprägt, sondern von einem sehr bewussten Umgang mit dem Medium Theater, dessen Möglichkeiten er wie kein zweiter ausschöpfte. Wie deutlich geworden sein sollte, lässt sich sein Werk nicht als Einheit verstehen oder auf einen Nenner bringen. Es ist vielmehr das Ergebnis von Experiment und Variation, Revision und Innovation und einer ungeheuren Virtuosität der Sprache. Hierin mag ein Grund liegen, weshalb es bis heute weltweit nichts von seiner Wirkungsmacht und Faszination verloren hat.

VI. The Bard / Global Shakespeare

1. Englischer Nationaldichter

Trotz der Neuorientierung in der Literaturwissenschaft seit den 1980er Jahren (vgl. Kap. VII) gilt Shakespeare einem größeren Publikum heute immer noch als das Genie und der Kulturheros, dessen kanonische Texte – in den Worten von Michael Dobson – „have been normatively constitutive of British national identity as the drinking of afternoon tea [so that] it is now probably as hard for any educated Briton to imagine not enjoying the former as it would be to imagine forgoing the latter." (Dobson, 7) Shakespeare hat seit Ben Jonsons Elegie auf Shakespeare in der Folio-Ausgabe seiner Dramen (vgl. Kap. III) mit seinem „Triumph, my Britain, thou hast one to show / To whom all scenes of Europe homage owe. / He was not of an age but for all time" seine guten und weniger guten Zeiten in der Gunst der Leser und Kritiker gehabt. Auch wenn Ben Jonson Shakespeare nicht in jeder Hinsicht uneingeschränkt positiv sah (vgl. Kap. V), steht er am Anfang einer Entwicklung, die bis heute anhält, nämlich der so genannten *bardolatry*. ‚Shakespeare' ist heute schon lange nicht mehr nur der Dichter und Dramatiker William Shakespeare, sondern eine universale Person, Teil der (westlichen) Bildungssysteme, und der ‚timeless Bard'. Er ist längst zu einem Gegenstand kultureller Verehrung geworden, der über Jahrhunderte hinweg in immer wieder neuer Weise konstruiert und für verschiedene, auch kommerzielle, Interessen in Dienst genommen wurde. Dies war freilich nicht immer so.

2. Non-Bard

Von der kulturellen Bedeutung Shakespeares zu Beginn des 21. Jahrhunderts ausgehend mag es überraschen, dass Shakespeare keinesfalls immer so hoch in der Gunst des Publikums und der Kritiker stand. Mit der Wiederherstellung der Britischen Monarchie durch die Rückkehr König Charles II aus dem französischen Exil 1660 endete zunächst das 18 Jahre andauernde Aufführungsverbot des Parlaments für öffentliche Theater während der Zeit des Commonwealth unter dem Lord Protector Oliver Cromwell. Nur die beiden Theater *Drury Lane* und *Covent Garden* unter William Davenant und Thomas Killigrew erhielten damals exklusiv das königliche Patent, in London Theateraufführungen anbieten zu dürfen. Inszenierungen (Frauenrollen wurden nun nicht mehr von Knaben sondern von Frauen gespielt) mit aufwändiger Szenerie und Musik erfüllten vor allem die Sehgewohnheiten und den Geschmack der oberen Gesellschaftsschichten und des Hofes. Shakespeares Dramen wurden in dieser Zeit stark überarbeitet, was zum einen mit dem Publikumsgeschmack und zum anderen mit den dichtungstheoretischen Positionen der Zeit zu erklären ist.

Restoration

Regelhaftigkeit

Die Epoche des ‚Klassizismus' des ausgehenden 17. / beginnenden 18.

Jahrhunderts erhob die Überlegungen des Aristoteles, wie er sie in seiner *Poetik* niedergelegt hatte (vgl. Kap. V), zur verbindlichen Dichtungsnorm. Danach garantierte nur der hohe Stand die so genannte ‚tragische Fallhöhe', weshalb in der Tragödie nur Personen höheren sozialen Rangs, in der Komödie eher niedrigeren Rangs agieren sollten. Daneben wurde eine konsequent einzuhaltende Stilhöhe maßgeblich: in der Tragödie wird ein erhabener, würdevoller Stil erwartet, die Komödie pflegt eher einen ‚mittleren' Stil, die Sprache des täglichen Umgangs. Die Wahrscheinlichkeit der Handlung und die Geschichtlichkeit der Stoffe verlangen den Glaubwürdigkeitsanspruch für die Tragödie, in der Komödie dürfen Namen und Stoffe auch frei erfunden sein. Eine strenge Motivierung des dramatischen Geschehens durch die Einheiten der Handlung, des Ortes und der Zeit führen stingent auf das Dramenende, d.h., die ‚Katastrophe' in der Tragödie und die ‚Lysis' (‚Lösung') in der Komödie, zu. Wie auch in Kap. V aufgezeigt, hält sich Shakespeare in seinen Dramen keinesfalls an diese Erwartungen – weshalb diese von den Klassizisten dementsprechend nicht nur heftig kritisiert wurden (siehe unten: Beispiel *Othello*), sondern auch signifikante Umarbeitungen erfuhren, um den Standards der Zeit angepasst zu werden. So kombinierte William Davenant etwa in seinem *The Law Against Lovers* (1662) die Handlungen von *Measure for Measure und Much Ado about Nothing* und macht Angelo zu Benedics Bruder. 1667 revidierte er mit John Dryden zusammen Shakespeares *Tempest.* Drydens *All for Love* ersetzte auf den Bühnen der Zeit Shakespeares *Antony and Cleopatra* in einer so stark abgewandelten Fassung, dass man von einem neuen (Familien)Drama sprechen kann. Notorische Berühmtheit hat die Adaptation des *King Lear* (1681) durch Nahum Tate (1652–1715) erlangt, in der die unschuldige Tochter Cordelia – dem Prinzip der *poetic justice* entsprechend – am Schluss überlebt und Gloucesters ‚guten' Sohn Edgar heiratet (womit die beiden Handlungen um Lear und Gloucester enger zusammengeführt werden). Lear selbst tötet am Schluss im Gefängnis zwei Soldaten, bevor Edgar und Albany ihm zu Hilfe eilen. Letzterer gibt Lear zwei Drittel seines Königreiches zurück, die dieser wiederum Edgar und Cordelia überlässt und deren Ehe seinen Segen gibt, da er zusammen mit Kent und Gloucester ein Leben in Frieden und Zurückgezogenheit führen möchte. Der *fool* fehlt in dieser Fassung gänzlich. Für uns heute nur schwer vorstellbar, ersetzte diese Fassung des *King Lear* Shakespeares Original nicht weniger als 150 Jahre lang auf den englischen Bühnen. Die bekanntesten und größten Schauspielerinnen und Schauspieler der Zeit, wie David Garrick (er war von 1747 bis 1776 auch Manager von *Drury Lane*) und Susanna Cibber, spielten Lear und Cordelia in dieser Fassung. Die langlebigste Adaptation von Shakespeares Dramen war Colley Cibbers *Richard III* (1700), die bis ins 20. Jahrhundert gespielt wurde und noch in der Verfilmung des Dramas durch Laurence Olivier (1956) anklingt.

Ständeklausel

Stilhöhe

Wahrscheinlichkeitsanspruch

Drei Einheiten

Bearbeitungen

Nahum Tate, *King Lear*

Vielleicht das bekannteste Beispiel der Verurteilung von Shakespeares Dramen im Klassizismus ist Thomas Rymers *Othello*-Kritik. Rymer (1643–1713) war ganz dem klassizistischen Regelpostulat seiner Zeit verschrieben und suchte in Shakespeares Dramen vergeblich nach der Einhaltung der drei Einheiten (siehe oben), der Wahrscheinlichkeit, der *poetic justice* und der Angemessenheit (*decorum*) des Dargestellten und der Sprache. Für Rymer lag die ‚Seele' der Tragödie in ihrer Handlung, weshalb er sich

Charakteristisches Beispiel: *Othello*

auch in seiner *Othello*-Kritik in seinem *A Short View of Tragedy* (1693) ganz auf deren Anlage konzentrierte. Für den *plot* einer Tragödie forderte Rymer die größtmögliche Entsprechung zur Lebenswirklichkeit – und fand in den Dramen Shakespeareas häufig nur Textbelege, die eben gegen dieses Postulat verstoßen. So ist auch der *plot* des *Othello* für ihn eine höchst unwahrscheinliche Lüge, aus der alle Probleme, die das Drama aufwirft, resultieren. Nach seiner Ansicht häuft das Drama Ungerechtigkeit auf Ungerechtigkeit, und am Ende steht der Triumph des Unrechts: die unschuldige Desdemona muss ihr Leben lassen wegen der Kleinigkeit eines geschenkten und dann verloren gegangenen Taschentuchs:

> So much ado, so much stress, so much passion and repetition about an Handkerchief! Why was not this call'd the Tragedy of the Handkerchief? What can be more absurd than (as Quintilian expresses it) *in parvis litibus has Tragoedias movere*? [...] Had it been Desdemona's Garter, the Sagacious Moor might have smelt a rat; but the Handkerchief is so remote a trifle, no Booby on this side Mauritania cou'd make any consequence from it. (160)

Doch nicht nur hinsichtlich des *plot*, auch hinsichtlich der Charaktere fällt Rymer ein ähnlich vernichtendes Urteil, da er von der Normativität von Charakteren (ein Soldat ist tapfer etc.) und nicht von deren tatsächlich menschlichen Verhaltensweisen ausging. So verhalte sich Othello nicht wie ein wirklicher Soldat:

> Othello is made a Venetian General. We see nothing done by him nor related concerning him that comports with the condition of a General – or, indeed, of a Man – unless the killing himself to avoid a death the Law was about to inflict upon him. [...] His Love and his Jealousie are no part of a Soldier's Character, unless for Comedy. (134)

Zudem sei die Verbindung zwischen der weißen Desdemona und dem schwarzen Othello wegen der Unvereinbarkeit der Rassen ein grober Verstoß gegen die Wahrscheinlichkeit: ein Schwarzer wäre niemals zum Befehlshaber der Armee Venedigs gegen die Türken gemacht worden.

> But shall a poet thence fancy that they will set a Negro to be their General. [...] With us a Black-amoor might rise to be a trumpeter; but Shakespeare would not have him less than a Lieutenant-General. [...] Yet the English are not bred up with that hatred and aversion to the Moors, as are the Venetians, who suffer by a perpetual hostility from them. (134)

Jago sei schlichtweg unerträglich und realitätsfremd entworfen, da er die Konvention, nach der Soldaten „open-hearted, frank, plain-dealing" seien, nicht erfülle, und es weder in der Tragödie, noch in der Komödie, noch im wirklichen Leben einen Soldaten dieses Charakters gebe. Roderigo sei nur in das Stück eingeführt worden, um Jago noch teuflischere Züge zu verleihen. Und Desdemona werde bei Shakespeare nur noch zu einer Narrenfigur, die auf Othello hereinfalle: „[...] Nor is our Poet more discreet in his Desdemona. He had chosen a Soldier for his Knave, and a Venetian Lady to be the Fool. [...] from such characters we need not expect many [thoughts] that are either true, or fine, or noble." (134) Desdemona komme vollkommen unschuldig zu Tode, so dass sich keine vernünftige Lehre aus dem Stück ziehen lasse:

> Rather may we ask here what unnatural crime Desdemona, or her Parents had committed, to bring this Judgment down upon her; to wed a Black-amoor, and innocent to be thus cruellly murdered by her. What instruction can we make out of this catastrophe? Or whither must our reflection lead us? Is not this to envenome and sour our spirits, to make us repine and grumble at Providence; and the government of the world? If this be our end, what boots it to be Vertuous? (161)

Für das Dramenende beklagt Rymer vor allem das Ausbleiben der *poetic justice*:

> But from this scene [5.2] to the end of the Play we meet with nothing but blood and butchery [...] our Poet against all Justice and Reason, against all Law, Humanity and Nature, in a barbarous arbitrary way, executes and makes havoc of his subjects, *Hab-nab*, as they come to hand. Desdemona dropt her Handkerchief; therefore she must be stifl'd. Othello, by law to be broken on the Wheel, by the Poets cunning escapes with cutting his own throat. Cassio, for I know not what, comes off with a broken shin. Jago murders his benefactor Roderigo, as this were poetical gratitude. Jago is not yet kill'd, because there never yet was such a villain alive. (163)

Von der gerechten Strafe für die ‚Guten' und der Bestrafung für die ‚Bösen' könne in diesem Drama also keine Rede sein. Auf der Suche nach der Moral des Dramas gelangt Rymer dann zu dem Schluss:

> What ever rubs or difficulty may stick on the Bark, the Moral, sure of this Fable is very instructive. First, This may be caution to all Maidenss of Quality how, without their Parents consent, they run away with Blackamoors [...] Secondly, This may be a warning to all good Wives that they look well to their Linnen. Thirdly, This may be a lesson to Husbands, that before their Jealousie be Tragical the proofs may be Mathematical. (132)

Rhymer beschließt seine *Othello*-Kritik mit dem Verdikt:

> There is in this Play some burlesk, some humour, and ramble of Comical Wit; some shew, and some *Mimickry* to divert the spectators: but the tragical part is, plainly, none other than a Bloody Farce, withour salt or savour. (164)

Wer hätte also gedacht, dass Shakespeares *Othello*, welches A.C. Bradley Anfang des 20. Jahrhundert (vgl. Kap. VII) zu den „great tragedies" Shakespeares zählte, nichts als eine „bloody farce" sein kann, die junge Frauen lehrt, auf ihre Wäsche zu achten?

3. Beginnende Shakespeare-Verehrung

Zentraler Ausdruck der sich im 18. Jahrhundert etablierenden Verehrung Shakespeares, der sich eben *nicht* an die Regeln des französisch-regelhaften

Dramas hielt sondern für ein eigenes, nationales englisches Drama stand, war David Garricks spektakulärster Tribut an Shakespeares „genius" in seinem *Shakespeare Jubilee*. Garrick inszenierte 1769 in Stratford-upon-Avon ein mehrtägiges Spektakel zu Ehren des Barden, welches allerdings zu großen Teilen im (nationalen) Regen regelrecht unterging. Auf dem Höhepunkt der Feierlichkeiten deutete Garrick auf ein Bildnis Shakespeares mit den Worten „`Tis he! `tis he! / The god of our idolatry!" (zit. bei Dobson, 6). Angesichts dessen mag es vielleicht nicht überraschen, dass bei den tagelangen Festivitäten nicht ein einziges Drama Shakespeares aufgeführt wurde, sondern diese in den Augen Garricks problemlos durch seine eigene Ode auf „that demi-god!" (zit. bei Dobson, 216f.) ersetzt werden konnte. Dass Shakespeare in dieser Zeit auch in anderen Künsten einen neuen Status in der englischen Nationalkultur einzunehmen begann, zeigt die Errichtung von Shakespeare-Denkmälern an symbolträchtigen Orten, welche durch Peter Scheemakers' Shakespeare-Statue in der *Poets' Corner* der Westminster Abbey, welche 1741 enthüllt wurde, eingeleitet wurde.

Garrick's Shakespeare Jubilee

Jenseits von öffentlichen Spektakeln wie Garricks Festival begann auch die systematische und theoretisch fundierte kritische Auseinandersetzung mit den Dramen William Shakespeares. Die erste Gesamtausgabe derer erstellte Nicholas Rowe (1709), ihm folgten Alexander Pope (1723–25) und Dr. Samuel Johnson, einer der prominentesten Kritiker und Editoren der Zeit, der in der Geschichte der Shakespeare-Kritik eine wichtige Gelenkfunktion zwischen Klassizismus und Romantik einnimmt. Johnson zeigt sich einerseits noch der Regelpoetik des 18. Jahrhunderts verpflichtet, wenn er, um beim gleichen Beispiel zu bleiben, die Nichteinhaltung der Einheit des Ortes in *Othello* beklagt:

Dr. Samuel Johnson

> Had the scene opened in Cyprus, and the preceding incidents been occasionally related, there had been little wanting to a drama of the most exact and scrupulous regularity. (zit. bei Wain, 51)

Doch löste sich Johnson andererseits auch schon von den klassizistischen Standards mit seinem Konzept der *general nature*, das er in der *Preface* zu seiner Shakespeare-Ausgabe von 1765 mit „Nothing can please many, and please long, but just representations of general nature" ausführte. Johnsons Konzept der *general nature* impliziert, dass Shakespeares in seinen Dramen die Charaktere nicht als Individuen, sondern vielmehr als Repräsentanten einer *species* entworfen habe und keine Helden („no heroes"), sondern ‚normale' Menschen („men") in den Mittelpunkt stelle. Mit Bezug auf *Othello* entfernt er sich von einer Kritik Rymerscher Prägung und entschuldigt Shakespeare gewissermaßen damit, dass dieser die „general nature", also die menschliche Natur, die sich eben nicht reglementieren lasse, in seinen Dramen darstelle:

general nature

> The beauties of this play impress themselves so strongly upon the attention of the reader, that they can draw no aid from critical illustration. The fiery openness of Othello, magnanimous, artless, and credulous, boundless in his confidence, ardent in his affections, inflexible in his resolution, and obdurate in his revenge; the cool malignity of Iago, silent in his resentment, subtle in his designs, and studious at once of his interest and his vengeance; the soft simplicity of Desdemona, confident of merit, and

> conscious of innocence, her artless perseverance in her suit, and her slowness to suspect that she can be suspected, are such proofs of Shakespeare's skill in human nature, as, I suppose, it is vain to seek in any modern writer. (zit. bei Hadfield, 48)

Shakespeares „skill in human nature", seine Fähigkeit, die menschliche Natur mit all ihren Facetten darzustellen, ist es also, die Shakespeares Dramen vor allen anderen auszeichne.

4. Aufstieg zum Genie in der Romantik

Johnson hatte mit seinem Konzept der „general nature" den Weg bereitet für die Shakespeare-Verehrung der Romantik. Das 19. Jahrhundert war die Epoche, in der Shakespeare zum Genie erklärt und zum Weltdichter aufsteigen sollte. In der Romantik erfolgte die radikale Abkehr vom Regelpostulat der Klassizisten hin zur Idee des organisch gewachsenen Kunstwerks, ein Konzept, das Schlegel in Deutschland (vgl. Kap. VIII) ebenso wie Coleridge in England vertraten. Die Kritiker der Romantik sahen sich im Einklang mit Coleridges Definition der dichterischen Imagination als „balance or reconciliation of opposite or discordant qualities" (*Biographia Literaria*, chapter xiv) und stellten die edlen Charaktere des Menschenkenners Shakespeare in den Mittelpunkt. Coleridge geht davon aus, dass die Charaktere Shakespeares als idealtypische Abstraktionen zu verstehen seien, die vom Leser erschlossen werden müssten. Die psychologische Disposition des Othello sei makellos und ganz von der tiefen Liebe zu Desdemona geprägt. Für Coleridge ist Othello der gallante, edle, großzügige und offenherzige „Moor", der nur den intriganten Machenschaften des teufelsgleichen Jago unterliegt. Da Coleridge noch den Rassenvorurteilen seiner Zeit verhaftet ist, kann Othello für ihn gar kein Schwarzer sein, da sich dies nicht mit Shakespeares Bestreben nach Ausgewogenheit (siehe oben) vereinbaren ließe:

Samuel Taylor Coleridge

> No doubt, Desdemona saw Othello's visage in his mind: yet, as we are constituted, and most surely as an English audience was disposed in the beginning of the seventeenth century, it would be something monstrous to conceive this beautiful Venetian girl falling in love with a veritable negro. It would argue a disproportionateness, a want of balance, in Desdemona which Shakespeare does not appear to have in the least contemplated. (zit. bei Bettinger, 69)

Die Assoziation von schwarzer Hautfarbe und Barbarentum hob Coleridge dadurch auf, dass er Othello zu einem hellerhäutigen Mauren erklärte. Mauren galten als tapfer und waren daher nicht mit Vorurteilen behaftet.

5. Global Shakespeare

Das 19. Jahrhundert hatte Shakespeare zum Inbegriff der Englischen Renaissance als einem Goldenen Zeitalter der Zivilisation werden lassen, welches sich an klassisch-antiken und christlichen Traditionen orientiert. In der Romantik war Shakespeare in Abgrenzung zum Klassizismus französischer Prägung zum nationalen *englischen* Dichter geworden, der eine ganz andere Dramenform, die eben keine Regeln brauchte, geschaffen hatte. Das Genie Shakespeare schrieb seine unsterblichen Werke ganz aus sich heraus, ohne an den täglichen (und damit auch an den politischen oder religiösen) Auseinandersetzungen seiner Zeit interessiert oder in diese involviert zu sein. Auch wenn die kritischen Ansätze seit den 1980er Jahren (vgl. Kap. VII) diesem Konstrukt deutlich widersprochen haben, ist Shakespeare heute für ein breites Publikum noch immer eine geradezu mythische Figur, die Identifikationsfigur englischer Kultur, kultureller Nationalheld und *The Bard*. Vor allem ist Shakespeare seit dem 19. Jahrhundert auch zu einem globalen Phänomen, d.h. zum Weltdichter geworden, der von England aus den europäischen Kontinent, Amerika und weitere Nationen – zumal verbreitet über den British Commonwealth – eroberte. In Deutschland (vgl. auch Kap. VIII) steigt der frei von Regeln schaffende Shakespeare in der Epoche des Sturm und Drang, wie etwa Goethe in seiner „Rede zum Shakespears Tag" jubelte, zum Befreier aus dem klassizistischen Korsett auf.

Weltdichter

Kultureller Transfer

Shakespeare auf den europäischen Kontinent oder auch andere Länder der westlichen Welt, wie etwa Amerika, zu bringen, impliziert eine kulturelle Neusituierung, aber kein kulturelles Trauma. Außerhalb der westlichen Welt sind Traditionen und Prägungen freilich so verschieden, dass auch die Adaptation der Dramen Shakespeares in ganz besonderer Weise erfolgen müssen. Ein besonders eindrückliches Beispiel hierfür ist Indien, welches zu den Commonwealth-Ländern gehört und erst 1947 Unabhängigkeit von England erlangte. Nach Kennedy (258ff.) lassen sich für Indien drei Typen von Theater unterscheiden. Das imperiale Modell, in dem britische Schauspieler (häufig Amateure) für die herrschende Klasse, also Kolonialherren und wohlhabende Inder, spielten. Aufführungen wie diese blieben aber einem großen Teil der Bevölkerung und deren Sprache(n) fremd. Das koloniale Modell wurde getragen vom indischen Bürgertum und wurde in das Leben der Untergebenen eingebettet. So wurde etwa das Hindu Theatre von Calcutta, das erste Bengali Theater, im Dezember 1831 mit Szenen aus *Julius Caesar* und einem *Sanskrit play* eröffnet (Kennedy, 259). Von dort breitete sich das Theater ins Land hinein aus. Die Sprachen variierten von Urdu oder Hindu im Norden bis zu Bengali oder Tamil im Süden. Shakespeares Werke waren ‚unpolitisch', gewissermaßen eine kulturelle *lingua franca*. Das dritte, das appropriative Modell, welches Shakespeares Stücke in das heimische Theater oder Tanzformen integriert, sieht den *British Bard* gewissermaßen als ‚Steinbruch' und ‚Rohmaterial' für heimischen Geschmack und Traditionen. Bei diesem Typ überwiegen die Nationalsprachen.

Beispiel: Indien

Beispiel: Japan

In einer im Unterschied zu Indien nicht zum Commonwealth gehörenden großen nicht-westlichen Kultur, nämlich Japan, begannen gemäß Kennedy (261ff.) die wirklich nennenswerten Shakespeare-Aktivitäten erst in der ersten Dekade des 20. Jahrhunderts, als die erste Gesamtübersetzung der Dramen durch Shoyo Tsubouchi begonnen und 1928 in 39 Bänden abgeschlossen wurde. Japan hat von je her einen eher distanzierten Umgang mit Shakespeare gepflegt. Die bekanntesten japanischen Adaptation von Shakespeare-Dramen dürften die *Macbeth*-Verfilmung *Throne of Blood*

(1957) und die *Lear*-Verfilmung *Ran* (*Chaos*; 1985) jeweils durch Akira Kurosawa sein. Erstere verlegt Shakespeares *Macbeth* in eine 400 Jahre zurückliegende Periode des Bürgerkriegs, in Letzterem geht es ebenfalls um militärische Macht in einer Welt von Kriegsherren und nicht einen von Gott gesandten König. Beide Dramen werden der japanischen Kultur angepasst, wenn beispielsweise in Ran drei Söhne, und nicht, wie in Shakespeares *Lear*, drei Töchter, um das Erbe buhlen, da Töchter in Japan nicht erbberechtigt waren.

Beispiel: *Hamlet* bei den Tiv

Wenn Shakespeare bereits nur bedingt in die japanische Kultur überführt werden kann, stellen sich umso größere Probleme der transkulturellen Übertragung des Werks in eine zu fremde Welt. Berühmtes Beispiel (vgl. Walch, 15–17) ist die Rezeption des *Hamlet* beim westafrikanischen Stamm der Tiv. In deren Kultur spielt das Geschichtenerzählen eine wichtige Rolle, und die Feldforscherin Laura Bohannan wurde eines Regentages von diesen aufgefordert, eine Geschichte zu erzählen. Sie ging – von ihren westlichen Standards geprägt – von der universellen Gültigkeit der Tragödie *Hamlet* aus und erzählte den Tiv eben diese Geschichte. Von den Wachen, die in der Nacht dem Geist des alten Häuptlings begegneten und von „the man who knew things" namens Horatio, welcher sagte, dass die Angelegenheit den Häuptlingssohn Hamlet betreffe. Hier wandten die Tiv sogleich ein, dass es nicht der tote alte Häuptling gewesen sein könne, sondern ein von einer Hexe herbeigezaubertes Omen, welches diesen erschienen sei. Horatio habe hinter dem Rücken des Häuptlings gehandelt, also falsch. Gelobt wurde der jüngere Bruder des Toten (bei Shakespeare: Claudius), weil er nun Häuptling war und die Witwe des Toten geheiratet hatte. Die Tiv fragten, ob der tote und der neue Häuptling die gleiche Mutter gehabt hätten, was, wie Bohannan zugestehen musste, ihre Geschichte, also Shakespeares *Hamlet*, nicht beinhalte. Dies sei jedoch, so die Tiv, besonders wichtig. Denn nur, wenn Vater und jüngerer Bruder dieselbe Mutter hätten, werde der Onkel ein guter Vater für die Kinder der geheirateten Witwe. Was aus den anderen Frauen des toten Häuptlings geworden sei, wollten die Tiv überdies wissen. Klar verurteilten sie die Tötungsabsicht des jungen Mannes (also Hamlets) gegenüber seinem Onkel und dass er seine Mutter beschimpfe.

Wie hier offenbar wird, beurteilten die Tiv das Gehörte vor dem Hintergrund ihrer eigenen kulturellen Normen hinsichtlich Genealogie, Heirat, der Beziehung von Geschlechtern und Generationen, sowie anderen Regeln des Zusammenlebens, bis die Geschichte einen für sie vernünftigen Sinn erhielt. Ophelias Tod, so ein Alter, sei die einzige Lösung für den von Spielschulden belasteten Bruder Laertes, gewesen. Um zu Geld zu kommen, habe er die Möglichkeit gehabt, seine Schwester zu verheiraten, aber es sei schwierig, eine Frau zu verheiraten, die vom Sohn des Häuptlings begehrt werde. Wenn der Sohn des Häuptlings eines Tages Ehebruch mit seiner Frau beginge – was sollte man machen? Nur ein Dummkopf stelle sich gegen jemanden, der einmal sein Richter sein werde. Deshalb sei Laertes nur die zweite Möglichkeit geblieben: seine Schwester durch Hexerei zu töten und sie zu ertränken, um ihren Körper im geheimen an die Hexen zu verkaufen.

Was in der westafrikanischen Kultur der Tiv also interessiert, ist alles andere als Hamlets Zögern, seine Motive (nicht) zu handeln, seine Brutalität Polonius und Rosencrantz und Guildenstern gegenüber und sein Verhältnis zu den Frauen des Stücks. Auch wenn Shakespeares Texte sowohl für eine intellektuelle Auseinandersetzung (*page*) wie auch für das Theater (*stage*) offen, dehnbar und flexibel und daher an so viele unterschiedliche Zeiten und Kulturen anschließbar sind, muss er, wie das Beispiel der Tiv zeigt, um als globaler Autor zu gelten, zunächst erst einmal in die eigene Kultur übertragen werden.

Shakespeare-Industrie

Im 21. Jahrhundert impliziert ‚Shakespeare' längst nicht mehr nur ein Leben, das von 1564 bis 1616 dauerte (vgl. Kap. I), sondern das Zentrum einer ganzen Shakespeare Industrie. ‚Shakespeare' bedeutet längst auch eine Vielzahl an Texten, Charakteren, Ideen, Bühneneindrücken, die seit Jahrhunderten lebendig geblieben sind, weil deren endloses Potential der Erneuerung und Adaptation durch das Schaffen späterer Generationen von Kritikern, Schauspielern, Regisseuren, Lesern und Künstlern jedweder Medien genutzt wurde. Heute interessieren ‚Shakespeare und sein Theater' auch etwa als Teil der Populärkultur, d. h. in der Unterhaltungsindustrie, als Adaptationen, Umarbeitungen und Zitate für ein breiteres Publikum, und das in verschiedenen Medien über Kontinente und Kulturen hinweg. ‚Shakespeare' ist heute, zumal in Zeiten des Internets (vgl. Kap. IX), zu jeder Zeit an jedem Ort der Welt präsent. Die Welt der Wissenschaft veranstaltet jährlich diverse Shakespeare-Konferenzen über den Globus hinweg, in der Literatur- und Kulturkritik gehört Shakespeare zu den etablierten Größen. In den Lehrplänen von Schulen ist er ebenso zu finden wie in einem Studium der englischen Literatur und Kultur. Einem breiteren Publikum werden er und sein Werk durch Filme, *social media* wie *YouTube*, *Twitter*, *Facebook*, und sonstige Kommunikationsmedien (vgl. Kap. IX) nahegebracht. Sein Geburtsort Stratford-upon-Avon lebt zu einem großen Teil vom Kulturtourismus, und das *New Globe Theatre* in London (vgl. auch Kap. II) ermöglicht auch im 21. Jahrhundert die ‚authentische' frühneuzeitliche Erfahrung einer Theateraufführung.

Shakespeares Portrait begegnet uns an den unerwartetsten Plätzen und Momenten etwa auf Werbeplakaten, Bierdeckeln oder als gelbe Ente für die Badewanne. Ausgaben seiner Dramen werden für verschiedene Lesergruppen erstellt, Schauspieltruppen touren durch die Lande, und der internationale Vertrieb der Verfilmungen der Dramen und seines Lebens (z. B. *Shakespeare in Love*) hält die Präsenz des *British Bard* in unserer gegenwärtigen Kultur aufrecht.

Einen Shakespeare gibt es nicht

Angesichts all dessen ist es grundlegend wichtig, sich bewusst zu machen, dass es *einen* ‚Shakespeare' nicht gibt. Von den englischen Schauspieltruppen auf dem Kontinent im späten 16. Jahrhundert angefangen bis heute haben Künstler und Theaterschaffende auf der ganzen Welt jeweils ihren eigenen ‚Shakespeare' konstruiert und ihn an ihre eigenen kulturellen Erwartungen und Diskurse angepasst. Angesichts der so außergewöhnlichen kulturellen Autorität, die er heute hat, bzw. die ihm über die Jahrhunderte zugewachsen ist, stellt sich die Frage, ob diese die Wirkung von Shakespeares Genie, englischem Imperialismus oder hervorragenden Marketing-Strategien ist. Diese Frage lässt sich – wie so vieles bei Shakespeare – nicht eindeutig beantworten.

6. Rewritings

Neben dem Kanon (vgl. Kap. III) der Werke Shakespeares selbst sind über die Jahrhunderte eine Fülle von Texten (und anderen Medien; vgl. Kap. IX) entstanden, die sich in fiktionalen Darstellungen mit der Person William Shakespeare beschäftigen. Grundlage hierfür sind vor allem die wenigen gesicherten biographischen Daten (vgl. Kap. I). Der ‚großen' Unterhaltungsindustrie dient und diente Shakespeare als prestigeträchtige Referenz für kommerzielle Produkte wie *Shakepeare in Love* (1998). Doch auch im etwas bescheideneren Rahmen haben sich Autoren und Kulturschaffende mit einzelnen Aspekten von Shakespeares Person und seinem kulturellen Rang auseinandergesetzt. Zu den prominentesten Produkten, die sich seiner Person widmen, dürften im Bereich des Dramas George Bernard Shaws Puppenspiel *Shakes versus Shav* (1949), Edward Bonds *Bingo* (1973) sowie Peter Whelans *Shakespeare Country* (1993) und *The Herbal Bed* (1996) zählen.

Shakespeare als literarische Figur

Die Anzahl populärer *rewritings* zu den einzelnen Dramen ist so hoch und thematisch wie strukturell so vielgestaltig, dass im Rahmen einer Einführung nicht der Versuch gemacht werden kann, diese auch nur in Ansätzen zu erfassen. Über Jahrzehnte und Jahrhunderte hinweg haben Shakespeares Werke als Quelle und Inspirationen für mediale Umsetzungen seiner Werke von der Oper bis zum Pornofilm gedient (vgl. auch Kap. IX); seine Dramen dienten und dienen bis heute als Vorlagen für Adaptationen, *offshoots*, Burlesken, Kriminalromane, *animated tales* und viele andere Ausprägungen kultureller Aneignung. Die *Reduced Shakespeare Company* führt seit den 80er Jahren mit großem Erfolg weltweit „the complete works, abridged" in 97 Minuten auf, ungezählte Shakespeare Festivals finden rund um das Jahr an ungezählten Orten der Welt statt. Zitate aus seinen Werken sind längst in die Alltagssprache eingegangen. Be- und Umarbeitungen seiner Werke können, wie etwa, um wenigstens ein Beispiel zu nennen, Arnold Weskers *The Merchant* (Stockholm 1976; Augsburg 1978 als *rewriting* von *The Merchant of Venice*), intelligent oder platt, amüsant bis skurril, aufrüttelnd oder unterhaltend sein. Wesker wollte mit seinem Drama die unerträglichen Spannungen zwischen Shakespeares Text und der Geschichte der Juden aufheben (vgl. Weiß, 278–279). Weskers Shylock ist als Insasse des venezianischen Ghettos ein kultivierter Gelehrter und Sammler, ein Förderer der Künste und Wissenschaften. Er und Antonio sind in tiefer Freundschaft verbunden, und sie haben die Grenzen des Ghettos und der Religionen überwunden. Den Vertrag über das Pfund Fleisch schließen beide nur deshalb, um über das Gesetz zu spotten, das eine solche juristische Form auch unter Freunden vorschreibt. Als der Vertrag fällig wird, hoffen beide auf dessen Aufhebung, doch Sylock wird von seinen Glaubensbrüdern und auch Antonio selbst darauf hingewiesen, dass eine Aufhebung des Gesetzes ein gefährlicher Präzedenzfall wäre, der in Zukunft auch gegen die Juden angewendet werden könnte. Im Wissen, dass dies beider Tod bedeutet, bestehen beide auf der Erfüllung des Vertrages.

Rewritings der Dramen

Arnold Wesker, *The Merchant*

Ob alles, was mit ‚Shakespeare' zu assoziieren ist, Gegenstand kritischer Analyse und Reflexion von Gelehrten, engagierten Laien oder Theaterschaffenden sein muss, ließe sich sicher diskutieren. Auch ist natürlich nicht exakt zu definieren, was unter ‚Populärkultur' zu verstehen ist. Soziale Gemein-

Populärkultur

schaft, gemeinsame Werte, Verfügbarkeit und Spaß dürften eine Rolle spielen. Weniger positiv Gestimmte assoziieren Massenproduktion, Einigung auf den kleinsten kulturellen Nenner, die Reduktion einer Ikone der Elitekultur auf das Vereinfachte bis hin zum Peinlichen. Überlegungen hinsichtlich Geschmack und Ästhetik stehen hier im Einklang mit Fragen des kulturellen Besitzes, sozialer Klassen, wer ‚Populärkultur' produziert, und für welche Zielgruppe.

VII. Das Werk in der Kritik

Das Studium Shakespeares stellt Studierende auch deshalb vor mehr Anforderungen als das der *postcolonial literatures* oder – bei aller Hochachtung von deren großen Autoren – auch der amerikanischen Literatur, weil sein Werk – und das dürfte zumindest in der westlichen Welt einzigartig sein – über einen Zeitraum von beinahe 400 Jahren hinweg kontinuierlich rezipiert wurde und in diesem immer wieder andere Ausdeutungen erfahren hat. Diese Vielzahl der Interpretationsansätze dürfte vielen Lesern oder Theatergängern möglicherweise gar nicht bewusst sein, und Studenten stellt diese Tatsache nicht selten vor eine scheinbar nicht zu durchschauende Fülle von Titeln und Positionen in der Sekundärliteratur. Vollkommen verfehlt wäre es freilich, angesichts derer zu kapitulieren („Who is afraid of William Shakespeare"; vgl. Einleitung), da gerade diese Vielfalt die Möglichkeiten zu einer einzigartigen intellektuellen Diskussion bietet, die unter neuen Erkenntnisinteressen und Fragestellungen immer wieder frisch kombiniert, diskutiert und durch neue Forschungsergebnisse ergänzt und bereichert werden kann.

Erklären lässt sich diese Fülle an Annäherungen und Standpunkten an Shakespeare nicht nur mit dem Zeitraum von zirka 400 Jahren, vor denen Shakespeare eben gelebt hat (da gäbe es noch viele andere Autoren), sondern vor allem dadurch, dass sich Shakespeares Texte an jede Epoche ‚anschließen' lassen. Zudem hat Shakespeare spätestens seit dem 18. Jahrhundert (siehe unten) eine enorme kulturelle Autorität erlangt, die für viele Zwecke instrumentalisiert werden kann und die man über die Jahrhunderte hinweg in immer wieder anderer Weise bewahrt oder in Frage gestellt sehen wollte. Die Pflege ‚Shakespeares' als Autor und kulturelles Phänomen ist in diversen Institutionen, Gesellschaften, Schauspieltruppen, Kongressen und Festspielen weltweit organisiert (vgl. Kap. VI) und verfügt über eine Reihe von Publikationsorganen. Dadurch ergeben sich in der ‚Shakespeare-Welt' einerseits Verfestigungen und Hierarchisierungen, was die Pflege dieses Weltkulturheros oder Nationalbesitzes anbelangt, die es neuen Interpretationsansätzen zunächst schwer macht, sich durchzusetzen. Andererseits ist aber gerade bei Shakespeare das Bedürfnis groß, sich ihn immer wieder aufs Neue anzueignen, vor der Vereinnahmung durch Ideologien zu schützen, wenn nicht zu retten, und dessen kulturelle Autorität für das eigene Bild vom Menschen, der Gesellschaft und der Welt in Anspruch zu nehmen.

1. Traditionelle Ansätze

Im ausgehenden 19. Jahrhundert und in der ersten Hälfte des 20. Jahrhunderts bestanden – trotz verschiedener Schulen (siehe unten) – einige Grundpositionen, die sich auf den Status eines Autors, eines literarischen Texts und den kulturellen Kontext von dessen Entstehung ebenso bezogen wie auf die Aufgaben literaturhistorischer Forschung und die Möglichkeiten und Aufgaben

Grundpositionen

der Interpretation. Shakespeares Dramen wurden in dieser Sicht nicht als Spielvorlagen für das Theater begriffen, sondern als sprachliche Kunstwerke gelesen. Als solche hatten sie sich weitgehend von ihrer Entstehungszeit abgelöst und bildeten in sich abgeschlossene Sinngefüge von überwältigender Fülle und Harmonie. An der Einheit, Harmonie und Sinnfülle eines solchen Kunstwerks sind alle Elemente beteiligt: literarische Konventionen ebenso wie das kleinste sprachliche Detail. Überzeugung dieser Kritiker war es, dass das sprachliche Kunstwerk durch Einfühlung und ästhetische Sensibilität erfahren und durch *close reading* erschlossen werden kann. Der literaturhistorischen Forschung fiel die Aufgabe zu, den philosophischen, moralischen und politischen Gedanken und Vorstellungen des Autors, soweit sie Eingang in das Werk gefunden hatten, nachzuspüren und die historisch bedingten Verfahren und Mittel von Shakespeares Kunst zu erklären, um so ein vertieftes und umfassend ästhetisches Verständnis der Werke zu ermöglichen. Dass die Dramen überhaupt interpretatorisch erschlossen werden konnten, ergab sich aus der Grundüberzeugung der Interpreten, dass eine jahrhunderte lange editorische Arbeit an den Texten trotz der schwierigen Überlieferungssituation die Autorenintention weitgehend gesichert habe, und zudem aus der Grundannahme, dass der Mensch durch alle historischen, gesellschaftlichen und kulturellen Wandlungen hindurch in seinem Wesenskern unveränderlich bleibe, und Shakespeares Dramen von eben diesem unveränderlichen Wesen handelten. Ende der 60er Jahre des 20. Jahrhunderts setzte dann eine intensive Theoriediskussion in der Literaturwissenschaft ein, die im Laufe der 70er und 80er Jahre auch die Shakespeare-Philologie in Deutschland erreichte. Diese Diskussion wurde vor dem Hintergrund von politischen, gesellschaftlichen und kulturellen Krisen geführt, die auch in den akademischen Bereich hinein wirkten und die theoretischen Auseinandersetzungen mit bestimmten. Gemeinsam ist diesen ,neuen' Richtungen, die im Wesentlichen in Auseinandersetzungen mit den Arbeiten von Jacques Derrida, Michel Foucault und Roland Barthes gewonnen wurden, dass sie von vollkommen neuen Grundpositionen ausgehen. Diese betreffen das Verständnis von Sprache, von Texten und deren Autoren, von Geschichte und literarhistorischer Forschung, sowie die anthropologischen Grundlagen der Auseinandersetzung mit Literatur. Während sich in der ersten Hälfte des 20. Jahrhunderts der Mensch noch weitgehend als autonomes Subjekt verstand, das mit einem unveränderlichen Wesenskern ausgestattet ist, dezentrierten die späteren Theoretiker das vermeintlich autonome Subjekt, indem sie zu zeigen versuchten, dass es nicht das Individuum ist, das sich selbst entwirft und verwirklicht, sondern dass dieses durch die Sprache und durch die jeweiligen Diskurse, in der dieses verortet ist, definiert werde. Damit wurde in der Literaturwissenschaft die Vorstellung des Autors, die mit Kategorien wie ,Individualität', ,Kreativität', ,Entwicklung' und ,Reife' erschlossen werden konnte, und zum anderen die anthropologische Verbindung zwischen Autor und Interpret aufgrund des essentialistischen Wesenskerns, der beiden zu eigen ist, in Frage gestellt. Betrachten wir im Folgenden einzelne Ansätze.

Unveränderlicher Wesenskern des Menschen

Neuorientierung

Neue Grundpositionen

Character Criticism

A. C. Bradley

Der wohl einflussreichste Kritiker bis weit in die erste Hälfte des 20. Jahrhunderts hinein war A.C. Bradley (1851–1935). Er hielt Anfang des 20.

Jahrhunderts eine Vorlesungsreihe zu Shakespeares Dramen an der Universität Oxford, die unter dem Titel *Shakespearean Tragedy* (1904) veröffentlicht und seitdem ununterbrochen aufgelegt wurde und die Shakespeare-Philologie nachdrücklich geprägt hat. Bradleys so genannter *character criticism*, der viele Strömungen, die sich bereits im 19. Jahrhundert ausgebildet hatten, bündelte, geht von einer starken Interdependenzbeziehung zwischen Handlung und Charakteren aus. Er weist Dramenfiguren das Primat über die Handlung zu und versteht diese als reale Personen. Soziale oder politische Kontexte der Dramen interessieren ihn bestenfalls am Rande. So schreibt er etwa zu Othellos Hautfarbe: „in regard to the essentials of his characters it [his race] is not important" (187) – was in den *postcolonial studies* heute (siehe unten) sicher ganz anders gesehen wird.

Bradley war dem aristotelischen Tragikbegriff verschrieben (vgl. Kap. III): ein Held ist für ihn eine hochgestellte Persönlichkeit, in der ein zunächst gering erscheinender Fehler immer stärker wird, so dass er in letzter Konsequenz deren Untergang bedingt. Das Tragische ist also nicht das Ergebnis äußerer Umstände, es resultiert vielmehr aus der inneren Disposition einer Figur.

Beispiel: *Othello*

So interpretiert er in *Shakespearean Tragedy* beispielsweise die Wirkung von Shakespeares *Othello*, welches er zusammen mit *Macbeth*, *Hamlet* und *King Lear* zu den „four great tragedies" zählt, in den großen Emotionen, die dieses Drama hervorrufe.

Den größten Fehler Othellos sieht Bradley in Othellos Eifersucht und seinen unreflektierten Reaktionen. Die Eifersucht Othellos resultiert für ihn aus dem Zusammenwirken der Intrigen Jagos mit den oben genannten Tendenzen, die in Othellos Charakter angelegt seien. Bis 3.3. zeige Othello keine Anzeichen von Eifersucht, erst die Macht des Bösen, die in Jago verkörpert sei, führe diese herbei. Othellos Ausbruch „I will chop her [Desdemona] into messes! Cuckold me!" (4.1.200) entschuldigte Bradley damit, dass der Held alles „blurred through a mist of blood and tears" sehe (159). Bradley lässt keinen Zweifel an der tragischen Größe der Titelfigur aufkommen und verlagert alle Schuld auf Jago. Othello sei „by far the most romantic figure among Shakespeare's heroes [...] [who] does not belong to our world, and he seems to enter it I don't know whence – almost as if from wonderland." (153) Als Wesen aus einer anderen Welt könne er nicht gegen einen Schurken wie Jago bestehen. Othello töte Desdemona nicht aus Eifersucht, sondern in einer ihm von außen durch die fast übermenschliche Gerissenheit Jagos auferlegten Überzeugung, der jeder erlegen wäre, der, wie Othello, an Jagos Aufrichtigkeit glaubt. Desdemona wird von Bradley als Opfer der Geschehnisse und als zu passiver Hilflosigkeit verurteilt idealisiert: „her nature is infinitely sweet and her love absolute."

Beispiel: *King Lear*

Bradleys Verständnis des tragischen Helden, der notwendigerweise aus seinem Charakter heraus handelt, stieß bei *King Lear* an seine Grenzen. Der tragische Held Lear tritt lediglich zu Beginn als Handelnder auf und ist dann nur noch Erduldender, was sich mit der Auffassung eines aktiv handelnden Charakters in Bradleys Tragödienverständnis nur schwer vereinbaren ließ. Die größte Schwierigkeit bot für Bradley freilich der Schluss, der mit dem Tod Cordelias keine sinnvolle Weltordnung bestätigt. Bradley löst das Dilemma durch die Deutung, dass Lear nicht in Trauer und Verzweiflung, sondern voller Freude als Erlöster stirbt:

> [...] there is no figure, surely in the world of poetry at once so grand, so pathetic and so beautiful as his [...] And, finally, although he is killed by agony of pain, the agony in which he actually dies is not one of pain than of ecstasy. [...] I believe we are false to Shakespeare and it seems almost beyond question that any actor is false to the text who does not attempt to express, in Lear's last accents and gestures and look, an unbearable joy. (zit. bei Weiß, 125).

Kritik an Bradley: T. S. Eliot und F. R. Lewis

Bradleys Interpretationsansatz fand bald seine Kritiker. Für *Othello* (siehe oben) argumentierte T. S. Eliot in seinem Essay „Shakespeare and the Stoicism of Seneca" (1927), dass Othello keinesfalls der „noble hero" sei, wie er sich in seinem letzten Monolog („Soft you, a word or two before you go [...]" [5.2.336 ff.]) angeblich darstelle. Othello sei vielmehr ein Paradebeispiel menschlicher Schwäche, der in seinem letzten Monolog nur an sich selbst denke:

> I have always felt that I have never read a more terrible exposure of human weakness – of universal human weakness – than the last great speech of Othello. [...] It is usually taken on its face value, as expressing the greatness in defeat of a noble but erring nature. [...] What Othello seems to be doing in making this speech is *cheering himself up*. He is endeavouring to escape reality, he has ceased to think about Desdemona, and is thinking about himself. Humility is the most difficult of all virtues to achieve; nothing dies harder than the desire to think well of oneself. Othello succeeds in turning himself into a pathetic figure, by adopting an aesthetic rather than a moral attitude, dramatizing himself against his environment. He takes in the spectator, but the human motive is primarily to take in himself. (110f. Hervorhebung im Original)

Othello täusche sich dadurch, dass er in einer Situation, in der Demut die einzige angemessene Haltung wäre, diese eben nicht an den Tag lege, sich in Selbstdramatisierung ergehe und sich selbst und das Publikum täusche. Dies mache ihn als dramatischen Held inakzeptabel. Eliots ‚realistischer' Ansatz wurde ungleich schärfer weitergeführt von F. R. Leavis (1895–1978), der, wie bereits der Titel seines Essays „Diabolical Intellect and the Noble Hero" (1937) signalisiert, eine dezidierte Gegenposition zu Bradley einnahm. Leavis lehnt Bradleys Interpretation des „noble hero" Othello ab als „sentimental perversity" und „completely wrong-headed – grossly and palpably false to the evidence it offers to weigh". Othello werde nicht lediglich vom teuflischen Verführer Jago in den Untergang geführt, vielmehr beruhe Jagos Erfolg auf Othellos innerer Disposition. Bradley berücksichtige nur ausgewählte Stellen der Tragödie, um Othello als untadeligen tragischen Helden deuten zu können. Dieser Auffassung setzt Leavis – natürlich ebenfalls anhand ausgewählter Stellen – einen Othello entgegen, der aufgrund seines Narzissmus, seiner Selbstdramatisierung und seines überheblichen Stolzes leichte Beute für Jago sei und deshalb scheitere. Jago komme bei diesem Vorgang lediglich eine Helferfunkion zu. Othello scheitere letztlich an sich selbst, womit die Suche nach Jagos Motiv, das Othello zum Opfer werden lässt, entfalle.

Old Historicism

Eine geradezu revolutionäre Wende gegen den *character criticism* setzte sich mit dem so genannten *historical criticism* (der aus Sicht des *new historicism* (s. u.) auch häufig als *old historicism* bezeichnet wird), in den 1920er Jahren durch. Die Kritiker dieser Richtung warfen Bradley vor, rein subjektiv und beliebig zu verfahren, wenn er Kunst und Lebenswirklichkeit gleichsetze, denn „art is not life". Sie wandten sich dagegen den äußeren Entstehungsbedingungen der Dramen Shakespeares zu. So löste sich Elmar Edgar Stoll in Amerika (der bedeutendste Vertreter dieser Richtung in Deutschland war Ludwig Levin Schücking) von den *character*-lastigen Ausdeutungen Bradley'scher Prägung und bettete Shakespeares Dramen in die Theatersituation der elisabethanischen Zeit ein. Stoll beginnt seine Studie *Art and Artifice in Shakespeare* (1933) mit der Infragestellung des Primats des Charakters „The core of drama is not character, but situation [...]" (ix) und führt weiter aus: „The core of tragedy (and of comedy too, for that matter) is situation; and a situation is a character in contrast, and perhaps also in conflict with other characters or with circumstances. We have ordinarily been told that with the author character comes first and foremost, [...] but there is no drama until the character is conceived in a complication [...]" (1). Stoll und Schücking argumentieren aus einem geschichtlichen Shakespeare-Verständnis, dass man Shakespeare mit den Augen seiner Zeitgenossen sehen müsse, der sich als hart arbeitender Autor an die Konventionen des frühneuzeitlichen Theaterlebens, wie etwa den volkstümlichen Publikumsgeschmack, halten musste. So erklärt Schücking in *Die Charakterprobleme bei Shakespare* (1932) beispielsweise die *porter scene* in *Macbeth* als ein Zugeständnis an das Publikum:

Elmar Edgar Stoll

Beispiel: *Macbeth*

> Aber wenn der Clown als Pförtner im Macbeth (II,3) Witze über das Gerichtsverfahren gegen den Jesuiten Garnet macht, das im Jahre der Aufführung stattfand, oder über die überreiche Ernte des gleichen Jahres, wenn er zotige Betrachtungen über die Wirkungen des Trinkens und den Geschlechtstrieb anstellt, so kann darin der gesunde Menschenverstand unmöglich eine tiefe künstlerische Absicht zur Erhöhung der tragischen Wirkung durch Gegensätze finden [...] (20)

Die Figuren des *Othello* resultierten für Stoll und Schücking aus bestimmten Bühnentypen der Zeit. Jago etwa stehe in der Tradition des Typus des Verleumders, dem auf der Shakespeare-Bühne immer geglaubt worden sei – was Othello von jeder Schuld befreie.

New Criticism

Die so genannten *new critics* wandten sich in den 30er/40er Jahren des 20. Jahrhunderts wiederum vom *historical criticism* ab, indem sie sich – weg von historischen Kontexten – ganz der minutiösen Textanalyse verschrieben und ein Drama als Sprachkunstwerk begriffen, dessen ‚objektive' Wortmuster, Bildbereiche, Metaphern, Symbole, Paradoxa und Ironien es zu entdecken gelte. Unabdingbare Technik der Texterschließung war für sie *close reading*. Für die *new critics* war der Text daher alles andere als Spielvorlage

close reading

für das Theater, sondern vielmehr ein ‚dramatisches Gedicht' mit ineinander verschränkten Bildern und Themen, die es zu entdecken gelte. So wies etwa höchst prominent in ihrer Zeit Caroline Spurgeon in *Shakespeare's Imagery and What It Tells Us* (1935) für die Dramen Shakespeares spezifische Bildbereiche nach, die das Drama durchziehen und damit zu seiner Atmosphäre beitragen. Für *Macbeth* verwies sie beispielsweise auf die Bilder widerhallenden Tons („the reverberation of sound echoing over vast regions", 327), Bilder des Lichts für Tugend und das Gute, sowie des Dunklen für Übel und Tod; Bilder der Krankheit, und insbesondere die dominante Kleidermetaphorik, die Macbeth in zu großen Kleidern zeige. Damit stellte sie Bradleys These, Macbeth löse Ehrfurcht beim Zuschauer aus, in Frage. In *Romeo and Juliet* sieht Spurgeon vor allem die Bilder des Lichts (Licht, Blitze, Feuer, Sonne, Mond, Sterne), die die Liebe des Paares definiere und sie zugleich von der dunklen Welt (Nacht, Dunkelheit, Nebel, Wolken, Regen) der Fehde unter den Familien abhebe. Der Gegensatz dieser beiden Bildbereiche erschaffe die Atmosphäre für die gesamte Tragödie.

Caroline Spurgeon

Beispiel: *Macbeth*

Beispiel: *Romeo and Juliet*

Spurgeons einflussreicher Ansatz wurde unter anderem von Wilson Knight in *The Wheel of Fire* (1930) aufgegriffen, der versuchte, auch in der Nachfolge Bradleys, das Wesen eines Charakters über seine Sprache zu enthüllen. In *Othello* löse Jago die Musik, die der Sprache Othellos innewohne (Knight spricht von „Othello music"), in Dissonanzen auf. Entsprechend seiner Auffassung von der Ganzheit eines Kunstwerkes sieht Knight in *Othello* den Kampf zwischen der Harmonie, nach der sich Othello sehne, und dem Chaos, mit dem Jago dessen Weltsicht zerstöre. So kommt er zu dem Schluss „that Othello is essential man in all his prowess and protective strength: Desdemona essential woman, gentle, loving, brave in her trust of her warrior husband" (118), Jago dagegen sei „pure cynicism" (S. 117). Freilich gesteht er ein, dass die Charaktere starke individuelle Züge tragen, die sie nur schwer in eine symbolische Deutung des Stücks integrieren lassen. In Deutschland war es Wolfgang Clemen, der mit *Shakespeares Bilder* (1936) die Standards der Zeit setzte. Für *Romeo and Juliet* zeigt er beispielsweise auf, wie Romeo bei der ersten Begegnung mit Juliet auf dem Ball noch in einer stilisierten Ausdrucksweise verharre, die das Formelle der Situation unterstreiche. Je näher sich die beiden Liebenden kommen, desto direkter werde auch ihre Sprache, wie in der Balkonszene:

Wilson Knight

Wolfgang Clemen

Beispiel: *Romeo and Juliet*

> Here two characters meet who no longer carry on coquetery with elegant conceits on ‚love' but who are passionately in love with one another and give dirext expression to their love. […] these scenes bring the secret converse of the lovers, freed from their conventional environment and from distraction, but at one with the heart of nature. The warmth and tenderness of these scenes raises the language to a poetic height and richness unmatched in Shakespeare's work, and the imagery displays a complexity surpassing everything hitherto found. (69)

Beispiel: *Othello*

Für *Othello* zeigen die sprachlichen Bilder für Clemen wiederholt den Bezug auf die Person der Titelfigur und auf kosmische Dimensionen, wogegen diejenigen Jagos fast ausschließlich der materiellen und statischen Welt angehören. Vor dem Hintergrund der Auffassung, dass die Bildersprache ein Mittel zur Charakterisierung der tragischen Personen darstelle, sieht Clemen wieder – anders als Eliot und Leavis – Aufrichtigkeit und echte Gefühle in Othello. Die Bilder Othellos spiegelten den von Beginn des Dramas an bestehenden Gegensatz zwischen der kulturellen Unerfahrenheit des Othello in Venedig und dem hohen Kenntnisstand des Jago, der mit den Verhaltenscodes der venezianischen Gesellschaft bestens vertraut sei.

2. Postmoderne Ansätze

Neuorientierung

Wie oben erwähnt, wurden seit den 70er Jahren des 20. Jahrhunderts Ansätze wie die bisher Skizzierten radikal in Frage gestellt. Kritiker argumentierten, dass sich die ‚Traditionalisten' viel zu stark auf Charaktere und strukturelle Harmonie des Textgewebes konzentrierten, Texte viel zu glatt ‚bügelten' und darüber den Blick für gesellschaftliche, geschichtliche und kulturelle Fragen verloren hätten. Diese Entfernung von der Realität der eigenen Zeit mache diese Philologen zum Sprachrohr einer elitären, sexistischen und unpolitischen Literaturkritik. Zudem sei Sprache kein eindeutiges Zeichensystem, sondern integraler Teil jeder sozialen Ordnung: die ‚traditionelle' Annahme, es gäbe festgelegte Bedeutungen, gemeinsame Definitionen und die Regeln der Grammatik, die zugleich auch einen wohl geordneten politischen Staat reflektierten und konstituierten, sei falsch. Dieser Annahme widersprächen Shakespeares Wortspiele und das Rätselhafte, das die Dramen präge. Die bis dahin gültige Grundposition, ein literarisches Werk als ein abgeschlossenes Ganzes, als harmonische Einheit der Sinnfülle zu verstehen, wurde hier also gänzlich verworfen. Gemeinsam ist den postmodernen Ansätzen, die im folgenden skizziert werden sollen (‚Postmoderne' wird hier also als Oberbegriff verstanden), trotz aller Unterschiede der Betrachtungsweise, dass sie nicht nach Einheit, sondern nach Brüchen, Diskontinuitäten, dem Fragmentarischen, Marginalisierten und Subversiven in den Dramen Shakespeares suchen, die Möglichkeit von ‚hoffnungsvollen' Dramenschlüssen negieren und stattdessen ambige und düstere Schlüsse aufzeigen. Dramencharaktere werden nicht mehr, wie bei Bradley, als Abbild realer Personen verstanden, sondern als textuelle Arrangements, die Ideen über Personen beinhalten. Sie repräsentieren damit eine strategische Organisation, die wiederum eine spezifische Interpretation der Realität konstruiert. Die Vertreter dieser Richtung konzentrieren sich auf politische, ökonomische und soziale Faktoren, innerhalb derer Shakespeares Dramen entstanden sind, und sehen diese als Ausdruck dominanter, elitärer Gruppen, und hier insbesondere reicher mächtiger Männer. Alle Lesarten sind somit politisch oder ideologisch. So formuliert etwa Terence Hawkes in der *Introduction* zu der von ihm herausgegebenen Essaysammlung *Twentieth Century Interpretations of Macbeth* (1977) ganz selbstverständlich: „one of the central concerns of Macbeth is *of course* the disunity and disorder that the murder of King Duncan brings to Scotland." (3; meine Hervorhebung).

Gemeinsamkeiten

Deconstruction

Mit *Deconstruction* bezeichnet man die Richtung der postmodernen Ansätze, die sich vor allem auf den sprachlich-textuellen und ideologischen Aspekt von Kultur und Literatur bezieht. Den stärksten Einfluss auf das Sprach-

und Textverständnis der ‚neuen' Literaturwissenschaft übte Jacques Derrida aus, dessen Grundbegriffe „deconstruction" und „différance" (siehe unten) in den 80er Jahren geradezu eine Inflation erlebten. Die Arbeiten Derridas entziehen sich jeder Systematisierung. Statt ein Gedankengebäude zu entwerfen, schlägt er so genannte Strategien des Lesens vor, die alle Versuche, theoretische Systeme zu errichten, in Frage stellen. Sein Hauptvorwurf an die abendländische Philosophie ist ihr Logozentrismus, also das Primat des Wortes, und die Errichtung einer Metaphysik, die letztlich auf der Sinnfülle des Wortes bzw. des sprachlichen Zeichens beruht. In kritischer Auseinandersetzung mit der Zeichentheorie Husserls, der sprachliche Äußerungen als eindeutige Wiedergabe von Bewusstseinsinhalten verstand, und der Sprachtheorie Saussures versuchte Derrida zu zeigen, dass die These, durch Sprache könne eindeutiger Sinn vermittelt werden, nicht aufrecht erhalten werden kann. Im Gegensatz zum gesprochenen Wort, das einen Zugang zum Bewusstsein des Sprechers ermöglicht und damit vergleichsweise eindeutig ist, existiert der geschriebene Text nur aus physischen Zeichen, die aber getrennt sind vom Bewusstsein, das zu ihrer Produktion geführt hat. Der geschriebene Text lässt damit erst offenbar werden, worauf Saussures Sprachtheorie beruht. Signifikanten wie Buchstabenfolgen sind nur willkürlich mit Bewusstseinsinhalten verbunden, und diese Signifikanten gewinnen ihre Gestalt nun aus der Differenz anderer Signifikanten. Damit kann aber letztlich in der Schrift kein eindeutiger Sinn in seiner vollen Präsenz übermittelt und in Gegensatz zu anderen gesetzt werden. Jeder Signifikant (wie z. B. die Buchstabenfolge *s-u-n*) weist über seine Differenz auf andere Signifikanten und damit immer zugleich auf Abwesendes (wie im vorliegenden Beispiel *f-u-n*), denn die Identität eines Signifikanten ist rein relational bestimmt (frz. „différence" im Sinne von dt. „Unterschied"). Damit erweist sich ein Text aber nicht mehr als stabiles Sinngefüge, sondern dekonstruiert sich selbst (*deférance* im Sinne von dt. „Aufschieben in die Zukunft") durch die endlose Kette von Verweisungen auf andere Signifikanten, die Abwesendes, Ausgeblendetes, Unterdrücktes und Gegenteiliges beim Zeichenbenutzer aufrufen. So entsteht ein freies Spiel der Signifikanten, das Sprache destabilisiert, was Derrida mit der Neuprägung *différance* bezeichnet. Ein ganzer Text kann nicht als eine in sich geschlossene Einheit betrachtet werden, denn er steht wiederum in einem Netz von anderen Texten, denen er seine Entstehung verdankt oder die er hervorbringen wird. Alles in allem bewegt sich der Mensch in einer Welt von Textualität, in der er eingeschlossen ist und in der die Hoffnung, den vollen Sinn vergegenwärtigen zu können, nichts als utopisch ist. Derridas *deconstructive reading* hatte großen Einfluss in der Literaturwissenschaft, da mit ihm gezeigt werden konnte, wie ein Text nicht nur das vermittelt, was er vorgibt, sondern zugleich auch immer auf das Abwesende verweist, bzw. einen anderen Text oder Diskurs konstruiert, indem er dessen Strategien übernimmt, um deren verborgene Widersprüche offenzulegen.

Jacques Derrida

Einfluss

Doch Derridas Verfahren stellten nicht nur eine neue Lektüre-Strategie bereit. Vielleicht entscheidender war, dass durch dessen Ansatz das Verständnis eines literarischen Textes als in sich geschlossenes, sinnerfülltes Kunstwerk nachhaltig in Frage gestellt wurde. Bezogen auf die Dramen Shakespeares lässt sich dieser Ansatz besonders gut an den Manipulator-Fi-

Beispiele

guren wie Richard III oder Jago in *Othello* zeigen, da diese die oben beschriebene Arbitrarität (Nichtfestlegbarkeit) des sprachlichen Zeichens als endlos manipulierbares Zeichensystem kulturellen und sozialen Ursprungs ebenso wie sich selbst als sprachliches Konstrukt begreifen (Jago: „I am not what I am", 1.1.64).

Beispiel: *King Lear*

Wahrscheinlich der beste Shakespeare-Text für diese Lesart ist *King Lear*, da dieser selbst als Modell der Dekonstruktion verstanden werden kann (vgl. Weiß, 133–135). Der Text ist in Quarto und Folio in zwei stark voneinander differierenden Fassungen überliefert (vgl. Kap. III), und eine authoritative Version gibt es nicht. Zentrale Wörter wie „nature" oder „nothing", die von verschiedenen Figuren verwendet werden, verweisen jeweils auf ganz unterschiedliche Signifikate. Das Weltbild Lears, auf das er sich bei Verstand beruft, wird von ihm selbst im Wahnsinn als Chaos dekonstruiert. Die Figuren entwerfen sich jeweils in ganz unterschiedlichen Rollen. So entwirft sich Lear selbst als König, als an Undankbarkeit leidender Vater und als hilfloser alter Mann. Kent sieht ihn als König, für die Herzöge ist er ein Landesfeind. Edgar spielt die Rollen als verrückter Bettler (Poor Tom), zudem ist er Führer seines geblendeten Vaters und anonymer Ritter, bevor er nach dem Tod seines Vaters als der Earl of Gloucester erscheint. Cordelia wird von Lear als Tochter verstoßen, die die eingeforderte Liebe verweigert, von ihren Schwestern als Landesfeindin bekämpft und von Lear als Heilige im Himmel, und in ihrem Tod schließlich als Inbegriff seines verlorenen Glücks erkannt. „In dem ständigen Wechsel von Zuweisungen von Sinn und Bedeutung wird letztlich das Verfahren selbst sichtbar, zu dem ein nur in seiner Welt von Texten existierender Mensch gezwungen ist: den Texten nach seinen Prägungen und Interessen einen Sinn einzuschreiben versuchen." (Weiß, 135).

New Historicism

Das neue Sprach- und Textverständnis, wie es insbesondere durch Derrida vorgetragen wurde, erschütterte zwar nachhaltig die bis dahin geltende Grundannahme, soweit sie die Sprache, den Autor und den Status des Kunstwerkes betrafen, aber es erklärte nicht, wie die *geschichtliche* Dimension eines literarischen Textes unter diesen geänderten Voraussetzungen erforscht werden kann, und wie, und mit welchem Ziel Literaturwissenschaft als Literatur*geschichte* arbeiten kann. Dieses Problem, das sich vor allem in der amerikanischen Literaturwissenschaft wegen der langen Vorherrschaft des *new criticism* (siehe oben) und der weitgehend a-historischen Rezeption Derridas besonders dringlich stellte, wurde vor allem in der Auseinandersetzung mit den Thesen Michel Foucaults anzugehen und zu lösen versucht. Wie Derridas Lesestrategien, so entzieht sich auch Foucaults Werk jeder Systematisierung. Er entwickelte seine Art der geschichtlichen Untersuchung gegen die traditionelle Geschichtsschreibung, insbesondere die Geistesgeschichte, die darstellt, wie begriffliche Strukturen entstehen, sich entfalten, sich ausbreiten, und wieder verschwinden. Diese Art von Geistesgeschichte gründet sich auf eine Reihe untereinander verknüpfter Vorstellungen, wie Genese, Kontinuität, Totalität und den Begriff von Autorschaft. Die Genese vermittelt die Vorstellung eines Anfangs durch ein Individuum oder durch ein kollektives Bewusstsein, Kontinuität ermöglicht die Annahme, dass Wis-

Michel Foucault

sen sich mit der Zeit anhäufe und bis in die heutige Zeit anwachse. Und aus der Totalität erwächst der Anspruch, dass einmal eine umfassende Darstellung der intellektuellen Geschichte des Menschen möglich sein werde. Diese Grundpositionen attackiert Foucault mit den Argumenten, dass Wissen weder von einzelnen Autoren produziert werde, noch in der historischen Rückschau in die heutigen Disziplinen eingeteilt werden könne, weil diese zu einem besonderen Diskurstyp der Jetztzeit gehören und deren Rückverfolgung einen Anachronismus darstellen würde. Auch Texte sind nicht als Einheiten zu verstehen, sondern wegen der vielen Verweise und Bezüge auf andere Texte eher als Schnittpunkte oder Knoten eines größeren Netzwerks. Ebenso sind Autoren eher als Medien zu betrachten und weniger als schöpferische Individuen, da durch sie ein Gewebe von Verweisen hindurch geht.

Anstelle der herkömmlichen Geistesgeschichte, der Foucault vorwirft, in allen Perioden nur das Heutige und damit das Gleiche zu erkennen, unternimmt Foucault den Versuch, die Eigenart jeder Epoche zu entdecken und deren nicht-reduzible Differenzen darzustellen. Deshalb stellt er der evolutionär ausgerichteten Geschichtsschreibung sein archäologisches anti-evolutionäres Geschichtsverständnis entgegen, das Geschichte als Abfolge von Epochen versteht, die durch Brüche radikal voneinander getrennt sind. Diese Epochen können bestimmt werden über jeweils spezifische Diskurspraktiken, mit denen Menschen über sich selbst, die Welt, die Gesellschaft, sowie über Werte und Normen nachdenken und sich verständigen. Diese diskursiven Praktiken folgen jeweils gewissen Codes und Regelsystemen, die sich von Epoche zu Epoche ändern. Vom 16. Jahrhundert bis in die Gegenwart unterscheidet Foucault vier Epochen: Renaissance, Klassizismus, Moderne und Postmoderne. Das Regelsystem, das eine Epoche definiert, nennt er ‚Episteme'. Durch sie wird der Diskurs bestimmt, und auf ihrer Grundlage kann Wissen entstehen und geordnet werden. Die Episteme ist ein historisches A-priori, ein Rahmen, über den hinaus nicht gedacht, geschrieben, gelernt oder entdeckt werden kann. Zugleich werden durch diesen Kategorien vorgegeben, mit denen wahre und falsche Aussagen voneinander geschieden werden können. Der von Foucault gewählte Ausdruck ‚Archäologie' für seine Forschungen erklärt sich aus dem Bestreben, auf den isolierten Episteme-Inseln jeweils das fundamentale Ordnungs- und Regelsystem auszugraben. Dabei beschränkt sich diese Archäologie nur auf die Beziehung der diskursiven Objekte zur Ordnung der Sprache, die sich mit diesen Objekten befasst.

Episteme

Macht

Der Begriff der Macht, der für den *new historicism* so wichtig wurde, wird erst in Foucaults *L'Archéologie du Savoir* (1969) in die Diskursforschung eingeführt und in den Werken der 70er Jahre *L'Ordre du Discours* (1971), *Surveiller et Punir: Naissance de la Prison* (1975) und *Histoire de la Sexualité* (1976) verstärkt in den Blick genommen. Damit wird auch der Diskurs nicht nur als Medium verstanden, in dem Wissen hervorgebracht und geordnet wird, sondern als Feld der Auseinandersetzung mit der Macht, die den Diskurs und das Wissen zu beherrschen versucht und die in Konflikt steht mit Gegenkräften, die versuchen, den Diskurs frei von Machtinteressen zu halten. In diesen späteren Werken verwendet Foucault den in seinen früheren Arbeiten zentralen Begriff der Episteme nicht mehr, sondern führt den Begriff der Genealogie ein, mit dem er durch verschiedene Diskurse hindurch diskursive und nicht-diskursive Praktiken in der Neuzeit verfolgt.

Texte

Den Beginn des *new historicism* markieren Foucaults Vorlesungen an der *University of Berkeley* im Oktober 1980. Von besonderem Einfluss war sein Verständnis von Macht, die er nicht einfach als repressive Gewalt definierte, die von oben nach unten in die Gesellschaft wirkt, sondern als ubiquitär wirkende produktive Kraft, die sowohl Wissen als auch soziale Beziehungen hervorbringt. Ein Text wurde als Schnittpunkt von Machtlinien begriffen, da die Macht, die gesellschaftlich verortet ist, in bestimmten Institutionen wie dem Hof, der Kirche, der Kolonialverwaltung oder der patriarchalischen Familie immer zugleich auch die ideologischen Bedeutungsstrukturen der Texte, die charakteristischen Ausdrucksweisen und die wiederkehrenden Erzählmuster durchtränkt und prägt. Somit wird ein literarischer Text als vollkommen eingebettet in seiner jeweiligen Kultur verstanden. Er wird ebenso bestimmt von der Kultur, in der er entsteht, wie er aktiv diese Kultur ihrerseits wieder mit formt und mit bestimmt. Er ist von Ideologie durchdrungen und schafft zugleich diese Ideologie mit. Mit dieser kulturellen Einbettung steht er in einer Linie mit anderen überlieferten Texten einer Zeit, also mit Anekdoten, Reiseberichten, ärztlichen Untersuchungsprotokollen, Gerichtsurteilen, Tagebuchaufzeichnungen etc. Fiktionaler Text und anekdotisch berichtetes Ereignis sind Dokumente des gemeinsamen ideologischen Wirklichkeitsentwurfs, der alle in eine Kultur eingebetteten Subjekte in ihren Texten reproduzieren.

Stephen Greenblatt

Der Begriff des *new historicism* wurde geprägt von dessen prominentestem Vertreter, Stephen Greenblatt, der diesen in seiner Einführung zur Zeitschrift *Genre* 1982 verwendete, um Gemeinsamkeiten verschiedener Studien zur Frühen Neuzeit zu erfassen. In seiner Studie *Renaissance Self-Fashioning* fragt er, wie Texte die bestehende Ideologie reproduzieren oder subversiv untergraben und zeigt auf, dass sich Individuen stets entwerfen „in relation to something perceived as alien, strange or hostile. This threatening other – heretic, savage, witch, adulteress, traitor, Antichrist – must be discovered or reinvented in order to be attacked and destroyed." (9) Somit gilt Greenblatts Interesse dem ‚Anderen', den bis dahin an den Rand gedrängten, marginalisierten Stimmen, die in der Ideologie der herrschenden Klasse zum Schweigen verurteilt waren.

Abgrenzung vom *old historicism*

Trotz einer – wie in jeder theoretischen Schule ausgeprägten – Heterogenität der *new historicists* grenzen sich diese übereinstimmend vom ausschließlich textimmanent und unhistorisch arbeitenden *new criticism*, wie auch von dem auf historische Kontextualisierung ausgerichteten *old historicism* der ersten Hälfte des 20. Jahrhunderts ab, dem sie vorwerfen, den Konstruktcharakter jeglicher historischer Deutung nicht erkannt und die Literatur lediglich zum Spiegel des geschichtlichen Hintergrundes degradiert zu haben. Dagegen geht der *new historicism* von einem intertextuell vernetzten und damit dezentrierten Einzeltext aus und verfolgt, wie sich verschiedene Diskurse kreuzen, widersprechen, destabilisieren, einander auflösen oder modifizieren. Für *new historicists* ist jeder Text historisch geprägt, wobei er nicht mehr, wie aus Sicht der *old historicists*, allein Abbild der historischen Realität, sondern ein dynamisches soziokulturelles und ästhetisches Interdependenzgeflecht darstellt, das von der „circulation of social energies" (Greenblatt) geformt wird. Nach diesem Ansatz verlieren literarische Texte ihren privilegierten Status als ästhetische Gebilde und sind genauso viel ‚wert' wie Anekdoten oder Tagebucheinträge. So zeigte Greenblatt etwa an den Exorzistenberichten Harsnetts und Edgars Maske als Poor Tom in *King Lear*, „dass mit der Bekämpfung und Entlarvung des Exorzismus als eines betrügerischen Theaters durch die Staatskirche zugleich auch die Hoffnung auf Erlösung und Befreiung vieler Gläubiger zerstört worden sei, die im Stück immer noch als Sehnsucht gegenwärtig sei und das Ende Lears ohne jede Aussicht auf Erlösung erscheinen lasse." (Weiß, 132).

Beispiel: *King Lear*

In der Praxis der Interpretation suchen *new historicists* nach Brüchen und Ausgrenzungen in logozentrischen, also das Wort in den Mittelpunkt stellenden, Textstrukturen, um so das Marginalisierte und bisher Verschwiegene, insbesondere Macht- und Unterdrückungsmechanismen, wieder aufzuspüren. Dabei interessieren insbesondere die Kategorien von *class, gender* und *race*. Zudem betonen *new historicists* die Kontingenz historischen Geschehens und gehen davon aus, dass sich Ideologie in Repräsentation zeige und sich die Macht der Politik in der inszenatorischen Macht des Theaters spiegle. In der Frühen Neuzeit haben Analogien zwischen der öffentlichen Theaterbühne und der öffentlichen Bühne bestanden, auf der sich die Herrschenden zeigten und die Verurteilten gefoltert und hingerichtet wurden. Für die *new historicists* ist, ebenso wie für die *cultural materialists* (siehe unten), die Frühe Neuzeit als Übergang vom mittelalterlichen zum modernen England von besonderer Faszination, weil sich historische Alterität und zeitgenössische Identität in dieser Kultur begegnen. Das 17. Jahrhundert, das in England als Zeitalter der Revolutionen mit weit reichenden Wirkungen bis in die Gegenwart gilt, zwingt dazu, die Analyse dieser Texte immer wieder im Lichte der heutigen Folgeerscheinungen vorzunehmen. Das Bild, das die *new historicists* von der Kultur der englischen Renaissance entwerfen, gleicht somit kaum mehr dem Entwurf Tillyards (vgl. Kap. II), der zwar Spannungen und Gefährdungen in der elisabethanischen Gesellschaft beobachtete, aber letztlich doch die Epoche als Zeit einer einheitlichen, von festen Ordnungsvorstellungen geprägten Kultur beschrieb. Die *new historicists* entwerfen dem gegenüber ein klaustrophobisches Modell, in dem Macht Subversion fördert, um durch *containment* dieser subversiven Strömungen ihre eigene Macht zu stärken.

class, gender, race

Übergangsepoche

Cultural Materialism

Cultural materialism begann ursprünglich als britische Entsprechung zum amerikanischen *new historicism*: beide sind von Michel Foucault (siehe oben) beeinflusst, beide legen ihr Augenmerk darauf, wie literarische Texte als Repräsentationen einer bestimmten gesellschaftlichen Struktur von eben dieser hervorgebracht werden, wie sie auch umgekehrt zu den kulturellen und politischen Kontexten dieser Gesellschaft beitragen. Darüber hinaus sehen die britischen *cultural materialists* – anders als die *new historicists* – ein politisches Engagement, wenn sie Texte auf ihre politische Funktion für die Gegenwart hin untersuchen: was in den Texten der Renaissance gefunden werde, werde von den Interessen der Gegenwart geleitet. Es versteht sich von selbst, dass die kulturelle Autorität Shakespeares für Großbritannien extrem hoch ist und zur Schaffung eines Traditionsbewusstseins und einer na-

Politisches Engagement

tionalen Identität in den Erziehungsinstitutionen eingesetzt wurde. Umso mehr interessiert die *cultural materialists* die Verwertung Shakespeares, der er unterzogen wurde und wird. Während *new historicists* also eher synchron in einer Epoche arbeiten, ist ein wichtiges Merkmal der *cultural materialists* der diachrone Aspekt.

Cultural materialists vertreten eine klare politische Dimension literarischer Texte, indem sie von einem dynamischen Modell reziproker gesellschaftlicher Austauschprozesse ausgehen („what it is all for") und so nach einer kritischen Re-Lektüre der etablierten Texte suchen. Insbesondere für die Frühe Neuzeit, die als Schlüsselzeit im Prozess der gesamtgesellschaftlichen Modernisierung und der Ausbildung des modernen Subjekts angesehen wird, stelle sich die Frage nach dem subversiven Potential der Literatur. Unter dem Eindruck der Diskursanalyse von Michel Foucault (siehe oben) widmen sich die *cultural materialists* bevorzugt den unterschiedlichen gesellschaftlichen Mechanismen und Manifestationen der Macht, die in den Diskursen einer Epoche anzusiedeln sei. Anstelle der Subversion bevorzugen *cultural materialists* den Terminus „dissidence", worunter die Zurückweisung eines dominanten Aspekts in einer Kultur gemeint ist, ohne dass dessen Ausgang vorweg genommen werde. Damit wird eine Kultur als Stätte der Auseinandersetzung von Meinungen definiert, deren Ausgang offen bleibt. Für sein *dissident reading* sucht Alan Sinfield nach „faultlines", nach Verwerfungslinien im Text, die aus Konflikten und Widersprüchen entstehen, die unweigerlich die soziale Ordnung in sich selbst produziert, und das vor allem in den Versuchen, sich zu stabilisieren. Für *Othello* sieht etwa Sinfield in *Literature in Protestant England* in Desdemonas selbstloser Liebe ein sich verweigerndes Verhalten, da dieses den sozialen Codes in *marriage manuals* der Zeit widerspreche (126) und den nach der protestantischen Lehre strafenden Gott herausfordere. Letztlich müssen *cultural materialists* wie *new historicists* aber eingestehen, dass das Ende des Dramas *Othello* die Hegemonie des elisabethanisch-jakobäischen Systems nicht herausfordere, sondern diese vielmehr dadurch bestärke, dass die transgressiven Elemente wie Desdemona und Emilia ausgeschaltet werden.

dissidence

Beispiel: *Othello*

Feminism

Die feministische Literaturkritik, die sich mittlerweile durch eine Vielzahl differenzierter Methoden auszeichnet, übereinstimmend aber die einseitige, von männlichen Sichtweisen geprägte Sicht auf literarische Texte ablehnt, basiert auf der Annahme, dass kanonisierte Werke überwiegend durch die Annahmen und Praktiken gekennzeichnet sind, die in einer männlich dominierten Welt herrschen und sich in Degradierung, Unterdrückung und Unterordnung der Frau (Misogynie) äußern. Frauen seien gezwungen, sich männlichen Autoritätsstrukturen zu unterwerfen. Die Interessen der feministischen Literaturkritik richten sich (neben der Erweiterung des literarischen Kanons) auf das Aufzeigen patriarchalischer Weiblichkeitsstereotype, welche die hierarchischen Machtverhältnisse zwischen den Geschlechtern abbilden, sowie auf das Aufspüren einer eigenen weiblichen Ästhetik und weiblicher Schreibtraditionen (*women's studies*), der Dekonstruktion der binären Opposition von männlich/weiblich und dem Durchbrechen der „phallogozentrischen" (Derrida) Logik. Vertreter des *gender criticism* kon-

Interessen

zentrierten sich auf Frauenfiguren und deren Ausgeliefertsein gegenüber männlicher Macht und stellen für die Frühe Neuzeit heraus, wie Frauen sich den kulturellen Erwartungen und literarischen Konventionen der patriarchalisch geprägten Zeit unterwerfen mussten. Sie setzen beispielsweise an bei der Ideologie der Ehe in der Frühen Neuzeit, die von der Ehefrau Gehorsam und Unterwürfigkeit erwartete, und stellen die Frage, zu welchem Grad die Ehefrau das Opfer unterdrückender patriarchalischer Ideologie oder zumindest der Schauplatz widerstreitender Diskurse hinsichtlich der Rolle der Ehefrau in der Gesellschaft der frühen Neuzeit ist. So führt Coppélia Kahn beispielsweise zur Fehde der Montagues und Capulets in *Romeo and Juliet* aus, dass die jungen Männer:

Beispiel: *Romeo and Juliet*

> [...] prove themselves men by phallic violence on behalf of their fathers, instead of by the courtship and sexual experimentation that would lead toward marriage and separation from the paternal house. It fosters in the sons fear and scorn of women, associating women with effimenacy and emasculation, while it links sexual intercourse with aggression and violence against women, rather than with pleasure and love. (338f.)

Postcolonialism

Seit den späten 60er Jahren begann sich die anglistische Literaturwissenschaft vermehrt den englischsprachigen Literaturen, die außerhalb der britischen Inseln entstanden waren, zuzuwenden: die damals so genannten *Commonwealth Literatures*, d.h. die Literaturen Afrikas und Südafrikas, der Karibik, Indiens und Südostasiens, Australiens und Neuseelands, traten stärker in den Blickpunkt der Kritiker und wurden durch den Theorieschub der 1980er Jahre umso prominenter. Charakteristisch für die *postcolonial studies* sind bis heute vor allem Fragen von Zentrum und Peripherie, Norm und Alterität („the other") sowie Hybridität, die aus der subversiven Verweigerung des imperialen Diskurses und in der Aneignung eines eigenen, indigenen Diskurses entsteht. Zu den Erkenntnisinteressen von Vertretern dieses Ansatzes gehören Fragen nach Über- und Unterordnung (Domination und Subordination), ökonomischen, kulturellen und politischen Beziehungen zwischen Nationen, Völkern und Kulturen, die ihre Wurzeln im europäischen Kolonialismus haben, ferner die Reflexion der individuellen und kollektiven Problematik der kulturellen Identität, die Entwicklungsmuster von Kolonial- zu Nationalliteraturen und die Berührungspunkte zwischen diesen. Hierzu kommen die Sprachenwahl in multilingualen Kulturen, die Entwicklung eigenständiger Schreibweisen, die Revision des literarischen Kanons, sowie neue Perspektiven auf die Geschichte der Kolonialisierung. Besonders populäre Shakespeare-Dramen für *postcolonial critics* sind *The Tempest* mit Caliban als dem indigenen Bewohner der Insel und *Othello* mit seinem schwarzen Titelhelden. So verbindet etwa Ania Loomba in „Sexuality and Racial Difference" (1989) die Interessen des *gender criticism* mit denen des *postcolonialism*, wenn sie die folgende Lesart des *Othello* aus Sicht einer schwarzen Frau darlegt: „But reading the play as a black woman immediately problematises the notion of men's power and therefore also any comparisons we may make." (164). Sie argumentiert:

Zentrum/Peripherie

Beispiel: *Othello*

> […] that firstly, Othello's blackness is central to any understanding of male or female sexuality or power structures in the play; secondly, the filtering of sexuality and race through each other's prism profoundly affects each of them […] and, thirdly, such interweaving does not dissolve the tensions between different forms of oppression but acknowledges and addresses them […]. (165)

Othello bewege sich vom kolonialisierten Objekt zum gänzlich Fremden an sich: „[…] being a colonised subject existing on the terms of white Venetian society and trying to internalise its ideology, towards being marginalized, outcast and alienated from it in every way, until he occupies his ‚true' position as its other." (171) Der zentrale Konflikt des Dramas sei daher der zwischen „the racism of a white patriarchy and the threat posed to it by both a black man and a white woman." (172) Als „the other" werde Othello der dominanten Kultur der Venezianer ein- und untergeordnet. Desdemona widersetze sich zunächst noch der dominanten patriarchalischen Gewalt, wenn sie einen Schwarzen zum Ehemann wählt, unterliegt dieser freilich letztlich auch.

New Factualism

Wiederum eine neue Orientierung weg von der Idee der dominierenden Theorie, die Welt sei ein soziales bzw. linguistisches Konstrukt, lässt sich seit den 1990er Jahren vor allem in den USA und Großbritannien (die akademische Szene Deutschlands hat sich dieser Entwicklung immer noch weitestgehend verschlossen und schreibt weiter Professuren für Literaturtheorie aus) ein neuer Fokus auf Faktizität und faktuales Schreiben beobachten. In der Shakespeare-Philologie konzentrieren diese sich vor allem auf Shakespeares Biographie und computergestützte Verfahren, um Autorschaftsfragen und Datierungen ‚feststellen' zu können. Wie bereits in Kapitel I ausgeführt, wird im Bereich der Biographie seit den 90er Jahren des 20. Jahrhunderts verstärkt die Frage nach Shakespeares möglichem Krypto-Katholizismus fruchtbar, teilweise aber auch von vorgefassten Meinungen dominiert diskutiert. Im Bereich der *attribution studies* entstehen diverse *computer-databases*, die allerdings auch keine objektiven Ergebnisse liefern können, weil sie letztlich wieder von Menschen und deren individuellen Konzepten von Kategorien programmiert und ausgewertet werden müssen. In der Editionsphilologie werden Computer eingesetzt, um Textfassungen miteinander zu vergleichen. Für die 18 Dramen, die nur in der Folio überliefert sind, stellt sich diese Frage nicht, für Dramen wie *King Lear* und *Hamlet*, die in zwei oder drei Fassungen (Q1, Q2 und F für *Hamlet*) mit signifikanten Unterschieden überliefert sind (vgl. Kap. III), können solche Untersuchungen entscheidende Nuancen zur Interpretation des Stückes beitragen.

Computergestützte Verfahren

Ecocriticism

Kurz auf einen Nenner gebracht beschäftigt sich *ecocriticism* (in Großbritannien auch als *green studies* bezeichnet) mit dem Verhältnis von Literatur und Umwelt, zwischen Kultur und Natur. Dieser Ansatz wurde in Amerika begründet von Cheryll Glotfelty und hat sich seit den 1990er Jahren stärker und stärker etabliert. Entscheidend für *ecocritics* ist die Auffassung, dass Na-

Kultur und Natur

tur faktisch/real existiert und uns umgibt und nicht nur ein soziales und/oder linguistisches Konstrukt ist: „It isn't language which has a hole in its ozone layer." (Soper, 151). *Ecocritics* beschäftigen sich mit Fragen des Wachsens und der Energie, Gleichgewicht und Ungleichgewicht in der Atmosphäre, sowie erneuerbarer und nicht-erneuerbarer Energien. Die theoretische Dimension dieses Ansatzes liegt in der Definition des Wesens von „nature", welche wiederum kulturell bedingt ist und die seit Pythagoras existierende Annahme, der Mensch sei das Maß aller Dinge, relativiert. Spätestens seit dem 18. Jahrhundert und Dr. Samuel Johnson (vgl. Kap. VI) hat der Begriff

nature

„nature" wechselnde Definitionen, etwa in der Romantik oder den amerikanischen *transcendentalist writers* erfahren. Das Werk Shakespeares bietet zahlreiche Anknüpfungspunkte für diese zusätzliche Facette der Interpretation, sei es in der *green world* der Komödien, den sturm-umtobten Heideszenen des *King Lear* oder dem Gegensatz zwischen Hof- und Naturwelt in den Romanzen, wie etwa dem Schafschurfest in *The Winter's Tale*.

3. Cultural Studies

Seit den 90er Jahren des 20. Jahrhundert hat sich neben der Literaturwissenschaft zunehmend die Kulturwissenschaft etabliert. Kulturwissenschaftler sehen Kultur als einen Organismus und pflegen besonders Interdisziplinarität und Diskursanalyse. Sie verlagern das kritische Interesse weg vom Autor hin zu einem Interesse an sozialer Produktion und beziehen auch populäre Texte des täglichen Lebens wie Werbetexte, pop songs, oder soziale Produkte wie Fernesehsendungen in ihre Interpretationen mit ein. Ihr Ziel ist es, Diversitäten zusammenzubringen, die bisher eben nicht miteinander in Zusammenhang gebracht worden sind. Wie Texte, werden auch Kulturen als Stätten des Konflikts gesehen, die nicht auf eine Bedeutung reduziert werden können. Für diesen Ansatz sind freilich Kompetenzen in mehreren – für sich eigenständigen – Disziplinen wie Soziologie, Politikwissenschaften, *media studies*, Literaturgeschichte, Linguistik, Psychoanalyse und viele andere unbedingt erforderlich. In einer Zeit wachsender Spezialisierung in der Forschung ist hier die Gefahr des Dilletantismus gegeben.

VIII. Das Werk in Übersetzungen am Beispiel der deutschen Rezeption

1. Werktreue

Jeder Übersetzer sieht sich generell dem Dilemma gegenüber, wie werkgetreu („faithful") seine Übersetzung sein sollte. Hierzu unterscheidet John Dryden in seiner *Preface to Ovid's Epistles* (1680) drei Möglichkeiten der Übertragung, nämlich – im Grad zunehmender ‚Freiheit' der Übertragung – „metaphrase", „paraphrase" and „imitation": „Metaphrase" bedeute „turning an Authour word by Word, and Line by Line, from one Language into another", „paraphrase" sei eine „Translation with Latitude, when the Author is kept in view by the Translator, so as never to be lost, but his words are not so strictly follow'd as his sense, and that too is admitted to be amplified, but not alter'd". „Imitation" setzt voraus „the liberty not only to vary from the words and scene, but to forsake them both as he sees occasion: and taking only some general hints from the Original, to rund division on the groundwork, as he pleases [...]" (114f.) Nach Dryden kann „metaphrase" in den modernen Sprachen nicht realisiert werden: „Too faithfully is indeed pedantically [...] ,Tis almost impossible to Translate verbally and well, at the same time; [...] In short, the Verbal Copyer is incumber'd with so many difficulties at once, that he can never distangle himself from all." (115ff.) „Imitation" schaffe beinahe ein neues Werk: „instead of them [Ovid or Virgil or any regular intelligable Authour] there is something new produc'd, which is almost the creation of another hand." (116ff.) Daraus resultierend empfiehlt Dryden die zweite oben genannte Variante, also „paraphrase", da diese besondere Freiheiten des Ausdrucks eröffne: „There is [...] a Liberty to be allow'd for the Expression, neither is it necessary that Words and Lines should be confin'd to the measure of their Original. The scene of an Authour, generally speaking, is to be Sacred and inviolable." (118)

Metaphrase

Paraphrase

Imitation

Zu Fragen wie diesen kommen bei Übersetzungen vom Englischen ins Deutsche die folgenden allgemeinen Überlegungen und Notwendigkeiten. Englisch ist eine analytische, Deutsch eine synthetische Sprache: die englische Syntax basiert auf einer festgelegten Abfolge von Subjekt – Verb – Objekt (S-V-O), im Deutschen werden syntaktische Bezüge dagegen von Deklinations- und Flexionsendungen markiert. Somit kann im Englischen ein Wort relativ leicht von einer Wortklasse in die andere (z.B. vom Nomen zum Verb, wie beispielsweise im Fall von ‚light') verschoben werden; im Deutschen müssen wir zwischen dem Nomen ‚das Licht' und dem (transitiven) Verb ‚erhellen' unterscheiden. Englisch ist daher die ‚kürzere' Sprache, was insbesondere bei Übersetzungen von versgebundener Spache wie eben in Shakespeares Dramen und seiner Dichtung zum Tragen kommt.

Übersetzungen vom Englischen ins Deutsche

Im Englischen gibt es Wortfamilien, die sich im Deutschen so nicht nachbilden lassen, wie etwa „light – to light – delight – lightning" (*Romeo and*

Juliet) oder „part – depart – parting – parties“ oder „man – unmanned – manly – manhood – woman“ (beides Beispiele aus *Macbeth*). Darüber hinaus ist die englische Sprache reich an *homophones*, die wiederum *puns* ermöglichen (vgl. Kap. III), welche entsprechend schwierig adäquat zu übersetzen sind. Hier stellt sich, wie auch bei Sprichwörtern, die Frage, ob der Übersetzer etwa die Alliterationen des englischen Quellentextes beibehält oder nach einer Entsprechung als existentem Sprichwort im Deutschen sucht. Sollte beispielsweise „Blood will have Blood“ (*Macbeth*) als „Blut verlangt Blut“ oder „Auge um Auge“ oder „Wie Du mir, so ich Dir“ übersetzt werden? Shakespeares Dramen sind des weiteren reich an Wort-Neuschöpfungen (Neologismen) wie etwa Lady Macbeths „unsex me here“ (1.5.41) und rhetorischen Stilmitteln. Zudem umfassen sie sehr verschiedene stilistische Ebenen von der Umgangssprache der Totengräber in *Hamlet* oder dem Pförtner in *Macbeth* (jeweils in Prosa) zum wortreich-geschwätzigen Stil des Polonius in *Hamlet* oder den Obszönitäten des Mercutio in *Romeo and Juliet*.

Das Wesen einer Übersetzung

Übersetzen bedeutet heute nicht mehr ‚nur‘ die linguistische Übertragung von der Quellensprache in die Zielsprache und die Überlegung, ob ‚Wort-für-Wort‘ oder ‚frei‘ übersetzt werden soll (siehe oben). Im Zuge der Neuorientierung in den Literatur- und Kulturwissenschaften seit den 1980er Jahren (vgl. Kap. VII) treten vermehrt die kulturellen Einflüsse, die in einen Text jenseits der rein sprachlichen Zeichen eingegangen sind, ins Blickfeld. Die Situierung von Texten innerhalb ihrer historischen, sozialen und kulturellen Kontexte ist somit zunehmend wichtiger geworden und relativiert das Primat der sprachlichen Zeichen. Da Texte als in ein Netzwerk von kulturellen Praktiken eingebunden gesehen werden, stehen auch Übersetzungen nicht in einem Vakuum, sondern in einem Kontinuum von Diskursen, so dass auch der Kontext, in dem eine Übersetzung angefertigt wird, eine Rolle spielt. Auch der Übersetzer ist in ein bestimmtes kulturelles Netzwerk eingebunden, und auch bei seiner Arbeit spielen die Normen und Konventionen des Zielpublikums eine Rolle. ‚Übersetzen‘ gilt heute als transkulturelle Leistung, die Sprache als einen intrinsischen Teil von Kultur sieht. Vor einem Hintergrund wie diesem ist die Übersetzung eines Dramas eine besonders komplexe Aufgabe. Wie oben skizziert, ist eine Übersetzung heute eher eine kulturelle als eine linguistische Übertragungsleistung, gilt Übersetzung als ein Akt der Kommunikation, und wird ein Text mehr als integraler Bestandteil kultureller Diskurse und Ausdruck eines Akkulturationsprozesses als ein isoliertes Produkt von Sprache gesehen. Übersetzungsstudien gelten daher als komplexer Ausdruck von Intertextualität, da es um interkulturellen Transfer und kulturelle Interferenzen geht. „Übersetzen heißt interpretieren“ (Günther, 22).

Übersetzung eines Dramas

2. Christoph Martin Wieland

In Deutschland war Shakespeare bis zum Jahr 1762, als Christoph Martin Wieland die erste seiner insgesamt 22 Dramenübersetzungen (1762–1766) herausbrachte, weitgehend unbekannt. Im frühen 17. Jahrhundert hatten englische Schauspieltruppen Shakespeares Dramen zwar auf den Kontinent gebracht, wobei dieses Engagement aber lediglich punktuell denn flächendeckend sein konnte. Aus einer Liste von Dramen, die 1626 am Hof in Dresden von der Truppe, die John Green leitete und die aus Frankfurt/Main angereist war, aufgeführt wurde, wissen wir beispielsweise von einer *Tragoedia von Lear, König von Engelandt* (Weiß, 101).

Als erste Übersetzung erschien Wielands *Othello* 1766, wie alle Übertragungen Wielands – mit der einzigen Ausnahme von *A Midsummer Night's Dream* – in Prosa. Trotz der starken Eingriffe und Kürzungen, die Wieland aus Gründen des guten Geschmacks vornahm, blieb seine Übersetzung mehr als ein Jahrzehnt maßgeblich, bis sie von Johann Jakob Eschenburg (1777) verbessert und vervollständigt wurde (siehe Kap. VIII.3).

Im Vergleich zur Übersetzung von ‚Schlegel/Tieck' (siehe Kap. VIII.4) wird Wielands Übersetzung heute oft abgewertet, was jedoch seine Leistung in der Geschichte deutscher Shakespeare-Übersetzungen keinesfalls schmälern darf. Wieland schreibt in seiner *Theorie und Geschichte der Red-Kunst und Dicht-Kunst* (1757), beeinflusst vom ‚Aufstieg' Shakespeares im Sturm und Drang zum regellosen aus sich selbst heraus schaffenden Genie:

> Der weite Umfang, die Stärke und Delicatesse seines Genies sind fast unbegreiflich [...] Es ist kein Charakter so außerordentlich, keine Leidenschaft, keine Situation so schwer und delicat, daß er sie nicht mit der bewundernswürdigen Richtigkeit zu schildern wisse [...] Niemals hat ein Poet die Welt und das menschliche Herz, welches gleichsam eine kleine Welt ist, besser gekannt, noch tiefer in die geheimsten Triebfedern der meschlichen Handlungen hineingesehen als er.

Dann macht er allerdings – dem Klassizismus verpflichtet – die folgenden Einschränkungen: „In der Absicht der Erfindung überschreitet er vielmals die Wahrscheinlichkeit oder vielmehr die Begebenheiten, die er dichtet, sind allzu wunderbar und romanhaft. [...] In Absicht der Einrichtung seiner Stücke muß man bekennen, daß er alle Regeln des Aristoteles übertritt." Sodann entschuldigt Wieland wiederum die Fehler Shakespeares mit seiner Zeit, da die Dramen geschrieben wurden „in einem Jahrhundert [...], wo der Geschmack am Abentheuerlichen und Begriffe, die aus der irrenden Ritterschaft hergenommen sind, noch ziemlich gemein waren". Shakespeare hätte sein Genie zu sehr zügeln müssen, um den aristotelischen Regeln zu entsprechen: „Diejenigen, die ihm aus dieser Unregelmäßigkeit ein großes Verbrechen machen, bedenken nicht, dass es den kleinsten Geistern am leichtesten ist, regelmäßig zu seyn." In seinen theoretischen Schriften sieht Wieland Shakespeare also als Genie, welches aber noch erklärt und verteidigt werden muss.

Wielands *The Tempest*

Bevor Wieland Shakespeares Stücke übersetzte, hatte er als Erster eines seiner Dramen auf die Bühne gebracht. Die erste dokumentarisch belegte Aufführung eines Shakespeare-Dramas in Deutschland ist Wielands *The Tempest*, welches er mit einer Amateurtruppe 1761 in Biberach unter dem Titel *Der erstaunliche Schiffbruch oder Die verzauberte Insel* aufgeführt hatte. Wieland hatte das Drama selbst übersetzt, der Text ist heute verloren. Der Erfolg dieses Projekts ermutigte ihn, weitere Shakespeare-Dramen für ein größeres Publikum zu übersetzen, wobei es erstaunlich und kaum vorstellbar ist, dass er über nur wenige Englischkenntnisse verfügte. An Hilfsmitteln standen ihm lediglich Rowes *Some Account of the Life and Writings*

Hilfsmittel

of William Shakespeare, Boyers *Dictionnaire royal francais et anglais* (1756), ein Buch mit Shakespeare-Zitaten und Dr. Johnson's *Dictionary of the English Language* (1755) zur Verfügung. Er benutzte in erster Linie die Shakespeare-Ausgabe von Pope und Warburton (Dublin und London, 1747), welche als die beste ihrer Zeit galt. Heute wird diese eher kritisch angesehen, weil Warburton Shakespeares Text überall dort abgeändert hatte, wo er ihm nicht plausibel erschien.

Im Hinblick auf die kulturelle Einbettung einer Übersetzung (siehe oben) erweist sich Wielands Übersetzung als vor allem pragmatisch: er wollte ein deutsches Lesepublikum mit Shakespeares Dramen vertraut machen. 1762 erschienen sein *Sommernachtstraum* und *König Lear.* Weitere sieben Bände folgten bis zum Frühjahr 1766. Diese beinhalten, in der Reihenfolge ihrer Veröffentlichung mit Wielands Titeln, die folgenden 22 Dramen: *Ein St. Johannis-Nachts-Traum, Das Leben und der Tod des Königs Lear, Wie es Euch gefällt, Maß für Maß, Der Sturm, Der Kaufmann von Venedig, Timon von Athen, Leben und Tod des Königs Johann, Julius Caesar, Antonius und Cleopatra, Die Irrungen, Leben und Tod Königs Richard des Zweiten, Den ersten Teil von König Heinrich dem Vierten, Den zweiten Teil von König Heinrich dem Vierten, Viel Lärmens um Nichts, Das Trauerspiel vom Macbeth, Die zween edle Veroneser; Romeo and Juliette, Othello, der Moor von Venedig, Was ihr wollt, Hamlet, Prinz von Dänemark* und *Das Wintermärchen.*

Titel

Einschätzung

Wieland war besonders beeindruckt von Shakespeares Meisterschaft der Charakterisierung, da „wenige das menschliche Herz besser gekannt und aufgedeckt haben als er" (Vorrede zum 8. Band seiner Ausgabe von 1766). Struktur und Stil seiner Dramen finden allerdings weniger seine Zustimmung. In seiner Vorrede zur Ausgabe von Band 8 nimmt er an, dass Shakespeares Stil „in Absicht des Ausdrucks roh, und incorrect" und „an tausend Orten … hart, steif, schwülstig, schielend" sei. Er sieht vor allem Verstöße gegen die „Wohlanständigkeiten", weshalb er versucht, Shakespeare zu ‚verbessern'. Hinsichtlich Shakespeares Bildersprache, z. B. Benvolios Monolog in *Romeo and Juliet* „Madam, an hour before the worshipp'd sun / Peer'd forth the golden window of the east, / A troubled mind drave me to walk abroad" (1.1), übersetzt Wieland wie folgt: „Madam, eine Stunde eh die Sonne aufging, trieb mich ein beunruhigtes Gemüt aufzustehen und vor die Stadt hinaus zu gehen." Das Bild des goldenen Fensters fehlt. Wieland fügt stattdessen eine Anmerkung hinzu: „Im Original: Eh die angebetete Sonne sich durch das goldene Fenster des Osten sehen ließ. Es ist nichts leichteres als durch eine allzuwörtliche Übersetzung den Shakespeare lächerlich zu machen […]" Der Übersetzer scheint hier die Kraft des Verses und des Reims zu unterschätzen, denn ein Blankvers kann einer Passage durchaus einen ‚natürlichen' Ton verleihen. Des Weiteren kritisiert Wieland – noch den neo-klassischen Regeln verpflichtet – das Vermischen von komischen und tragischen Elementen. In *King Lear* streicht er den Monolog des Narren in 3.2. mit der Bemerkung: „Hier sagt der Narr etwas so elendes, dass der Übersetzer sich nicht überwinden kann, es herzusetzen." Einige von Edgars Versen werden getilgt, weil sie „in tollhäusischem Geschmack" geschrieben waren. Als geradezu beleidigend empfand Wieland Passagen des Falstaff in *2 Henry IV,* und in seiner Übersetzung streicht er dann auch nicht weniger als sechs Tavernenszenen im zweiten Akt: „Es sind Szenen aus Schenken

Beispiele

und Bordellhäusern […] Die ekelhafte Unsittlichkeit derselben verbietet uns, sie zu übersetzen, und jede auf jedem anderen Theater als dem zu London auch ihre öffentliche Aufführung zu verbieten."

Nachwirkung

Wielands Übersetzung war ein großer öffentlicher Erfolg. Kritiker, wie in seiner Zeit Gerstenberg, Herder und auch Goethe, standen freilich seinen „geschmäcklerischen" and „nörgelnden" Anmerkungen skeptisch gegenüber. Lob kam hingegen von Lessing. Auch heute wird Wielands Übersetzung immer noch kritisch gesehen, weil er – vor allem gegenüber Schlegel/Tieck – keine wirklich dichterische Übersetzung sondern eher eine Wort-für-Wort-Übersetzung angefertigt hat. Trotz aller Diskussion kann Wieland aber zugute gehalten werden, dass er – auch in Anbetracht seiner Vorbehalte – Shakespeares Dramen als die Produkte eines Genies im deutschen Kulturraum etabliert hat. Dabei hat er auch neues Vokabular in die deutsche Sprache eingeführt, so genannte Lehnprägungen, die in ihrer Bildungsweise dem fremdsprachlichen Original folgen, das ursprüngliche Wortmaterial aber nicht verwenden. Friedrich Gundolf, dessen Shakespeare-Übersetzung 1920 herauskam (siehe unten), bezeichnete Wielands Shakespeare-Übersetzung als „eines der unterirdisch einflußreichsten Werke der deutschen Literatur".

3. Johann Jakob Eschenburg

1773 war Wielands Übersetzung vergriffen, und der Züricher Verlag wollte sie vollendet haben. Johann Jakob Eschenburg, hoch gebildeter Professor der Schönen Künste in Braunschweig, übernahm diese Aufgabe. Er revidierte und komplettierte die Übersetzung Wielands in 12 Bänden von 1775 bis 1777, korrigierte die Fehler, die Wieland in seinen Übersetzungen gemacht hatte und stellte die Passagen wieder her, die Wieland gestrichen hatte. Er nutzte die kritische Edition in acht Bänden von Dr. Samuel Johnson (1765) und die Ausgabe von Johnson and Steevens (1773). Zudem übersetzte Eschenburg auch die Dramen, die Wieland nicht übertragen hatte, d. h. *Die lustigen Weiber zu Windsor, Der Liebe Müh ist umsonst, Ende gut, alles gut, Zähmung eines bösen Weibes, König Heinrich der Fünfte, König Heinrich der Sechste (3 Teile), König Richard III, König Heinrich der Achte, Troilus und Kressida, Koriolanus, Cymbelin* und *Titus Andronicus*. Ein dreizehnter Band mit den *Apocrypha* wurde 1813 veröffentlicht und enthielt Eschenburgs Übersetzungen von *Perikles, Prinz von Tyrus; Ein Trauerspiel in Yorkshire (The Yorkshire Tragedy); Der Londoner Verschwender (The London Prodigal)*. Zudem hat Eschenburg Teile von *Lokrin, Ein Trauerspiel; Sir John Oldcastle; Leben und Tod Thomas Lord Cromwells; Die Puritanerinn, oder die Witwe in der Watlingstrasse* übersetzt.

Titel

Eschenburg hatte eine schwierige und letztlich auch undankbare Aufgabe übernommen, da er im Unterschied zu Wieland die englische Kultur der Frühen Neuzeit und auch die Shakespeare-Kritik der Zeit gut kannte. Wie er in *Über William Shakespeare* darlegte, war es seine Absicht, Shakespeares Genie „in seinem ganzen Umfange darzustellen", wofür er sich persönlich als Übersetzer ganz zurücknahm. Er verzichtete auf persönliche Kommentare und zeigte sich dem Vorgehen der Altphilologen der Zeit verpflichtet, eine möglichst korrekte und verlässliche Übersetzung zu erstellen (wie Wieland hat auch Eschenburg eine Prosa-Übersetzung erstellt, nur *Richard III* hat er in Versform übersetzt). Eschenburgs gelehrte Ausgabe stieß bei seinen Zeitgenossen auf unterschiedliche Reaktionen. Herder äußerte sich positiv, Goethe allerdings formulierte in einem Brief an Herder 1771: „Eschenburg ist ein elender Kerl. Seine Übersetzung (der Stellen Shakespeares versteht sich) verdient keine Nachsicht; sie ist abscheulich." Auch Schlegel ist nicht unbedingt angetan: „[...] wer das Original selbst kennt, kann sie nicht ohne Ekel ansehn; der beste Dienst, den sie verrichten kann, ist, daß der Anfänger des Englischen sie als einen fortlaufenden Kommentar benutzt." (Brief an Schiller, Braunschweig, 1. März 1796). In seinem Essay „Etwas über William Shakespeare bei Gelegenheit Wilhelm Meisters" urteilt Schlegel ausgewogener, wenn er Eschenburg „[einen] unserer gelehrtesten und geschmackvollsten Litteratoren" nennt, „der mit gründlicher Sprachkunde, seltenem Scharfsinn im Auslegen und beharrlicher Sorgfalt, der Übersetzung ertheilte was ihr bisher noch gefehlt, nämlich Vollständigkeit im Ganzen und Genauigkeit im Einzelnen". Moderne Kritiker sehen nach wie vor Eschenburg eher als Gelehrten denn als inspirierten Übersetzer. In *Shakespeare und der deutsche Geist* (Berlin, 1927) schätzt Friedrich Gundolf Eschenburgs Übersetzung nur als eine „gradmäßige Verbesserung" der Version Wielands ein. Trotz all der Einwände kommt Eschenburg das Verdienst zu, als Erster eine Übersetzung von Shakespeares gesamten Dramen ins Deutsche angefertigt zu haben.

Nachwirkung

4. ‚Schlegel/Tieck'

Das, was wir heute mit ‚Schlegel/Tieck' bezeichnen, ist nicht die Leistung eines oder zweier Übersetzer, sondern die Übertragung von Shakespeares Dramen durch vier Personen, nämlich August Wilhelm Schlegel, Ludwig Tieck, Dorothea Tieck und Graf Baudessin, und es ist eben diese Übersetzung, die Teil des deutschen kulturellen Erbes geworden ist. Neu und maßgeblich ist gegenüber Wieland und Eschenburg, dass Schlegel/Tieck in Shakespeares Stücken eine ästhetische Einheit von Inhalt und Form sehen und diese daher auch durchwegs in Blankverse übertragen. (Der Blankvers hatte sich auf der deutschen Bühe seit Lessings *Nathan der Weise* (1779), Goethes *Iphigenie auf Tauris* (1787), Schillers *Don Carlos* (1787) and Goethes *Torquato Tasso* (1790) durchgesetzt). Zwischen 1797 und 1801 übertrug August Wilhelm Schlegel 16 Shakespeare-Dramen ins Deutsche, und fast 10 Jahre später, 1810, fügte er ein weiteres, *Richard III*, hinzu. Er verwendete die Ausgabe von Malone (7 Bände, 1786–90), die populäre illustrierte Edition von Bell (20 Bände, 1786–88), und für schwierige Passagen sah er sogar in die Quartos und die First Folio. Zudem nutzte er Thomas Arnolds englisch-deutsches and deutsch-englisches *Dictionary* (Leipzig, 1790) und Samuel Johnsons *Dictionary of the English Language* (London, 1786).

Einheit von Inhalt und Form

Nach 1810 war Schlegels Shakespeare-Übersetzung abgeschlosssen. 1806 hatte Johann Heinrich Voß (siehe Kap. VIII.5) *Othello* und *King Lear* übersetzt, was Schlegel bis dahin nicht getan hatte. Da Voß angekündigt hatte, seine Übersetzungstätigkeit fortzusetzen, kam es Schlegel gelegen, dass Ludwig Tieck ihm anbot, seine Arbeit fortzusetzen. Tieck hatte sein erstes

Ludwig Tieck

Shakespeare-Drama, *Hamlet*, in Eschenburgs Übersetzung kennengelernt, bevor er 1787 Produktionen von *Coriolanus*, *Hamlet* und *Macbeth*, und 1788 *Othello* und *Der Kaufmann von Venedig* sah. Doch war Tieck vor allem fasziniert von den Komödien. Als 16-Jähriger schrieb er den Einakter *Die Sommernacht* (1789) und entdeckte nach eingehenderem Studium der englischen Sprache die Fehler, die Eschenburg bei seiner Übersetzung gemacht hatte. In einem Brief an seinen Freund Wackenroder vom 30. November 1792 schrieb er: „Romeo, Hamlet und Othello habe ich seit kurzer Zeit nun auch englisch durchgelesen, die Übersetzung gibt einem wirklich gar keine rechte Idee von Shakespeare." Und: „Ich lebe und webe jetzt im Shakespeare, ich habe ihn noch nie so fleißig als itzt studiert, in acht Tagen habe ich mir den ganzen ‚Sturm' abgeschrieben und trage nun eine Menge Lesarten und Bemerkungen zusammen." Die Resultate dieses „Leben und Weben" sind seine Adaptationen des *Tempest* und sein Aufsatz „Über die Behandlung des Wunderbaren" (beides 1793 geschrieben und 1796 veröffentlicht).

Veröffentlichung

Der erste Band von ‚Schlegel/Tieck' wurde 1825 veröffentlicht, wobei dies zu großen Unstimmigkeiten zwischen Schlegel und Tieck führte, da Tieck Dramen, die Schlegel bereits übersetzt hatte, revidiert hatte. Für die Übersetzung der verbleibenden Dramen erwählte Tieck seine Tochter Dorothea, und später zudem Graf Baudessin. Tieck selbst blieb im Hintergrund und überwachte deren Übersetzungsarbeit. Die erweiterte Edition wurde in neun Bänden von 1825 bis 1833 unter dem Titel *Shakespeares dramatische Werke übersetzt von August Wilhelm von Schlegel, ergänzt und erläutert von Ludwig Tieck. Berlin bey G. Reimer, 1825–1833* veröffentlicht. Bände 1, 2 und 4 (alle 1825) und Band 3 (1829) enthalten Schlegels Übersetzung in Tiecks revidierter Ausgabe, die Bände 5 bis 9 (1830–33) umfassen die Übersetzungen von Dorothea Tieck und Graf Baudessin. Dorothea Tieck bleibt in der gesamten Ausgabe anonym. Sie ist eine der „beiden fleißigen Mitarbeiter" (415), bzw. der „jüngere Gehülfe" (416), und ihre Beiträge wurden erst später von Kritikern rekonstruiert. Unbekannt ist, wie unabhängig sie arbeiten konnte und wie viel von Tiecks „Korrigierstunden" in ihre Übersetzungen eingegangen ist.

Titel

Die einzelnen Dramen August Wilhelm Schlegels wurden wie folgt veröffentlicht:

1797 (Ostern) *Romeo and Juliet, A Midsummer Night's Dream*, (Oktober) *Julius Caesar, Twelfth Night* (im Deutschen: *Was Ihr Wollt*)
1798 (Herbst) *The Tempest, Hamlet*
1799 *The Merchant of Venice, As You Like It* (im Deutschen: *Wie es Euch gefällt*)
1799 *King John, Richard II*
1800 *1,2 Henry IV*
1801 *Henry V, 1 Henry VI*
1801 (Herbst) *2,3 Henry VI*
1810 *Richard III.*

Von Graf Baudessin erschienen dann in der Folgezeit *Henry VIII, Love's Labour's Lost, Much Ado about Nothing, The Taming of the Shrew, Measure for Measure, Antony and Cleopatra, Titus Andronicus, The Comedy of Errors,*

Troilus and Cressida, The The Merry Wives of Windsor, Othello und *King Lear.*

Dorothea Tieck übersetzte *Coriolanus, The two Gentlemen of Verona, Timon of Athens, The Winter's Tale, Cymbeline* und *Macbeth.*

Nachleben

In ihrer eigenen Zeit wurde die Übersetzung von Schlegel/Tieck nicht so hoch bewertet wie dies heute der Fall ist, da auch andere Gesamtübersetzungen in dieser Zeit entstanden: so die revidierte Edition von Eschenburgs Übersetzung 1789 und 1790 (siehe oben); von 1818 bis 1829 die komplette Übersetzung der Familie Voß (siehe unten), 1825 die Gesamtausgabe von Johann Wilhelm Otto Benda, eine der wenigen Gesamtübersetzungen aus einer Hand; und 1825 bis 1834 die Ausgabe von Joseph Meyer (später kooperierte Meyer mit Heinrich Döring und R. S. Schneider; vgl. Kap. VIII.7).

Das Konzept von ‚Schlegel/Tieck'

Im Unterschied zu anderen Übersetzern hat Schlegel die Prinzipien seiner Übersetzung nicht in einem Essay oder einer programmatischen Schrift publiziert. Sie finden sich in einigen seiner literarischen Essays und in seinen *Vorlesungen über schöne Literatur und Kunst* (Berlin, 1801–04). Aus zwei Essays lassen sich Schlegels Prinzipien der Übersetzung ableiten, nämlich in „Etwas über William Shakespeare bei Gelegenheit Wilhelm Meisters" (*Horen*, 1796) und „Über Shakespeare's Romeo and Julia" (*Horen*, 1797). In „Etwas über William Shakespeare bei Gelegenheit Wilhelm Meisters" propagiert Schlegel seine neue, poetische Übersetzung. Er sieht jedes Drama als einen Organismus von aufeinander abgestimmten Details und als Einheit von Inhalt und Form. Für Schlegel respräsentieren Shakespeares Dramen ein organisches Kunstwerk, das aus einem bewussten und intentionalen Arbeitsprozess hervorgegangen ist. Jede Szene und jeder Charakter sei auf das Ganze bezogen, wodurch dieses seine Bedeutung bekomme. Es geht Schlegel also nicht um die rein sprachliche Übertragung des englischen Texts, wie es noch für Wieland im Vordergrund gestanden hatte, sondern auch um eine Nachschöpfung der ästhetischen Form. Im Unterschied zum *Sturm und Drang*, der Shakespeare als Naturgenie entdeckt und gefeiert hatte, formuliert Schlegel zum ersten Mal die romantische Idee des organischen Kunstwerks. In seinem Essay „Über Shakespeares *Romeo und Julia*" (1797) führt er aus, dass jeder Charakter, jedes Element des *plot*, jedes semantische, syntaktische oder phonologische Merkmal Teil des Ganzen sei und alles zu einem „harmonischen Wunder" zusammengeführt werde. Da Form und Inhalt in Schlegels Konzept der Ästhetik sich gegenseitig bedingen, nahm er besondere Rücksicht auf den Klang der Worte, denn „Die Poesie ist einmal keine stumme Kunst". So strebte er an, die Melodie einzelner Wörter und Sätze, sowie den Rhythmus und das Sprechtempo eines jeden Charakters nachzubilden. Trotz der Schwierigkeiten, die Enjambements, Pausen, Reime, Alliterationen, Vokalmuster, Anhäufung von Konsonanten für einen Übersetzer darstellen, müsse das Metrum des Originals als „getreue Formnachbildung" unbedingt erhalten bleiben. So versuchte Schlegel etwa, die Betonungen des englischen Verses beizubehalten:

„Etwas über William Shakespeare bei Gelegenheit Wilhelm Meisters"

Organisches Kunstwerk

„Über Shakespeares *Romeo und Julia*"

Beispiele

I do beseech you, give him leave to go.
Ich bitt' Euch, gebt Erlaubnis ihm zu gehn. (*Hamlet*, 1.2.61)

„It waves me forth again, I'll follow it.
Es winkt mir wieder fort, ich folg' ihm nach. (*Hamlet*, 1.4.68)

Der relativ nüchterne Text von *Julius Caesar* stellt andere Anforderungen an einen Übersetzer als *Hamlet*, und auch hier behält Schlegel das Staccato der kurzen Verse und Worte bei. Der deutsche Text ist nur um eine Zeile länger als der englische, welcher so reich an einsilbigen Wörtern ist.

Beispiel: *Julius Caesar*

Hated by one he loves; brav'd by his brother;
Check'd like a bondman; all his faults observ'd,
Set in a notebook, learn'd and conn'd by rote,
To cast into my teeth. (4.3.96–99)

Gehasst von einem, den er liebt, getrotzt
Von seinem Bruder; wie ein Kind gescholten.
Man späht nach allen seinen Fehlern, zeichnet
Sie in ein Denkbuch, lernt sie aus dem Kopf,
Wirft sie mir in die Zähne.

Ähnlich souverän geht er in *Hamlet* vor:

Beispiel: *Hamlet*

O all you host of heaven! O earth! What else?
And shall I couple hell? O, fie, hold, hold, my heart;
And you, my sinows, grow not instant old,
But bear me stiffly up. Remember thee?
Ay, thou poor ghost, whiles memory holds a seat
In this distracted globe. Remember thee? (1.5.92–97)

O Heer des Himmels! Erde! – Was noch sonst?
Nenn ich die Hölle mit? O pfui! Halt, halt mein Herz!
Ihr meine Sehnen, altert nicht sogleich,
Tragt fest mich aufrecht! – Dein gedenken? Ja,
Du armer Geist, so lang Gedächtnis haust
In dem zerstörten Ball hier. Dein gedenken?

Die Länge der Verszeilen stimmt überein, die Pausen sind an den gleichen Stellen, die Alliterationen werden beibehalten. Nur „Ball" statt „Globe" verliert die Doppeldeutigeit von „Erdball" und „Globe Theatre".

Generell lassen sich die folgenden Abänderungen in Schlegels Übersetzungen beobachten:

Abänderungen

1. Formal bedingte Auslassungen
- Synkope: „des Ird'schen", „des Mächt'gen"; Apokope: „er ertrüg'", „Lebensmüh'". Elision: „Die Pfeil' und Schleudern", „stöhnt' und schwitzte". Problematisch werden diese Kürzungen, wenn durch diese Doppeldeutigkeiten entstehen, wie in „wenn sie Reif' erlangen" (*Hamlet*, 3.2.201).
- Die häufige Verwendung des nicht-flektierten Adjektivs dient einem von Schlegel beabsichtigten archaischen Anstrich. Dafür geht er bewusst auf die deutsche Sprache in Shakespeares Zeit, also die Zeit Luthers, zurück, um „dieselben oder ähnliche Eindrücke", die der Übersetzer aus dem Original gewinnt, zu erhalten. Ein Beispiel ist „but go not to my uncle's bed" (*Hamlet*, 3.4.159), was wird zu „Doch meidet meines Oheims Bett".
- Durch Voranstellung des Genitivattributs gelingt es ihm, Silben einzusparen und damit die Metrik zu erfüllen.

- Das radikalste Kürzungsmittel, die Ellipse (eine Form von *sein* wegzulassen), verwendet Schlegel nur selten.
- Shakespeares Gebrauch von Synonyma in einem Vers (Hendiadioyn) übersetzt Schlegel oft nur mit einem Wort und spart im Vers damit Silben ein: „How have the hours racked and tortured me" (*Twelfth Night*, 5.1.219) wird zu „Wie haben nicht die Stunden mich gefoltert." Oder (im Falle eines Verbs): „Ghosts died shriek and squeal about the streets" (*Julius Caesar*, 2.2.24) wird zu „Geister wimmerten die Straßen durch". Ähnliches passiert bei einer Reihe von drei oder vier Wörtern: „no trophy, sword nor hatchment" (*Hamlet*, 4.7.215) wird zu „kein Schwert noch Wappen". Schlegel verzichtet aber auch auf solche Reihungen in Prosa, wo es nicht notwendig wäre, Silben einzusparen: In *Twelfth Night* ändert er Malvolios „Is there no respect of place, persons, nor time in you"? (*Twelfth Night*, 2.3.91) zu: „Könnt Ihr weder Maß noch Ziel halten?" Hierdurch verschwindet allerdings das Pompöse des Ausdrucks, welches so charakteristisch für Malvolio ist.
- Adjektiv plus Substantiv werden zu einem zusammengesetzten Substantiv: „portentous figure (*Hamlet*, 1.1.109) wird zu „Schreckgestalt", „wretched state" (*Hamlet*, 3.3.67) zu „Jammerstand", „most generous thoughts" (*Hamlet*, 5.2.242) zu „Großmut".

2. Inhaltliche Kürzungen:
- Für Schlegel sind Wortspiele (*puns*) wichtige Elemente der poetischen Sprache: „die Wortspiele, welche sich nicht übertragen oder durch ähnliche ersetzen lassen", würde er weglassen, „aber so, dass keine Lücke sichtbar würde" (*Horen*, 1786).
- Bei Sprichwörtern entscheidet sich Schlegel wie folgt: „Es kann nicht zum Grundsatze gemacht werden, die vorkommenden Sprichwörter jedesmal (was ohne dieß unmöglich sein würde) durch wirkliche einheimische Sprichwörter zu ersetzen: es ist genug, wenn das Sprichwörtliche der Redensart und ihre Bedeutung nicht verkannt werden kann." So übersetzt er „To ravel all this matter out" (*Hamlet*, 3.4.186) mit „bringt diesen ganzen Handel an den Tag".
- Ambiguitäten bemühte sich Schlegel so adäquat wie möglich zu übertragen. Hamlets erste Worte zwischen Hamlet und Claudius lauten im Englischen „a little more than kin and less than kind" (1.2.65). Schlegel übersetzt „mehr befreundet, weniger als Freund" und bleibt damit bei der gleichen Wortfamilie, indem er zum Ausdruck bringt: „Wir sind mehr als befreundet, d.h., wir sind verwandt, aber Du bist weniger als mein Freund, du bist mein Feind." Ein weiteres kongeniales Beispiel ist: „Call me what instrument you will, though you can fret me, you cannot play upon me" (*Hamlet*, 3.2.369–372), das Schlegel übersetzt mit „nennt mich was für ein Instrument Ihr wollt, ihr könnt mich zwar verstimmen, aber nicht auf mir spielen" („to fret" bedeutet so viel wie „ärgern", „kränken", „aufregen").
- Obszönitäten schwächt Schlegel ab, da diese für ihn das poetische Ganze zerstören. Dies wird schon an kleinen Stellen sichtbar, wenn „porpentine" (*Hamlet*, 1.5.20) (heute „porcupine", im Deutschen „Stachelschwein") bei Schlegel zum „Stacheltier" wird.

- Die Ausrufe und Flüche wie beispielsweise der Totengräber in *Hamlet* werden ebenfalls abgeschwächt: „whoreson mad fellow“ (5.1.176) heißt bei Schlegel „unkluger Blitzkerl“, und „A pestilence on him for a mad rogue“ (5.1.177) wird zu „Das Wetter über den unklugen Schalk“. Oder: „And thou hadst not come to my bed“ wird zu „Wärst du nicht kommen herein“ (*Hamlet*, 4.5.66).
- Auch bei der Wiedergabe von Bildern wird Schlegels Meisterschaft deutlich. In *Macbeth* sagt Macbeth über Duncan, „his virtues will plead like angels, trumpet-tongued against / The deep damnation of his taking-off“ (1.7.18–20). Das Bild „trumpet-tongued“ wird von den meisten deutschen Shakespeare-Übersetzern als „trompeten-züngig“ wiedergegeben. Schlegels „posaunen-züngig“ verweist dagegen auf das Instrument, das Menschen zum Letzten Gericht ruft, und das ist im Deutschen eben nicht die Trompete, sondern die Posaune.
- Obsolete Stellen emendiert Schlegel schweigend. Seiner Meinung nach darf der Übersetzer den Text „von bloß zufälligen [...] Dunkelheiten befreyen; aber wo der Ausdruck seinem Wesen nach verworren ist, da könnte auch dem Deutschen Leser die Mühe des Nachsinnens nicht erspart werden.“ (*Horen* 1786).
- Lateinische Phrasen werden von Schlegel korrekt übersetzt, wie auch Caesars „Et tu, Brute“ (3.1.76), zu „Brutus, du auch“ wird.
- Ausdrücke der Fachsprachen des Jagens und der Falknerei (vgl. Kap. III) lässt Schlegel unberücksichtigt. „In the full bent“ (der Bezug ist hier der gespannte Bogen in *Hamlet*, 2.2.30) wird zu „mit verstecktem Angriff“. „Of what validity of pitch so ever“ in *Twelfth Night* 1.1.12. („pitch“ meint die Wurfhöhe, mit der ein Falke in die Luft geworfen wird) wird bei Schlegel zu „Wie stark, wie überschwänglich es auch sey“.

3. Rhythmus und Vers
Schlegel versucht durchwegs, den Rhythmus des englischen Blankverses beizubehalten und glättet hierfür auch metrische Irregularitäten Shakespeares etwa dadurch, dass er eine besonders lange Zeile in einen Blankvers zwingt: „It springs / All from her father's death: And now behold, / o Gertrude, Gertrude“ (*Hamlet*, 4.5.75–77) wird bei Schlegel zu „[...] es quillt / Aus ihres Vaters Tod. Und seht nun an / O Gertrud!, Gertrud!“ Auch harmonisiert er zwei bei Shakespeare aufeinanderfolgende unbetonte oder betonte Silben im dem schon sprichwörtlich gewordenen Konjunktiv „O schmölze doch dies allzu feste Fleisch“ für Hamlets „O! that this too too solid flesh would melt“ (1.2.129ff.).

5. Johann Heinrich Voß und Söhne

Die Übersetzung von Shakespeares Dramen durch die Familie Voß (Vater Johann Heinrich und seine Söhne Heinrich und Abraham) geht zurück auf den 7. April 1804, als Schillers *Macbeth* zum 2. Mal in Weimar aufgeführt wurde. Diese Vorstellung sah der damals 24-jährige Heinrich Voß, und am 8. Juni 1805 kam Voß' Übersetzung des *Othello* auf eben dieser Bühne zur Aufführung. Als Grundlage diente den drei Übersetzern die Edition von Shakespeares Werken von Dr. Johnson and Steevens, *Plays and Poems of William Shakespeare* (London, 1778, Leipzig 1804–1813). Als Prinzip seiner Übersetzung betrachtet Johann Heinrich Voß – anders als Schlegel und eher wieder in Anlehnung an Wieland – die ‚Treue' zum Werk. Johann Heinrich Voß hatte mit der Übersetzung klassischer Texte (Pindar und Horaz) begonnen, sein Sohn Heinrich hatte Dramen von Aeschylos übersetzt. Die Theorie dieses Projekts geht hervor aus der Vorrede der Übersetzungen von *Othello* und *King Lear* (1806) und der Vorrede zur Gesamtausgabe (1818). In Letzterer ermahnt Heinrich die Shakespeare-Übersetzer, ihre Aufgabe „nicht ohne erschöpfende Kenntnis des gesamten deutschen Sprachschatzes" zu unternehmen und „zugleich alles steife, pedantische, modische, sorgfältig zu meiden" (XLI). Des Weiteren plädiert er dafür „den Moder der Buchsprache" zu vermeiden und stattdessen „wie Doctor Luther sagt, dem unverkünstelten Volke ‚fleißig ins Maul sehen' und dafür zu sorgen, daß das lebendig ergriffene Wort auch lebendig ins Gehör falle" (XL–XLI). Es ging ihm darum, „die alte Nerve, die die deutsche Sprache ehedem hatte, und durch das verwünschte Latein und Französisch wieder ganz verloren hat" (Brief an Brückner vom 24. Februar 1773), wieder zu entdecken. Voß sah seine Arbeit somit als Versuch an, die deutsche Sprache wieder von der seiner Ansicht nach von ausländischen Einflüssen überformten ‚Literatursprache' zu entfernen. Deshalb behielt er – im Unterschied zu Schlegel/Tieck – Shakespeares Obszönitäten und obskure Stellen bei. Bis zu seiner Übersetzung von *Macbeth* 1810 wich er allerdings wieder zunehmend davon ab, Shakespeares Charaktere wie seine eigenen Zeitgenossen sprechen zu lassen.

Konzept

Wie Heinrich Voß erklärte, waren seine ersten beiden Dramen, *Othello* und *King Lear*, übersetzt „im Ganzen nach den Grundsätzen der W. Schlegelschen [Arbeit]". Er bekennt, dass er stolz wäre, falls A. W. Schlegel ihn „als seinen nicht unwürdigen Nachfolger erkennte". Im Unterschied zu Schlegels Übersetzung tendierte Voß mehr und mehr dazu, Shakespeares einsilbige männliche Reime ebenso ins Deutsche zu übersetzen (Schlegel hat oft zweisilbige weibliche Reime verwendet), was den deutschen Text etwas ‚hölzern' erscheinen lässt.

Konkurrenz

Diese Gesamtübersetzung war in ihrer Zeit das erste Konkurrenz-Produkt für Schlegel/Tieck, was dem entsprechend zu einer heftigen Kontroverse geführt hat. War es notwendig, Schlegel/Tieck herauszufordern? In seinen Anmerkungen zur Edition von Schlegels Shakespeare (1825) kritisiert Ludwig Tieck die „hölzernen Gesellen" und die Wort-für-Wort-Übersetzung der Familie Voß. Gegen die ästhetische Glätte Schlegel/Tiecks erscheine die der Familie Voß „pedantisch", „hölzern", „mechanisch", „undeutsch" und alles in allem mit den Erwartungen der Zeit nicht oder nur bedingt vereinbar.

6. Kanonisierung der Schlegel/Tieck-Übersetzung

Shakespeare als dritter deutscher Klassiker

Warum wurde die Schlegel/Tieck Übersetzung kanonisch? Nicht deshalb, weil sie Shakespeares Texten ‚am nähesten' war, sondern weil sie im kulturellen Kontext der Zeit eine entscheidende Rolle spielte, nämlich in der Aneignung Shakespeares zum ‚dritten deutschen Klassiker' neben Schiller und Goethe. So schrieb Friedrich Novalis in einem Brief an August Wilhelm

Schlegel (30. November 1797) nach der Veröffentlichung des ersten Bandes von Schlegels Übersetzung: „Ihr Shakespeare ist ein trefflicher Kanon für den wissenschaftlichen Beobachter, er ist unter den Übersetzungen, was Wilhelm Meister unter den Romanen ist." Und auch Schlegel selbst war sich der kanonischen Bedeutung seiner Übersetzungsleistung bewusst. Ein Jahr nach der Veröffentlichung seiner *Hamlet*-Übersetzung 1799 schrieb er: „Ich glaube, man ist auf dem Wege, die wahre poetische Übersetzungskunst zu erfinden; dieser Ruhm war den Deutschen vorbehalten." Schlegels Übersetzung entstand in einer Periode der napoleonischen Kriege. Seine *Vorlesungen* hatten damit auch eine nationale and patriotische Dimension, wenn er propagierte, dass die deutsche Nation, die in politischen Fragen so zersplittert war, in ihrer Kunst vereint und unbesiegbar sei. Ebenso wie nicht jeder einzelne Soldat berühmt werden könne, gelinge dies auch nicht jedem Dichter. Die Franzosen mögen ihren Napoleon haben, die Deutschen ihren Shakespeare. Schlegels Konzept der Kunst als eines Organismus war also auch Ausdruck von Nationalbewusstsein und Identitätsfindung. Frankreich, welches die Regeln, welche andere entwickelt haben, anwende, könne politische oder nationale Grenzen verändern, nicht aber die Identität der deutschen Nation, die in der deutschen Sprache, dem kulturellen Erbe und der nationalen Identität festgelegt sei. Im Gegensatz zu Frankreich sei England hier das Modell, das ewig geltenden Wandel ohne Regeln und einer festgeschriebenen Verfassung vorführe. Die organischen Qualitäten der englischen Kultur und des Geistes werden im deutschen Geist wieder geboren. Da Schlegel sein Modell der organischen Einheit auf alle Shakespeare-Dramen anwandte, erhielt sein subjektives Konzept objektive Qualität.

Nationale Dimension

Schlegels Übersetzung machte Shakespeare zu einem elementaren Bestandteil deutscher Bildung und Erziehung. Die ersten Vorlesungen zu Shakespeare in Deutschland wurden von Adam Müller in Dresden und Friedrich Benecke in Göttingen 1806 gehalten. Schlegels Vorlesungen „Über dramatische Kunst und Literatur" (1811) wurden in viele Sprachen übersetzt und hatten großen Einfluss auf Shakespeare-Kritker auch in England, deren prominentester Coleridge war.

Vorlesungen

7. Weitere Übersetzungen des 19.–21. Jahrhunderts

Nach Schlegel/Tieck und Voß kommt es im weiteren 19. und beginnenden 20. Jahrhundert zu einer wahren Flut von Shakespeare-Übersetzungen. Es entstehen Ausgaben für die Bühne, Adaptionen als Familienausgaben, und Shakespeare wird in den Kanon der Schullektüre aufgenommen. 1825 erscheint die Gesamtausgabe von Wilhelm Otto Benda, eine der wenigen Gesamtausgaben, die aus einer Hand stammt. 1825–1834 folgt die Edition von Joseph Meyer, die er anfänglich alleine, dann in Zusammenarbeit mit Heinrich Döring und R.S. Schneider betreut. Meyer sieht seine Übertragungen als freie Bearbeitungen, wie er in seinem Vorwort formuliert: „Für solche zu schreiben, denen an einer wörtlichen Übersetzung, an einem treuen Wiedergeben der todten Form gelegen ist, war nicht meine Absicht." Ernst Ortlepp erstellt 1883/84 die zweite vollständige Gesamtausgabe von einer Hand. Moritz Keller und Adelbert Rapp integrieren in ihre 1846 erschienene

Wilhelm Otto Benda

Joseph Meyer

Ernst Ortlepp

Moritz Keller und Adelbert Rapp

Max Moltke

Übertragung der Werke Shakespeares dialektale Elemente aus dem Alemannisch-Schwäbischen, wie etwa in der Handwerkerszene von *A Midsummer Night's Dream*. 1864 wird Max Moltke vom neugegründeten Shakespeare-Verlag in Leipzig aufgefordert, auf der Basis der vom Meyer-Verlag aufgekauften Meyer-Ausgabe eine „Deutsche Volksausgabe" zu erstellen. Moltke vergleicht die Meyersche Vorlage „von Zeile zu Zeile sowohl mit dem Urtext als mit anderen Übersetzungen" (Vorwort) und erstellt letztlich eine eigene Übersetzung.

Franz von Dingelstedt

1865–1867 erschien die Ausgabe von Dingelstedt in Zusammenarbeit mit diversen Übersetzern wie K. Simrock, H. Viehoff, W. Jordan, L. Seeger und F. A. Gelbcke. Dingelstedt war 1864 Intendant des Weimarer Hoftheaters. Er beabsichtigte, den 300. Geburtstag Shakespeares durch die Gründung einer deutschen Shakespeare Gesellschaft und durch eine Volksausgabe von Shakespeares Werken zu feiern und diesen auf der Bühne „zum Gemeingut der Nation" zu machen. Bereits 1858 hatte er für sein Projekt vorgeschlagen: „Man überweise die Stücke nach Gruppen an die Dichter nach der besonderen Richtung eines jeden oder nach Schulen und Gesellschaften. Freiligrath, der Meister im Übersetzen, Herwegh, Kinkel, mögen durch die historischen Dramen stürmen, Wien und Berlin die Lustspiele, die Dresdner und Münchner Poeten die Tragödien übernehmen; für die sagenkundigen Rheinländer und Schwaben bleiben die Märchen, die epischen Dichtungen." Freiligrath, der damals im englischen Exil war, schrieb: „Doch habe ich von vornherein erklärt, dass ich unter keiner Bedingung eins der bereits von Schlegel übersetzten Stücke übenehmen könne! Schlegels Shakespeare ist zu tief in Saft und Blut des deutschen Volkes gedrungen, als dass es nötig wäre und gelingen könnte, ihn durch neue Übersetzungen zu ersetzen." Freiligraths Mitarbeit kam somit nicht zustande, und auch andere sagten ab. Letztlich blieb Dingelstedt nur ein einziger angefragter Mitarbeiter, nämlich Herwegh, der zwar seinen Beitrag (*Coriolanus*) neun Jahre nach Entwurf des Plans beendete – aber für Bodenstedt.

Friedrich Bodenstedt

Freiligrath: „Deutschland ist Hamlet"

Ebenso wie Dingelstedt hatte sich auch Friedrich Bodenstedt um Freiligraths Mitarbeit bemüht, der die Unfähigkeit der Deutschen zu politischem Handeln in seinem berühmten Gedicht „Hamlet" vom April 1844 wie folgt beklagt hatte:

> Deutschland ist Hamlet! Ernst und stumm
> In seinen Toren jede Nacht
> Geht die begrabne Freiheit um
> Und winkt den Männern auf der Wacht.

Die insgesamt neun Strophen dieses Gedichts können gelesen werden als politische Allegorie: Hamlet ist Deutschland, der Geist von Hamlets Vater ist die Freiheit, die von den deutschen Aristokraten ermordet wurde und nun als ein Geist in Deutschland präsent sei, der Rache suche. Hamlet, bzw. Deutschland, ist hilflos und verfügt nicht über den Mut zum Handeln. Wie einflussreich diese Identität von Deutschland und Hamlet war, zeigen die *Hamlet*-Bände der *New Variorum Edition* (1877) von Horace Howard Furness, die er widmete „To the German Shakespeare Society of Weimar, representing a people whose recent history has proved once and for all that Germany is not Hamlet, these volumes are dedicated with great respect by the editor". Der Beweis das Deutschland eben *nicht* Hamlet war, war die Reichsgründung des zweiten Deutschen Reiches 1871.

Beispiel: *Hamlet*

Hamlet wurde auch von Bodenstedt als Shakespeares Meisterstück angesehen. In seiner Einleitung schreibt er:

> Es fehlt ihm durchaus nicht an persönlichem Muth [...]; allein, sein Muth zeigt sich immer nur als ein jäh aufflackerndes Feuer, es fehlt ihm die Selbstbeherrschung und die ruhige Besonnenheit nachhaltiger Thatkraft, die mit richtiger Anwendung ihrer Mittel, festen Schrittes, wenn auch langsam ihr Ziel verfolgt. Sein Intellekt und sein reizbares Gefühl überwiegen weitaus seine Thatkraft. Er ist ein philosophierender Idealist, der sich Welt und Menschen ganz anders konstruiert hat als sie sind, und der nun, plötzlich aus seinem ruhigen Reflexionsleben herausgerissen, gleich beim ersten Male, wo ihm die Wirklichkeit rauh entgegentritt, alle feste Haltung verliert und, dem düsteren Pessimismus verfallend, bis an die Grenze des Irrsinns getrieben wird.

Hamlets Einstellung seiner Umwelt gegenüber erweise ihn als moralisch fragwürdig, wobei die Szenen gespielten Wahnsinns allerdings auf der Bühne sehr wirkungsvoll seien. Für Bodenstedt hat Hamlet „künstlerische Neigungen und philosophische Begabung, trotzdem sieht man aus seiner ganzen Anlage deutlich, dass er es weder als Künstler zu einem bedeutenden Kunstwerk, noch als Philosoph zu einer nachhaltigen Arbeit gebracht haben würde, weil zum Schaffen wie zum Handeln dieselbe Energie und Ausdauer gehört, welche ihm fehlt".

20./21. Jahrhundert

Friedrich Gundolf

Fast alle Übersetzungen des 19. Jahrhunderts orientierten sich an Schlegel/Tieck, und erst um die Jahrhundertwende begannen die Übersetzer wieder, auch auf das englische Original zurückzugreifen. Den Übergang bildete dabei Friedrich Gundolfs Shakespeare-Übersetzung. Gundolf überarbeitete das Werk Schlegels nur leicht (mit der Ausnahme von *Romeo und Julia*, das er umschrieb), doch schuf er fast alle Stücke des Tieck/Baudessin-Teils in neuer Form, so Dorothea Tiecks *Coriolanus* und *Macbeth*, Baudessins *Antony and Cleopatra, Othello, King Lear, Measure for Measure* und *Troilus and Cressida*. Gundolfs Übersetzung gilt heute wegen seiner kühnen Neubildungen als Lektüre für die literarische Elite und ist auf einer Bühne nur sehr schwer umzusetzen. Gundolf strebte nach einer „dichterischen Erneuerung" von Shakespeares Dramen in Deutschland. Er tat dies aus dem *George Kreis* heraus, der überzeugt war, dass ein dichterischer Neubeginn nur durch Abkehr von Klassizismus und Romantik erfolgen könne. Gundolf wollte „in die ganze deutsche Sprachfülle greifen" ohne dabei den „Lesegewohnheiten der Durchschnittsbildung" zu entsprechen oder ohne Rücksicht „von der Zungenübung der vers-entwohnten Schauspieler". Der „neue dichterische Geist" des *George Kreises* propagierte einen Stil von „esoterischer Erlesenheit, weihevollem Ernst und Distanzierung vom Alltäglichen in einem höchst bewußten Einsatz sprachlich-poetischer Mittel, der der Gefahr der Manieriertheit nicht immer entgangen ist" (Schelp, 99). Für Gundolf und auch für George entsprach der einzigartigen Sprachkunst von Shakespeares Dramen nur ein hohes Sprachregister und verdichtete Sprache. Sie strebten nach größtmöglicher Reduktion sprachlicher Mittel und einem Minimalismus in Syntax und Semantik, woraus freilich oft nur schwer verständliche Passagen resultierten. Ein Beispiel aus *Macbeth* muss hier genügen:

Beispiel: *Macbeth*

(*Banquet, Enter ghost of Banquo*):
Here had we now our country's honour roof'd,
Were the grac'd person of our Banquo present;
Who may I rather challenge for unkindness
Than pity for mischance. (*Macbeth*, 3.4.40–43)

Macbeth: „Jetzt bärge unsres Landes Zier dies Dach
Wär unsres Banquo Ruhmgestalt zugegen,
Bei dem ich eh Unfreundschaft rügen möchte
Als wegen Unfalls klagen.

Fremdworte werden bei Gundolf so weit wie möglich reduziert (so liest man bei ihm „Alltagswallung" für „modern ecstasy" (*Macbeth*, 4.3.170). Artikel, Partikel und Präpositionen werden, wo immer möglich, gestrichen. Der Stil ist eher nominal und führt zu harten Fügungen. Zusammen mit der Manie für ungewöhnliche Wörter verlangt er dem Leser einiges ab. So wird „special wonder" als „sondres Staunen" (*Macbeth*, 3.4.112) übersetzt, oder – im Bestreben, das Einzigartige und Außergewöhnliche wiederzugeben – wird „events" (*Macbeth* 2.3.64) zu „Läufte". Neue Komposita werden erfunden, und Alltagsvokabular wird in ungewöhnlichen Formulierungen verwendet. Dieses Streben nach Archaismen führte sogar zu neuen Wortschöpfungen, die nie existierten, wie „säufig" für „spongy" (*Macbeth*, 1.7.71). Im Hinblick auf Rhythmus und Blankvers übersetzt Gundolf „Wüterich" für „tyrant", um die Betonung auf der ersten Silbe zu erhalten. Einen unfreiwillig komischen Effekt ruft seine Übersetzung einer Stelle aus *King Lear* hervor: Shakespeare's „Blow, wind! Come wrack! / At least we'll die with harness on our back." (3.2.1 f.) wird bei ihm zu „Blast, Winde! Trümmer, treib! / So sterb ich doch mit dem Geschirr am Leib." (Tieck hatte hier übersetzt: „Wind, blas! Heran, Verderben! / Den Harnisch auf dem Rücken will ich sterben.") Gundolfs archaisches „Geschirr" statt „Harnisch" / „Rüstung" ist hier eher unglücklich, und die Alliteration „Trümmer, treib" entspricht nicht dem Original. Problematisch sind auch „verlarven" für „disguise" (*Macbeth*, 3.2.34) oder „bemakeln" für „to lay blame upon" (3.4.43). Neue Komposita wirken manchmal lächerlich, wie beispielsweise „Brüte-wiege" für „procreant cradle" (1.6.8), „Unheil-Wachtmann" für „fatal bellman" (2.2.4) oder „Willens-lahmer" für „infirm of purpose" (2.2.49). (Alle Zitate aus *Macbeth*)

Hans Rothe

Einer der umstrittensten Exponenten dieser Übersetzergeneration war Hans Rothe, der ab 1921 als Dramaturg in Leipzig und von 1926–1930 als Dramaturg unter Max Reinhardt am Deutschen Theater in Berlin tätig war. Rothes Übertragungen, die 1922/23 in sechs Einzelbänden zu erscheinen begannen, waren bewusst als ‚Anti-Schlegel' konzipiert und können daher als Wegbereiter für moderne Shakespeare-Übersetzungen angesehen werden. Sie sind ganz auf das Theater ausgerichtet und leicht sprechbar. Komplexe rhetorische Figuren wurden von Rothe vereinfacht, schwierige Wortspiele ersatzlos gestrichen. Rothes Vokabular enthält moderne Alltagssprache, die von Schlegel vertrauten Anreden „Ihr" und „Euch" werden durch „Sie" und „Du" ersetzt, was konservative Gemüter erhitzte. Dass sich Rothe auch größere inhaltliche Eingriffe erlaubte, führte zu einer lange Jahre währenden öffentlichen Diskussion mit der deutschen Shakespeare-Welt der Zeit.

Nach Gundolf und Rothe hat(te) das 20./21. Jahrhundert eine schier unüberschaubare Fülle von Shakespeare-Übersetzungen zu verzeichnen (u. a. Rudolf Alexander Schröder, Rudolf Schaller, Richard Flatter, Erich Fried, Klaus Reichert, B. K. Tragelehn, Maik Hamburger, Thomas Brasch, Michael Wachsmann) von denen hier nur die Gesamtübersetzung von Frank Günther (geb. 1947), die zu den meist gespielten auf deutschen Bühnen gehört, hervorgehoben werden soll. Wie oben bereits zitiert, bedeutet Übersetzen für Günther Interpretieren. „Und interpretieren heißt Fortspinnen eines Textes in einem anderen Welt- und Lebenszusammenhang – in Achtung vor dem Originaltext. Shakespeares Texte sind diffus, undeutlich, widersprüchlich, verschwommen und ambivalent – ein Potential, das man auf vielfältige und unterschiedliche Weise im Laufe der Zeiten nur immer wieder neu anverwandeln kann." (Günther, 22) Günther sieht, dass Shakespeare für die Bühne schrieb und behält immer im Blick, dass Übersetzungen auch sprechbar bleiben müssen. Über dieses Bestreben gerät freilich die adäquate (und manchmal durchaus deftige) Wiedergabe von Shakespeares Syntax und Semantik nicht in den Hintergrund. Es geht für ihn darum,

Frank Günther

> keinen historisch-historisierenden, nur mit Fußnoten nachvollziehbaren Studientext herzustellen, sondern einen Text, der einen direkten, unmittelbaren Zugang zur Lebenssituation und Problematik der handelnden Figuren ermöglicht. Nachvollziehbar ist nur, was mir selbst widerfahren kann [...] Wenn das nicht möglich ist, ist gar nichts möglich – was soll mir ein Text, der das inzwischen historisch abgehakte Problem des königlichen Gottesgnadentums um 1500 ventiliert, wenn ich daraus nicht grundsätzlichere Fragestellungen zur zwiespältigen Natur von Macht und Herrschaft und Verantwortlichkeit gewinnen kann. Ein Shakespearetext ist kein Geschichtsunterricht. (18f.)

Um hier nur ein Beispiel aus der Gesamtübersetzung Günthers zu geben: Im *Midsummer Night's Dream* sprechen die beiden jungen Athener Liebespaare – gemäß Günther – „in etwas klappernden Paarreimen":

Beispiel: *A Midsummer Night's Dream*

> *Hermia*: Dark night, that from the eye his function takes,
> The ear more quick of apprehension makes;
> Wherein it doth impair the seeing sense,
> It pays the hearing double recompense. (3.2.177–180)
>
> Die Nacht, die unserm Aug den Blick verweigert,
> Bewirkt, dass sich der Ohren Schärfe steigert.
> Soweit sie unsre Augenkraft verletzt,
> Wird's dem Gehör mit Zinseszins ersetzt.

Dagegen schwingen geradezu in der Sprache der Feen die gereimten Blankverse wie folgt:

> *Puck*: My mistress with a monster is in love.
> Near to her close and consecrated bower,
> While she was in her dull and sleeping hour,
> A crew of patches, rude mechanicals,

That work for bread upon Athenian stalls,
Were met together to rehease a play
Intended for great Theseus' nuptial day. (3.2.7–13)

Die Königin liebt jetzt ein Menschenvieh.
Als sie zur Dämmerstunde sich zum Schlafen
In ihren Hain begab, da grade trafen
Sich nah dabei sechs Kerle, derb wie Schrot, –
Handwerkervolk – , das in Athen sein Brot
Verdient, um dort ein Schauspiel zu probieren,
Das sie für Theseus Hochzeit einstudieren.

Hier überfließt der Gedanke das Zeilenende (*enjambement*), und die Paarreime wirken bei weitem nicht so steif wie im Falle der Liebenden, sondern leicht und melodisch.

Generell lässt sich zu den Shakespeare-Übersetzungen festhalten, dass am Anfang des 20. Jahrhunderts die Dominanz der Schlegel/Tieck-Übersetzung noch eine gewisse Hypothek und Herausforderung für die Übersetzer war, nach der Jahrtausendwende jedoch jede Verbindlichkeit eines deutschen Shakespeare-Textes fehlt.

IX. Shakespeare in den *non-print*-Medien

Jeder Versuch, das Gebiet ‚Shakespeare in den *non-print*-Medien' auch nur ansatzweise zu erfassen, muss in Anbetracht der Fülle des Materials auf diversen Tonträgern und im Internet scheitern. ‚Shakespeare' in den *non-print*-Medien reicht von *YouTube* und *Facebook* (siehe unten) über Filmmusiken (wie etwa die von Patrick Doyle für die Shakespeare-Verfilmungen durch Kenneth Branagh), Jazz-Vertonungen von Shakespeare-Themen (wie von Duke Ellington und Billy Stayhole in den USA, oder Cleo Laine Johnny Dankworth in Großbritannien), von klassischen Symphonien, Opern, Balletten, Chorwerken und Musicals (kanonisch: *Kiss me Kate* und *West Side Story*), die inzwischen ihrerseits schon wieder (wie etwa Mendelssohns Musik zu *A Midsummer Night's Dream*) Adaptationen, Echos und Bearbeitungen bis hin zu Parodien erfahren haben, bis Aufnahmen von populären Interpreten wie Annie Lennox oder Sting. Der nicht-verortbare globale Raum des *world wide web* ist nur *ein* Schauplatz, in dem Informationen und Fehlinformationen über Shakespeare auch oft jenseits akademischer Gepflogenheiten kursieren und verfügbar sind (siehe unten). Somit müssen wir uns auch in diesem Kapitel auf Exemplarisches beschränken. Für weiterführende *print*-Titel, sowie, wiederum in diesen, *discographies* und *filmographies* sei auf die Bibliographie verwiesen.

1. *world wide web*

Die Grenzen zwischen *‚high' and ‚low' culture* sind in der Postmoderne (vgl. Kap. VII) längst geöffnet worden. Heute interessieren ‚Shakespeare und sein Theater' auch in der populären Kultur, etwa als Teil der Unterhaltungsindustrie für ein breiteres Publikum, und das in verschiedenen Medien über Kontinente und Kulturen hinweg (vgl. auch Kap. IX). Generell stellt sich bei web-basierten Formaten natürlich immer die Frage, inwieweit man in unserer gegenwärtigen „convergence culture, where old and new media collide, where grassroots and corporate media intersect, where the power of the media producer and the power of the media consumer interact in unpredictable ways" (Jenkins, 2) vom Primat des Alten oder des Neuen ausgehen sollte. Auseinandersetzungen mit oder Anlehnungen an ‚Shakespeare' reichen von geistreich bis peinlich, und ob alles, was mit ‚Shakespeare' zu assoziieren ist, Gegenstand engagierter Diskussion, sowie kritischer Analyse und Reflexion (von Gelehrten, interessierten Laien oder Theaterschaffenden) sein muss, ließe sich sicher diskutieren. Auch ist nicht exakt zu definieren, was ‚populär' meint. Eine soziale Gemeinschaft mit gemeinsamen Werten, die Verfügbarkeit von Material und ein gewisses Spaßpotential dürften eine Rolle spielen. Der Gedanke an Massenproduktion, Einigung auf den kleinsten kulturellen Nenner, im Falle Shakespeares die Reduktion einer Ikone der Elitekultur auf das Vereinfachte und leicht Verdauliche könnte aufkommen.

Solche Überlegungen von Geschmack und Ästhetik sind wiederum verbunden mit Fragen nach kulturellem Besitz, sozialer Klasse, und wer ‚Populärkultur' für wen produziert.

Die technischen Innovationen der letzten zirka 30 Jahre haben natürlich auch die Begegnung mit Shakespeare grundlegend verändert. Heute kann jeder mit seinem Computer oder Smartphone an der Diskussion und Zirkulation von (mehr oder weniger fundiertem) Wissen im Internet teilnehmen. Das Medium des Internets unterscheidet freilich nicht zwischen verantwortlichem und unverantwortlichem Gebrauch und Verbreitung von Information, zwischen Hoch- und Subkultur, zwischen Verlässlichem und Nicht-Verlässlichem ‚Shakespeare im Internet' ist (auch, und vielleicht vor allem) die Plattform der mehr oder weniger Informierten, der Amateure und Enthusiasten. Derer, die die wahre Identität Shakespeares natürlich kennen, wie derer, die Verschwörungen aufdecken und die einzig wahre Bedeutung seiner Texte kennen. Neben diesen gibt es aber auch die seriös und mit autorisierten Quellen arbeitenden Kritiker und Pädagogen, die ihr Wissen um Shakespeare mit bis dahin benachteiligten Gruppen, die kaum Zugang zu Bibliotheken, Theatern, Universitäten, und Kulturmetropolen haben, teilen. Es erübrigt sich zu sagen, dass akademische Seiten generell verlässlicher sind als andere. Dass für die Anfertigung von Seminararbeiten in den allermeisten Fällen größte Vorsicht bei der – zumal unkritischen – Übernahme von Informationen oder sogar von ganzen Passagen aus dem Internet geboten ist, sollte sich von selbst verstehen. Internet-Quellen sind nie absolut verlässlich, und – dies an Studierende gerichtet – Ihr Gutachter wird in der Regel herausfinden, woher Ihr ‚Wissen' kommt.

Seminararbeiten

Soziale Netzwerke

Auch in die sozialen Netzwerke wie *Facebook* oder *Twitter* hat ‚Shakespeare' längst Eingang gefunden für all diejenigen, die ihre persönliche Lektüre oder ihre ‚Begegnungen' mit Shakespeare mit anderen teilen möchten und Freude an eher nicht planbaren Schreibsituationen haben.

Da das *world wide web* jeden in die Position versetzt, seinen Weg durch ein unendliches Angebot an ‚multiplen Shakespeares' zu suchen, zu finden und seinen eigenen ‚Shakespeare' zu schaffen, stellt sich gerade für Shakespeare die Frage, ob kulturelle Autorität hier untergraben oder frisch und neu belebt wird. Letztlich muss jeder Anwender diese Frage selbst für sich entscheiden.

2. Interaktive Medien

Neue Technologien wie DVDs und *video-editing stations* erlauben es Versierten heutzutage, kreativ mit *clips* und digitalen Aufnahmen umzugehen. Neue Gattungen wie *remix* oder *video mash-up*, welche verschiedene Ton- und Video-Quellen zu einem neuen Werk verschmelzen, geben dem Zitieren, Parodieren oder der Pastiche eine neue Dimension innovativer künstlerischer Auseinandersetzung und des kreativen Spiels mit den Medien. Beispiel (vgl. Rowe, 316) für ein *mash-up* ist *Me vs You* (Joe Burgess, 2006), welches Dimitri Buchowetzkis Stummfilm *Othello* (1922) mit *samples* einer *techno band* und dem Horrorfilm *The Texas Chainsaw Massacre* (Regie Tobe Hooper, 1974) mischt. Dieses durchaus verstörende Netzwerk von Intertexten (die Zentralfigur von Hoopers Film, Leatherface, ist ein kannibalistischer Serienkiller) soll Shakespeares *Othello* neu kontextualisieren und somit in ein neues Licht stellen. Durch moderne Techniken wie diese werden ‚Texte' also durch das kreative Engagement des Rezipienten im Umgang mit den zeitgenössischen Medien geschaffen – und damit nicht viel anders als es der Chorus zu Beginn von Shakepeares *Henry V* für das ausgehende 16. Jahrhundert mit seinem „piece out our imperfections with your thoughts" (23) und „on your imaginary forces work" (18) postuliert hatte. Der Rezipient übernimmt letztlich verschiedene Rollen in der kulturellen Rezeption und Produktion Shakespeares: er ist Vorführender, Produzent, Herausgeber, Übersetzer – und das alles Tag und Nacht weltweit.

Unsere Auseinandersetzung mit Shakespeare wird zunehmend von einer sich in ständiger Veränderung und Bewegung befindlichen Medienlandschaft bestimmt, die u. a. auch *YouTube* (*video sharing comunity*), die populärste Video-Plattform im *world wide web*, mit einschließt. Kurze Ausschnitte aus Aufführungen oder Filmen von Shakespeare-Dramen stehen hier neben humorvollen Produkten wie etwa Zeichentrick-Versionen der Dramen und laden – unter Wahrung des *copyright* – zur Berücksichtigung in der Vermittlung von Shakespeares Werken im Unterricht ein. Ausschnitte aus Fernsehsendungen oder Verfilmungen eines Dramas mit unterschiedlichen Schauspielern in der Titelrolle (z. B. von *Hamlet* mit Richard Burton, Laurence Olivier, Kenneth Branagh, Ethan Hawke oder David Tennant) ermöglichen Vergleiche, bis hin zu einer (produktiven) Kombination mit Hamlets „To be or not to be" auf klingonisch. *YouTube* ist in erster Linie ein Medium der Unterhaltung – wie auch Shakespeares Theater es in seiner Zeit war. Es bewahrt die kontinuierliche Präsenz der Texte Shakespeares weltweit in weniger institutionalisierter Weise als es das Shakespeare-Establishment über Jahrhunderte hinweg getan hat. Für die Vermittlung von Shakespeares Werken im Unterricht bietet diese Plattform sicher interessante Möglichkeiten des Vergleichs von Gattungen, sprachlichen Registern und Darstellungsformen. *YouTube*

3. Film

Literaturverfilmungen basieren üblicherweise auf ihren literarischen Vorlagen und sind – bei allem Bestreben um ‚Werktreue' – wie auch jede Theaterinszenierung immer eine Interpretation der Vorlage. Bei Literaturverfilmungen ist die Textvorlage üblicherweise mit der literarischen Vorlage – adaptiert natürlich durch das Drehbuch – so weit wie möglich identisch. Im Unterschied zum Theater hat der Film ganz andere Möglichkeiten, mit der Kategorie des Raumes umzugehen, da er nicht von einer festen Bühne und den Konventionen des Theaters wie einer Pause abhängig ist. In einem Film kann ein großes räumliches Panorama entworfen werden, und moderne Techniken wie die Montage ermöglichen etwa, dass auch zwei oder mehrere Orte gleichzeitig präsentiert und damit auch zeitliche Dimensionen verändert werden können. So kann generell im Film – im Unterschied zum Theater – das Raum-Zeitkontinuum unterbrochen werden durch Rückblendung, Zeitraffung und -dehnung oder topographische Verschränkungen. Wie die Rezeption eines Dramas im Theater, so ist auch die Rezeption eines

Literaturverfilmungen

Drama und Film

Techniken der Vermittlung

Films im Kino zeitlich und örtlich weitgehend festgelegt. Ein Film im Kino läuft wie ein Drama im Theater einmalig und ununterbrochen ab. Im Unterschied zum Theater aber charakterisiert den Film der zeitliche Abstand von Produktion und Rezeption; es fehlt ein Feedback zwischen Zuschauern und Schauspielern. Spezifische Bedeutung für die Vermittlung der Handlung kommt dabei im Film der technischen Kommunikationsinstanz der Kamera zu. Diese wirkt – wie etwa auch ein Erzähler im Roman – akzentuierend, perspektivierend, gliedernd oder selektierend auf die Rezeption ein. Im Theater muss bzw. kann der Zuschauer in jeder Phase der Aufführung neu entscheiden, wohin er sehen will: auf die Aktionen der Titelfigur oder des Dieners, auf die Reaktion der anderen Charaktere auf das Handeln von Charakter X oder/und Y, die Nebenfigur, die in der Ecke – scheinbar nebenbei – etwas vorbereitet oder entfernt, auf ein Detail des Bühnenbilds oder ein bestimmtes Requisit. Dabei hat er zu allen Details in etwa die gleiche Entfernung der Betrachtung: Großaufnahmen sind im Theater allenfalls mit Operngläsern zu erhalten. Im Film dagegen kann der Zuschauer keinesfalls entscheiden, wohin er sehen möchte. Hier wird ihm die Perspektive durch die Kamera vorgegeben, er wird von einer Kamera geführt und er hat das anzusehen, was der Regisseur ihm als ‚wichtig' vorsetzt. Dabei können verschiedene Techniken der Kameraführung die Distanz zwischen dem Zuschauer und dem Filmgeschehen ständig verändern, da im Film jede Einstellung variiert werden kann.

Kamera

Shakespeare-Verfilmungen

Eine Gesamtdarstellung von Shakespeare-Verfilmungen ist im Rahmen dieser Publikation naturgemäß nicht möglich (Jackson spricht schon 2001 von mehr als 400 Filmen); in diesem Fall wollen wir uns auf wenige zentrale Eckdaten und ‚Meilensteine' in der Geschichte der Shakespeare-Verfilmungen beschränken. Der erste erhaltene Shakespeare ‚Film' ist ein kurzer Eindruck von Sir Herbert Beerbohm Tree als sterbender King John 1899 (Jackson, 217), der erste Tonfilm war *The Taming of the Shrew* (USA, 1929; Regie Sam Taylor). Laurence Oliviers *Henry V* (1943) versuchte – neben seiner Botschaft als Stärkung des Patriotismus in Kriegszeiten – die Verbindung mit dem Theater, wenn der Film im *Globe Theatre* beginnt und sich dann in die Landschaft der Kriegsschauplätze weitet. Oliviers *Hamlet* (1948), *Macbeth* (1948), *Othello* (1952), *Richard III* (1955, mit klaren Anleihen an David Garrick; vgl. Kap. VI) sowie *Chimes at Midnight* (1965) haben nicht zuletzt sprachliche Standards in der Verfilmung von Shakespeare-Dramen gesetzt, die bis heute gelten. *Richard III* nutzt das Medium der Kamera besonders intensiv, um die Metadramatik des Stücks umzusetzen (vgl. Kap. V). Josef Mankiewicz' *Julius Caesar* (Hollywood 1951) mit Marlon Brando, John Gielgud und James Mason, Franco Zeffirellis *Romeo and Juliet* (1960) und *The Taming of the Shrew* (1966) mit Richard Burton und Elizabeth Taylor, sowie Roman Polanskis *Macbeth* (1970) sind Klassiker geworden. Peter Halls *A Midsummer Night's Dream* (1978) beendete die ‚romantische' Umsetzung dieses Dramas, und Peter Brooks düsterer *King Lear* (1971) mit Paul Scofield in der Titelrolle war mehr dem französisch-italienischen Kino der Zeit geschuldet als Hollywood. Derek Jarmans *The Tempest* (1979) und Peter Greenaways *Prospero's Books* (1991) verweigerten sich dem kommerziellen Kino. Oliver Parkers *Othello* (1994) zeigte mit Laurence Fishburne den ersten schwarzen amerikanischen Schauspieler, der Shakespeares Titelrolle in einem populären Film verkörperte. Die ebenso textgetreuen wie kommerziell erfolgreichen Verfilmungen durch Kenneth Branagh begannen mit seinem *Henry V* (1989), es folgten *Much Ado About Nothing* (1993), sein vierstündiger *Hamlet* (1996) und *Love's Labour's Lost* (2000). An ein junges Publikum wendet sich Baz Luhrmans *Romeo + Juliet* (1996). Michael Almerydas *Hamlet* (2000) verortet Shakespeares Drama in einer Mediengesellschaft mit Kameras, Fernsehgeräten und Computern. Akira Kurosawas *Throne of Blood* (1957) *und Ran* (1985) als trans-nationale Umsetzungen wurden in Kap. VI.5 kurz besprochen. Nicht zuletzt sei an Walt Disneys *The Lion King* (1994), welcher sich an *Hamlet* anlehnt, und *The Little Mermaid* (1989), welches auf *The Tempest* basiert, verwiesen. In jüngster Zeit entstanden zunehmend *offshoots* (sie nehmen eine Sequenz aus Shakespeares Werken als ihren Ausgangspunkt und entwickeln daraus eine neue Handlung), *prequels* (imaginieren die Vorgeschichte einer Handlung) und *sequels* (entwickeln die Dramenhandlung über das Ende des Textes hinaus). Beispiele hierfür sind *O*, ein *reworking* von *Othello* in einem amerikanischen *high school* Kontext (Regie: Tim Blake Nelson, 2001) oder *Hamlet2* (Regie: Andrew Fleming, 2008).

4. Oper

Über die Jahrhunderte haben Shakespeares Werke zahlreiche Komponisten und Librettisten inspiriert – Schätzungen gehen von zirka 300 Opern aus, die auf Shakespeare zurückgehen. Zu diesen gehören auch Umarbeitungen mit starker Fokussierung auf einzelne Charaktere, wie etwa Richard Wagners *Das Liebesverbot* (1836), welches auf *Measure for Measure* basiert, oder Hector Berlioz' *Béatrice et Bénédicte* (1862), welches auf *Much Ado About Nothing* zurückgeht. Des weiteren gibt es bei Shakespeare das Phänomen, dass verschiedene Komponisten das gleiche Drama vertont haben, wie etwa für *The Merry Wives of Windsor* Antonio Salieri (*Falstaff*; 1799), Otto Nicolai (*Die Lustigen Weiber von Windsor*; 1849), Guiseppe Verdi (*Falstaff*; 1893), Ralph Vaughan Williams (*Sir John in Love*; 1929).

Die Gattung *Oper*

Generell muss zur Gattung *Oper* gesagt werden, dass diese mehr ist als ‚musikalisches Drama'. Ein Opernlibretto ist zum einen natürlich eine Bearbeitung einer literarischen Vorlage, wobei die beiden Medien (Theater und Oper) ganz unterschiedliche Schwerpunkte setzen:

> In der Oper ist keine sorgfältig konstruierte Intrige gefordert, sondern die Abfolge von Krisensituationen; kein poetisch ausgestalteter Text, denn Information ist nur durch die Wiederholung einzelner weniger Schlüsselwörter zu gewährleisten – aus diesem Grund vermögen nur ein konventionelles Vokabular und eine einfache Syntax ihren Zweck zu erfüllen; und schließlich sind Leidenschaften besser über die Rampe zu bringen (im wörtlichen Sinne) als ein wie immer gearteter gedanklicher Inhalt, der folglich auf ein Minimum zu reduzieren ist. (Gier, 10)

Eine Zusammenarbeit von Komponist und Librettist versteht sich von selbst, wenngleich es auch hier Unterschiede in der Auffassung über das Primat des Textes oder der Musik geben kann. Prominent szenisch realisiert ist diese

Auseinandersetzung zwischen dem Dichter und dem Musiker in der Oper *Capriccio* von Richard Strauß (1941), in der sich der Musiker und der Dichter jeweils die Frage stellen, ob das Wort oder die Musik für die Oper von größerer Bedeutung ist. Nach langer Diskussion kommen sie zu dem Ergebnis, dass gerade die Einheit von Wort und Musik die Schönheit einer Oper ausmache. Der Librettist muss die Grenzen, die die Gattung *Oper* ihm setzt, berücksichtigen, d. h. er muss etwa jeden Akt einer Oper so anlegen, dass er seinen Abschluss in einem Finale finden kann, das die Mehrzahl der Charaktere (und idealerweise auch den Chor) auf die Bühne bringt. Die Texte sind dabei oft nicht mehr als „Ermöglichungsstrukturen für Erfahrungen mit Musik oder anderen Medien. [...] Als Ermöglichungsstruktur leisten Operntexte – etwa – die Synchronisierung von Orchestermusik, Gesang, Körpersprache, Bühneneffekten" (Gumbrecht, 18). Textlänge und Abfolge der Szenen müssen der kohärenten und logischen dramaturgischen Struktur einer Oper angepasst sein und damit das Zusammenspiel von Musik, Gesang, Schauspiel und Tanz unterstützen. Die Leistung des Librettisten zeichnet sich generell durch einen ständig erforderlichen Perspektivenwechsel zwischen der Sprache des Operntextes und der ‚Sprache' der Musik aus. Die Verbindung aus Sprache und Musik stellt der Gesang als typisches Artikulationsmedium dieser Kunstgattung dar, wobei das Singen in der Oper keinesfalls als Ersatz von Sprechen im Drama verstanden werden darf. Der Gesang beeinflusst maßgeblich die sprachlichen Strukturen eines Librettos, die Wortwahl (eine Arie muss vor allem Vokale aufweisen) und den Aufbau der Repliken. Sangbare Sprache sollte idealerweise nicht wortreich-deskriptiv, nicht rhetorisch kompliziert und nicht zu abstrakt sein. In der Oper dominiert die Darstellung und Artikulation von Gefühlen, die der handelnde Charakter im Augenblick der Äußerung empfindet, über die rationale Erklärung darüber, weshalb es zu diesen Emotionen gekommen ist. Während sich im Drama Monolog, Dialog und Polylog abwechseln, herrscht in der Oper eine monologische Artikulationsform vor. Hier unterscheidet man zwischen *ariös*, was impliziert, dass die momentanen Affekte einer Figur artikuliert werden; *simultan*, was die Vermittlung von (oft gegensätzlichen) Gedanken, Affekten und Emotionen zweier oder mehrerer Charaktere im Duett meint; und *kollektiv*, was das Simultane auf mehrerer Charaktere wie etwa einen Chor ausweitet, der das Geschehen kommentiert und ent-individualisiert (Küster, 83–85). Auf der Handlungsebene wird der *plot* eines Dramas in der Opernbearbeitung gestrafft; die Nebenhandlung aus der literarischen Vorlage wird oft weggelassen (so wird etwa in Verdis *Macbeth* die Ermordung von Lady Macduff und ihrer Kinder gestrichen). Das zusätzliche Medium der Musik ermöglicht im Vergleich mit dem Sprechtheater umso leichter ein ‚Berührt-Werden' des gesamten Körpers (vgl. Gumbrecht; *Production of Presence*).

Gesang

Shakespeare-Opern

Da es im Rahmen dieses Einführungsbuches nicht zu leisten wäre, auch nur annähernd angemessen einen Überblick über die Vielzahl der Shakespeare-Opern zu geben, soll an dieser Stelle (wie in Kapitel 6) ebenfalls exemplarisch vorgegangen werden und anhand von Verdis *Otello* aus dem 19. Jahrhundert nachgezeichnet werden, wie Shakespeares Dramen (vgl. Kap. V), und anhand von Hans Werner Henzes *Venus und Adonis* aus dem 20. Jahrhundert verfolgt werden, wie Shakespeares nicht-dramatische Werke (vgl. Kap. IV) für die Oper umgesetzt werden können.

Giuseppe Verdi, Otello

Verdis Oper *Otello* wurde am 5.2.1887 an der Mailänder Scala uraufgeführt; das Libretto stammt von Arrigo Boito. Nach *Macbeth* war *Otello* Verdis zweite Oper nach einer Tragödie von Shakespeare. Der gravierendste Unterschied zwischen Oper und Drama besteht darin, dass die Oper erst mit Shakespeares zweitem Akt einsetzt, die dramatischen Geschehnisse in Venedig also gänzlich fehlen. Die Handlung konzentriert sich ganz – in einer Einheit des Ortes – auf die Ereignisse auf Zypern, wodurch neue Akzente gesetzt werden: Desdemonas selbstbewusstes Auftreten gegenüber dem Senat und ihrem Vater geht in der Oper verloren, auch fehlt die Warnung Brabantios an Othello, auf seine Frau zu achten, da eine Tochter, die ihren Ehemann betrügt, dies auch mit ihrem Ehemann tun könnte: „Look to her, Moor, if thou hast eyes to see: / She has deceived her father, and may thee." (1.3.293f.). Die Vorgeschichte der Liebesbeziehung, wie sie bei Shakespeare in 1.3. von Othello gegenüber dem Senat in wohl gesetzten Worten dargelegt wird, verlegt Boito an das Ende des ersten Aktes, wo Otello und Desdemona die Entstehung ihrer Liebe in ihrem ersten Liebesduett in Rückschau darlegen. Die Erzählung des Othello in Shakespeares Drama (1.3.130–240) wird also in der Oper simultan auf die beiden Liebenden verteilt, wobei Boito der höchst positiven Sicht der Romantik auf Desdemona entsprechend, den Akzent stark auf ihr Mitgefühl und die Bewunderung, die sie Othellos Schicksal und dem Leiden seines Volkes entgegenbringt, verlagert. Die Reaktionen des Vaters und des Senats bleiben unerwähnt. Ferner berücksichtigt Boito nicht, dass es Desdemonas Entschluss war, Othello nach Zypern zu begleiten, womit er auf zwei zentrale Aspekte des Dramas verzichtet. Während Shakespeares Desdemona sich im Drama anfangs als selbstbewusste und aktiv handelnde Frau präsentiert (die im Verlauf des Dramas erstaunlich passiv wird), verlagert sich das Handeln von Verdis Desdemona auf ihr beständiges Eintreten für Cassio (2.4 und 3.3. der Oper). Damit entsprechen Boito und Verdi ganz dem Bild der Desdemona, das im 19. Jahrhundert üblich war: die Kritiker der Romantik sahen diese als eine uneingeschränkt reine und aufrichtig liebende Gattin, ein engelsgleiches Wesen, das in der Oper entsprechend vom zypriotischen Volk gefeiert wird. Auch ihr Nachtgebet „Ave Maria" (4.2), das nicht der Vorlage des Dramas entstammt und aus Othellos Frage „Have you prayed tonight, Desdemona" (5.2.24) entwickelt worden sein dürfte, zeigt ihre Demut. Sie wendet sich hilfe- und schutzsuchend an die heilige Jungfrau Maria, die Beschützerin der Schwachen und Unterdrückten, und bittet sie um Beistand in der Stunde ihres Todes. Boito sah in Othello den siegreichen Feldherrn und gerechten Statthalter, ein Idealbild des heroischen und aufrichtig liebenden Mannes, dessen Fall aus Jagos intrigantem Vorgehen resultiert. Jago wird bei ihm zur Personifikation des Bösen und Zerstörerischen schlechthin: wie er in der von Verdi und Boito hinzugefügten großen Arie, seinem „Credo" (2.2), deutlich macht, glaubt er an einen grausamen Gott, dem er nacheifern will, und sieht sich selbst als Dämon, der Cassio und Othello ins Verderben reißen möchte. Er vernichtet Othello, indem er sich dessen Schwächen und Liebe zu Desdemona zu Nutze macht. Am Ende der Oper bleibt allerdings die gerechte Strafe für Jago aus. Während er bei Shakespeare wenigstens abgeführt wird und Lodovico eine Bestrafung ankündigt, geht er in der Oper von der Bühne

Desdemona

Othello

ab, zwar von Soldaten verfolgt, doch letztlich bleibt offen, ob diese den Flüchtigen auch wirklich ergreifen.

Jagos Ehefrau Emilia tritt zum ersten Mal in 2.4., dem einzigen Duett zwischen ihr und ihrem Ehemann, in Erscheinung. Bei Boito wird Emilia zu einer Frau, die ihren Gatten sehr schnell durchschaut, zutiefst verachtet und die sich gegen ihn zumindest verbal zur Wehr setzt. So muss, anders als in Shakespeares Drama, Jago Emilia gegenüber physische Gewalt anwenden, um ihr das Taschentuch zu entreißen. Entsprechend dieser Konzeption der Emilia lässt Boito diese auch nicht in 3.2. der Oper auftreten, als Otello Desdemona Untreue vorwirft, und Emilia den Verbleib des Taschentuchs nicht aufklärt. Am Ende der Oper ersticht Jago Emilia nicht, da er nicht mehr darauf hoffen kann, durch ihr Schweigen vor der Enthüllung seiner Intrigen gerettet zu werden. Bianca tritt in der Oper gar nicht auf.

Hans Werner Henze, Venus und Adonis

Nicht nur Shakespeares Dramen haben Komponisten und Librettisten zu Vertonungen angeregt, sondern auch – einem größeren Publikum wahrscheinlich weniger bekannt – seine Dichtungen. Hans Werner Henzes Oper *Venus und Adonis* (Libretto: Hans-Ulrich Treichel), eine Komposition in einem Akt für Sänger und Tänzer, die im Jahr 1997 als Auftragswerk der Bayerischen Staatsoper München eben dort uraufgeführt wurde, basiert auf Shakespeares Versepos *Venus and Adonis.* Wie bereits in Kap. IV angedeutet, hat die Geschichte von Venus und Adonis nicht nur lyrisches, sondern auch dramatisches Potential, was bereits Shakespeares Zeitgenosse William Reynolds bemerkte, der 1593 *Venus and Adonis* als „a kind of stage play" pries (zit. bei Duncan-Jones, 493).

Bis zu Henze war der Mythos von Venus und Adonis nicht in einem großen kompositorischen Werk verarbeitet worden. Etabliert wird bei bei ihm ein Konflikt nach einer Fassung des Mythos, in dem nicht, wie bei Shakespeare, nur Venus und Adonis agieren, sondern in einer Dreierkonstellation zusätzlich Mars auftritt, der in Eifersucht gegen Adonis entbrennt.

Die Handlung von Liebe, Eifersucht, Tod und Verklärung, die in der Oper entwickelt wird, beruht in ihren grundlegenden Zügen auf Shakespeares Versepos. Gemeinsamkeiten reichen von offensichtlichen thematischen Entsprechungen bis zu wörtlichen Zitaten und Anspielungen im Libretto. Wörtlicher Anklang liegt beispielsweise vor, wenn Henzes Prima Donna ausruft, „Ich will ein Garten sein für ihn, ein großer wilder Park und er soll sein das Wild in diesem Park" (*Libretto*, 52), was Shakespeares „I'll be a park, and thou shalt be my deer" (231) entspricht, auch wenn die direkte vertraute Anrede „thou" im Englischen in der deutschen Oper zum unpersönlicheren „er" abgeändert wurde. Zudem beginnen beide Werke bei Tagesanbruch, und die Handlung geht dann in beiden Fällen in die Mittagszeit, Abend und Nacht über. Die sicher größte inhaltliche Abwandlung zwischen Shakespeares Versepos und der Oper ist der Schluss. Bei Shakespeare wurde, wie oben dargelegt, die ‚Beziehung' der beiden Titelfiguren nicht durch einen Dritten (Mars) gestört, sondern Venus selbst verspürte Eifersucht, Adonis durch ein grausames Schicksal verlieren zu können.

Gemeinsamkeiten

In der Oper wird Adonis von einem Nebenbuhler ermordet. Zuvor hat er noch einen Traum, in dem er seinen Tod voraussieht (bei Shakespeare ist es

Venus, die den Tod des Geliebten vorausahnt; vgl. Kap. IV). Der maßgebliche Unterschied zwischen dem Versepos und der Oper besteht dann darin, dass bei Shakespeare Venus den Adonis erst findet, als er bereits tot ist und sie den Verlauf seines Sterbens nur in ihrer Phantasie erlebt, in der Oper dagegen der Tod bzw. Mord spektakulär auf der Bühne stattfindet:

> Die Zärtlichkeiten zwischen Adonis und Venus wie auch zwischen der Prima Donna und dem jungen Tenor haben sich gesteigert. Beim ersten Kuss aber stürzt der Heldendarsteller schreiend und mit gezücktem Messer hinzu und ersticht Clemente. Im gleichen Augenblick (der Himmel ist schwarz geworden, ein gleißender Blitz fährt herab) erscheint der Eber und tötet Adonis. (*Libretto*, 57)

Ähnlich wie Shakespeare das Paar mittels der Blume vereint sein lässt, finden sich die Liebenden bei Henze, indem Adonis zum Planeten Venus auffliegt. Ob damit das Ende von Henzes Oper wesentlich positiver zu sehen ist als das von Shakespeares Versepos, ließe sich diskutieren.

Henze und Treichel vermitteln, dass tragische Schuld und tragisches Scheitern auf der modernen Bühne ihre Unbedingtheit verloren haben, weshalb sie sich für die Version der Eifersuchtstragödie entscheiden, deren Stoff schon in antiken Quellen überliefert ist, von Shakespeare aber bewusst ausgeblendet wurde. Nicht ein blindes Schicksal verantwortet in dieser Fassung also das jähe Ende der Geschichte, sondern die Rache des Betrogenen. Dazu kommt, dass der Racheakt spektakulär und sichtbar auf der Bühne ausgeführt wird, was der dramatischen Gattung der Oper entsprechen und nicht zuletzt der Erwartungshaltung des modernen Publikums Tribut zollen dürfte.

Bibliographie

Alle Zitate aus den Werken William Shakespeares beziehen sich auf: G. Blakemore Evans (textual editor), *The Riverside Shakespeare* (Boston, 1972).

Kap. I: Der historische William

Asquith, Clare, „The Catholic Bard: Shakespeare and the ‚Old Religion'. *Commonweal* 132.12 (17 Juni 2005), 10–14.

Aveling, John C.H., *The Handle and the Axe: The Catholic Recusants in England from Reformation to Emancipation* (London, 1976).

Baker, Christopher, *Religion in the Age of Shakespeare* (Westport, CT, 2007).

Baldwin, T.W., *William Shakespeare's Little Latin and Lesse Greeke*, 2 vols. (Urbana, Illinois, 1944).

Barrolls, Leeds, *Anna of Denmark, Queen of England. A Cultural Biography* (Philadelphia, 2001).

Bate, Jonathan, *Soul of the Age. A Biography of the Mind of William Shakespeare* (New York, 2009).

Bevington, David, „Shakespeare the Man". David Scott Kastan (ed.), *A Companion to Shakespeare* (Oxford, 1999), 9–21.

Bossy, John, *The English Catholic Community 1570–1850* (New York, 1976).

Bullough, Geoffrey (ed.), *Narrative and Dramatic Sources of Shakespeare*, 8 vols. (London, 1957–1975).

Bush, Douglas, *Classical Influences in Renaissance Literature* (Cambridge, Mass., 1952).

Chambers, E.K., *William Shakespeare: A Study of Facts and Problems*, 2 vols. (Oxford, 1930).

Dollimore, Jonathan and Terry Eagleton: *Radical Tragedy: Religion, Ideology and Power in the Drama of Shakespeare and his Contemporaries* (Basingstoke, 2004).

Duncan-Jones, Katherine, *Ungentle Shakespeare* (Oxford, 2001).

Dutton Richard, *William Shakespeare. A Literary Life* (London: 1989,1996).

Dutton, Richard, Alison Findlay, Richard Wilson (eds): *Theatre and Religion: Lancastrian Shakespeare.* 2 vols. (Manchester, 2003).

Edmondson, Paul and Stanley Wells, „Portraits of Shakespeare". Sonja Fielitz and Uwe Meyer (eds.), *Shakespeare. Satire. Academia. Essays in Honour of Wolfgang Weiß* (Heidelberg, 2012), 1–14.

Edwards, Francis, *The Jesuits in England. From 1580 to the Present Day* (Tunbridge Wells, 1985).

Elton, G.R. (ed.), *The Tudor Constitution: Documents and Commentary* (Cambridge, 1992).

Fielitz, Sonja, *Timon. Comoedia Imitata (1584). Erstausgabe von Gretsers Timon-Drama mit einer Übersetzung und einer Erörterung von dessen Stellung zu Shakespeares Timon of Athens* (München, 1994).

Fielitz, Sonja, „Learned Pate and Golden Fool: A Jesuit source for Shakespeare's *Timon of Athens*". Richard Dutton, Alison Findlay, Richard Wilson (eds.), *Theatre and Religion. Lancastrian Shakespeare* (Manchester, 2003), 179–196.

Fielitz, Sonja, „Shakespeare and Catholicism: The Jesuits as Cultural Mediators in Early Modern Europe." Graham Holderness and Katherine Scheil (eds.), *Critical Survey,* 21.3 (2009), 54–68.

Fish, Harold, *The Biblical Presence in Shakespeare, Milton and Blake* (Oxford, 1999).

Greenblatt, Stephen, *Renaissance Self-Fashioning: From More to Shakespeare* (Chicago, 1980).

Greenblatt, Stephen, *Hamlet in Purgatory* (Princeton, 2001).

Greenblatt, Stephen, *Will in the World* (Cape, 2004).

Highley, Christopher, *Catholics Writing the Nation in Early Modern Britain and Ireland* (Oxford, 2008).

Honigmann, Ernst A.J., *Shakespeare. The Lost Years* (Manchester, 1985; 1998).

Honigmann, Ernst A.J., „Shakespeare's Life". Margreta de Grazia and Stanley Wells (eds.), *The Cambridge Companion to Shakespeare* (Cambridge, 2001), 1–12.

Kilroy, Gerard, *Edmund Campion. Memory and Transcription* (London, 2006).

Marotti, Arthur (ed.), *Catholicism and Anti-Catholicism in Early Modern English Texts* (Basingstoke and New York, 1999).

Marx, Stephen, *Shakespeare and the Bible* (Oxford, 2000).

McCoog, Thomas (ed.), *The Reckoned Expense: Edmund Campion and the Early English Jesuits* (Woodbridge, 1996), 249–263.

Milward, Peter, SJ, *The Catholicism of Shakespeare's Plays* (London, 1997).

Miola, Robert, *Shakespeare and Classical Tragedy* (Oxford, 1994).

Muir, Kenneth, *The Sources of Shakespeare's Plays* (London, 1977).

Schoenbaum, Samuel, *Shakespeare's Lives* (Oxford, 1970).

Schoenbaum, Samuel, „The Life of Shakespeare". Stanley Wells (ed.), *The Cambridge Companion to Shakespeare Studies* (Cambridge, 1986), 1–16.

Schoenbaum, Samuel, *William Shakespeare: A Documentary Life* (Oxford, 1975, rev. 1987).

Shaheen, Naseeb, *Biblical References to Shakespeare's Plays* (Newark, 1999).
Shell, Alison, *Catholicism, Controversy and the English Literary Imagination, 1558–1660* (Cambridge, 1999).
Shuger, Deborah, *The Renaissance Bible: Scholarship, Sacrifice and Subjectivity* (Berkeley, 1994).
Suerbaum, Ulrich, *Das elisabethanische Zeitalter* (Stuttgart, 1989).
Taylor, Gary, „‚Forms of Opposition': Shakespeare and Middleton." *English Literary Renaissance* 24 (1994), 283–314.
Walsham, Alexandra, *Charitable Hatred. Tolerance and Intolerance in England 1500–1700* (Manchester, 2006).
Weimann, Robert, *Shakespeare und die Macht der Mimesis* (Berlin, 1988).
Whitfield White, Paul, *Drama and Religion in English Provincial Society, 1485–1660* (Cambridge, 2008).
Wilson, John Dover, *Life in Shakespeare's England* (New York, 1944).
Wilson, Richard, „Shakespeare and the Jesuits". *TLS*, 19 December 1997.
Wilson, Richard, „Introduction." Richard Dutton, Alison Findlay, Richard Wilson (eds.), *Theatre and Religion: Lancastrian Shakespeare*. 2 vols. (Manchester, 2003).
Wilson, Richard, *Secret Shakespeare: Studies in Theatre, Religion and Resistance*. (Manchester, 2004).

Kap. II: Die Zeit: Epochenkonstrukte und das Theaterleben in London

Astington, John H., *English Court Theatre 1558–1642* (Cambridge, 1999).
Barroll, Leeds, *Politics, Plague, and Shakespeare's Theater* (Ithaka, N. Y., 1991).
Beckerman, Bernard, *Shakespeare at the Globe, 1599–1609* (New York, 1962).
Bland, Mark, „The London Book-Trade in 1600". David Scott Kastan (ed.), *A Companion to Shakespeare* (Oxford, 1999), 450–463.
Chambers, E. K., *The Elizabethan Stage*, 4 vols. (Oxford, 1923).
Clegg, C. S., *Press Censorship in Elizabethan England* (Cambridge, 1997).
Cressy, David, *Literacy and the Social Order: Reading and Writing in Tudor and Stuart England* (Cambridge, 1980).
Dillon, Jeanette, *Theatre, Court, and City, 1595–1610: Drama and Social Space in London* (Cambridge, 2000).
Greenblatt, Stephen, *Shakespearean Negotiations: the Circulation of Social Energy in Renaissance England* (Berkeley, 1988).
Gurr, Andrew, *Playgoing in Shakespeare's London* (Cambridge, 1996, 3rd ed. 2004).
Gurr Andrew, *The Shakespearean Stage 1574–1642*, (Cambridge, 1992, 4th ed. 2009).
Hattaway, Michael, *Elizabethan Popular Theatre* (London, 1982).
Hodges, Walter C., *The Globe Restored* (London, 1953, 2nd ed. 1968).
Höfele, Andreas, *Die szenische Dramaturgie Shakespeares* (Heidelberg, 1977).
Hyland, Peter, *An Introduction to Shakespeare. The Dramatist in his Context* (London, 1996).
Kluxen, Kurt, *Geschichte Englands: Von den Anfängen bis zur Gegenwart* (Stuttgart, 1968).
Manley, Laurence (ed.), *London in the Age of Shakespeare: An Anthology* (London and Sidney, 1986).
Limon, Jerzy, *Gentleman of a Company: English Players in Central and Eastern Europe, 1590–1660* (Cambridge, 1985).
Marlowe, Christopher, *The Complete Works*, (ed.) J. B. Steane (Harmondsworth, 1969, 1984).
Montrose, Louis, *The Purpose of Playing: Shakespeare and the Cultural Politics of the Elizabethan Theatre* (Chicago, 1996).
Nicoll, Allardyce, *The Theatre and Dramatic Theory* (London, 1962).
Paster, Gail Kern, *The Idea of the City in the Age of Shakespeare* (Athens, 1986).
Plowden, Alison, *Elizabethan England: Life in an Age of Adventure* (London, 1982).
Shapiro, James, *1599. A Year in the Life or William Shakespeare* (London, 2005).
Smith, D. L., R. Strier and D. Bevington (eds.), *The Theatrical City: Culture, Theatre, and Politics in London, 1576–1649* (Cambridge, 1995).
Suerbaum, Ulrich, *Das elisabethanische Zeitalter* (Stuttgart, 1989).
Tillyard, E. M. W., *The Elizabethan World Picture* (London, 1943).
Tillyard, E. M. W., *Shakespeare's History Plays* (London, 1944).
Weimann, Robert, *Shakespeare und die Tradition des Volkstheaters. Soziologie, Dramaturgie, Gestaltung* (Berlin, 1967).
Weiß, Wolfgang, *Das Drama der Shakespeare-Zeit. Versuch einer Beschreibung* (Stuttgart, 1979).
Wells, Stanley, *Shakespeare and Co.* (Oxford, 2006).
Wilson, John Dover, *The Plague in Shakespeare's London* (Oxford, 1927).

Kap. III: Kanon der Dramen und Texte

Aristoteles, *Poetik*, herausgegeben und übersetzt von Olof Gigon (Stuttgart, 1961).
Barber, L. C., *Shakespeare's Festive Comedy: A Study of Dramatic Form and its Relation to Social Custom* (Princeton, 1959).
Blake, N. F., *Shakespeare's Language. An Introduction* (New York, 1983).
Bradley, A. C., *Shakespearean Tragedy* (London, 1957).
Dowden, Edward, *Shakespeare: A Critical Study of his Mind and Art* (London, 1875).
Fielitz, Sonja, *Othello* (Bochum, 2004).
Fielitz, Sonja, *Einführung in die anglistisch-amerikanistische Dramenanalyse* (Darmstadt, 2010).
Frye, Northop, *Anatomy of Criticism: Four Essays* (Princeton, 1957).

Gelfert, Hans-Dieter, *Die Tragödie. Theorie und Geschichte* (Göttingen, 1995).
Hattaway, Michael (ed.), *The Cambridge Companion to Shakespeare's History Plays* (Cambridge, 2002, 2004).
Hyland, Peter, *An Introduction to Shakespeare. The Dramatist in his Context* (London, 1996).
Kermode, Frank, *Shakespeare's Language* (New York, 2000).
Lass, Roger, *The Cambridge History of the English Language*, 3 vols. (Cambridge, 1999).
Lee, Sidney, *A Life of William Shakespeare* (1898).
Leggatt, *Alexander, English Stage Comedy 1490–1990: Five Centuries of a Genre* (London, New York, 1998).
Nicoll, Allardyce, *The Theory of Drama* (New York, 1962).
Pfister, Manfred, *Das Drama. Theorie und Analyse* (München, 1982, 4. Aufl. 1986).
Potter, Robert, *The English Morality Play. Origins, History and Influence of a Dramatic Tradition* (London and Boston, 1975).
Redmond, James (ed.), *Farce* (Cambridge, 1994).
Ribner, Irving, *The English History Play in the Age of Shakespeare* (Princeton, 1957).
Schanzer, Ernest, *The Problem Plays of Shakespeare: A Study of Julius Caesar, Measure for Measure, and Antony and Cleopatra* (New York, 1963).
Sheperd, Geoffrey (ed.), *Sir Philip Sidney's Apology for Poetry* (Manchester, 1973).
Stott, Andrew, *Comedy* (London, 2005).
Tennenhouse, Leonard, *Power on Display: The Politics of Shakespeare's Genres* (New York, 1986).
Tillyard, E. M. W., *The Elizabethan World Picture* (London, 1943).
Vickers, Brian, *The Artistry of Shakespeare's Prose* (London, 1968).
Vickers, Brian, *Classical Rhetoric in English Poetry* (London, 1970).
Walch, Günter, *Hamlet* (Bochum, 2004)
Weiß, Wolfgang, *Das Drama der Shakespeare-Zeit. Versuch einer Beschreibung* (Stuttgart, 1979).
Wells, Stanley and Gary Taylor (eds.), *The Complete Oxford Shakespeare* (Oxford, 1986).
Wells, Stanley, Gary Taylor et al., *William Shakespeare: A Textual Companion* (Oxford, 1988).

Kap. IV: Das nicht-dramatische Werk

Booth Stephen (ed.), *Shakespeare's Sonnets* (New Haven, 1977).
Callaghan, Dympna, *Shakespeare's Sonnets* (Oxford, 2007).
Cheney, Patrick, *Shakespeare, National Poet-Playwright* (Cambridge, 2004).
Cheney, Patrick (ed.), *The Cambridge Companion to Shakespeare's Poetry* (Cambridge, 2007).
Duncan-Jones, Katherine, „Much Ado with Red and White": The Earliest Readers of Shakespeare's Venus and Adonis (1593)". *Review of English Studies*, NS XLIV, 1993, 479–501.
Duncan-Jones, Katherine (ed.), *Shakespeare's Sonnets* (The Arden Shakespeare) (Walton-on-Thames, 1997).
Edmondson, Paul and Stanley Wells, *Shakespeare's Sonnets* (Oxford, 2004).
Fielitz, Sonja (ed.), *Shakespeare's Sonnets: Loves, Layers, Languages* (Heidelberg, 2010).
Hyland, Peter, *An Introduction to Shakespeare's Poems* (Basingstoke, 2003).
Jones, Peter (ed.), *The Sonnets. A Casebook* (London, 1977).
Keach, William, *Elizabethan Erotic Narratives: Irony and Pathos in the Ovidian Poetry of Shakespeare, Marlowe, and their Contemporaries* (New Brunswick, 1977).
Kerrigan, John (ed.), *The Sonnets and A Lover's Complaint* (New Penguin Shakespeare) (Harmondsworth, 1986).
Matz, Robert, *The World of Shakespeare's Sonnets: An Introduction* (Jefferson, N. C., 2008).
Roe, John (ed.), *The Poems* (Cambridge, 1992).
Schoenfeldt, Michael, *The Cambridge Introduction to Shakespeare's Poetry* (Cambridge, 2010).

Kap. V: Das dramatische Werk

Fielitz, Sonja, *Einführung in die anglistisch-amerikanistische Dramenanalyse* (Darmstadt, 2010).
Sidney, Philip, „An Apology for Poetry". D. J. Enright and Ernst de Chickera (eds.), *English Critical Texts* (Oxford, 1962), 3–49.
Weiß, Wolfgang, *Das Drama der Shakespeare-Zeit. Versuch einer Beschreibung* (Stuttgart, 1979).
Wells, Stanley and Gary Taylor (eds.) *William Shakespeare, The Complete Works* (Oxford, 1988, rev. 2005).

Kap. VI: The Bard / Global Shakespeare

Bate, Jonathan, *Shakespeare and the English Romantic Imagination* (Oxford, 1986).
Bettinger, Peter, *Shakespeares Othello im Spiegel der literarischen Kritik* (Frankfurt/Main, 1977).
Bristol, Michael D., *Shakespeare's America: America's Shakespeare* (London, 1990).
Desmet, Christy and Robert Sawyer (eds.), *Shakespeare and Appropriation* (London, New York, 1999).
Dobson, Michael, *The Making of the National Poet: Shakespeare, Adaptation, and Authorship, 1660–1769* (Oxford, 1992).
Fielitz, Sonja, „Feiern des Kulturheros Shakespeare: von Garricks Shakespeare-Jubilee (1769) bis zur Royal Shakespeare Company der Gegenwart." In: Peter Csobadi et al. (Hrsg.), *‚Und jedermann erwartet sich ein Fest.' Fest, Theater, Festspiele.* (Anif/Salzburg, 1996), 419–436.
Fielitz, Sonja, *Othello* (Bochum, 2004).
Foulkes, Richard (ed.), *Shakespeare on the Victorian Stage* (Cambridge, 1986).
Gazdar, Aban, *Deutsche Bearbeitungen der Shakespeare-Tragödien Othello, Macbeth, Hamlet und King Lear im achtzehnten Jahrhundert* (Diss. München, 1979).
Hadfield, Andrew (ed.), *William Shakespeare's Othello* (London, 2003).

Haines, C. M., *Shakespeare in France: Criticism, Voltaire to Victor Hugo* (London, 1925).
Hill, Errol G., *Shakespeare in Sable* (1984).
Hogan, Charles Beecher, *Shakespeare in the Theatre, 1701–1800*, 2 vols. (Oxford, 1952, 1957).
Kennedy, Dennis, „Shakespeare Worldwide". Margreta de Grazia and Stanley Wells (eds.), *The Cambridge Companion to Shakespeare* (Cambridge, 2001).
Kishi, Tetsuo and Graham Bradshaw (eds.), *Shakespeare in Japan* (2005).
Klein, Holger and Jean-Marie Maguin (eds.), *Shakespeare in France. Shakespeare Yearbook 5* (Lewiston, N. Y., 1995).
Loughlin, John J. (ed.), *Shakespeare and National Culture* (Manchester, 1997).
Massai, Sonia, *World-Wide Shakespeares* (London, 2005).
Price, Cecil, *Theatre in the Age of Garrick* (Oxford, 1973).
Rymer, Thomas, „A Short View of Tragedy". Zimansky, Curt A. (ed.), *The Critical Works of Thomas Rymer* (New Haven, London, 1956).
Sasayama, Takashi et al. (eds.), *Shakespeare and the Japanese Stage* (Cambridge, 1998).
Schubert, Berit Bettina, *[Enter Shakespeare.] Der Dramatiker als Figur im modernen Drama* (Frankfurt, 2002).
Shattuck, Charles H., *Shakespeare on the American Stage* (Washington, 1976).
Shaughnessy, Robert (ed.), *Shakespeare in Performance* (London, 2000).
Smallwood, Robert and Russell Jackson (eds.) *Players of Shakespeare* (Cambridge, 1988 ff.).
Speaight, Robert, *Shakespeare on the Stage: An Illustrated Stage History of Shakespearean Performance* (London, 1973).
Wine, Martin L., *Text and Perfomance: Othello* (London, 1984).
Taylor, Gary, *Reinventing Shakespeare: A Cultural History from the Restoration to the Present* (New York, 1989).
Vickers, Brian (ed.), *Shakespeare. The Critical Heritage*, 6 vols. (London, 1974–81).
Wain, John (ed.), *Shakespeare: Othello. A Casebook* (London: 1971, 2nd ed. 1994).
Walch, Günter, *Hamlet* (Bochum, 2005).
Weiß, Wolfgang, „‚Spielt das Stück nicht mehr!' Über die Schwierigkeiten im Umgang mit einer Komödie". *William Shakespeare, Der Kaufmann von Venedig.* Zweisprachige Ausgabe. Deutsch von Frank Günther. Mit einem Essay von Wolfgang Weiß (München, 1995), 260–279.
Wells, Stanley (ed.), *Shakespeare in the Theatre: An Anthology of Criticism* (Oxford, 1997).

Kap. VII: Das Werk in der Kritik

Berry, Peter, *Beginning Theory* (Manchester, 1995, 2002).
Bloom, Harold, *Shakespeare. The Invention of the Human* (New York, 1999).
Bradley, Andrew Cecil, *Shakespearean Tragedy* (London, 1904).
Clemen, Wolfgang, „Romeo and Juliet". Douglas Cole (ed.), *Twentieth Century Interpretations of Romeo and Juliet. A Collection of Critical Essays* (Englewood Cliffs N. Y., 1970), 66–75.
Clemen, Wolfgang, *Shakespeares Bilder* (Bonn, 1936).
Coupe, Laurence, *The Green Studies Reader. From Romanticism to Ecocriticism* (London, 2000).
D'Amico, Jack, *The Moor in English Renaissance Drama* (Tampa, 1991).
Dollimore, Jonathan, *Radical Tragedy. Religion, Ideology and Power in the Drama of Shakespeare and his Contemporaries* (London, 1984).
Dollimore Jonathan / Sinfield, Alan (eds.), *Political Shakespeare. New Essays in Cultural Materialism* (Ithaka, 1985).
Dusinberre, Juliet, *Shakespeare and the Nature of Women* (London, 1975).
Eagleton, Terence, *William Shakespeare* (Oxford, 1986).
Easthope, Antony, *Literary into Cultural Studies* (London, 1991).
Eliot, T. S., „Shakespeare and the Stoicism of Seneca". *Selected Essays* (New York, 1932), 107–120.
Glotfelty, Cheryll and Harold Fromm (eds.), *The Ecocriticism Reader: Landmarks in Literary Ecology* (Georgia, 1996).
Greenblatt, Stephen, *Renaissance Self-Fashioning. From More to Shakespeare* (Chicago, 1980).
Hadfield, Andrew (ed.), *William Shakespeare's Othello* (London, 2003).
Hawkes, Terence (ed.), *Twentieth Century Interpretations of Macbeth. A Collection of Critical Essays* (Englewood Cliffs, N. J., 1977).
Höfele, Andreas, „New Historicism / Cultural Materialism", *Shakespeare Jahrbuch West* (1992), 107–123.
Hopkins, Lisa, *Beginning Shakespeare* (Manchester, 2005).
Jardine, Lisa, *Still Harping on Daughters* (Harvester, Wheatsheaf, 1983).
Kahn, Coppélia, „Coming of Age in Verona", MLS 8.1 (1978), 171–193. Repr. in John F. Andrews (ed.), *Romeo and Juliet: Critical Essays* (London, 1993), 337–358.
Kastan, David Scott, „The Mechanics of Culture: Editing Shakespeare Today". Ders. (ed.), *Shakespeare after Theory* (London, 1999).
Kiernan, Victor, *Eight Tragedies of Shakespeare. A Marxist Study* (Verso, 1996).
Knight, Wilson, *The Imperial Theme* (London, 1931).
Knight, Wilson, *The Wheel of Fire. Interpretations of Shakespearean Tragedy* (London, 1930).
Kott, Jan, *Shakespeare Our Contemporary* (London, 1964).
Leavis, F. R., „Diabolic Intellect and the Noble Hero: or the Sentimentalist's Othello". *The Common Pursuit* (New York, 1952, 1964), 136–159.
Loomba, Ania, *Sexuality and Racial Difference* (Manchester, 1989).
Nostbackken, Faith, *Understanding Othello. A Student*

Casebook to Issues, Sources and Historical Documents (Westport, Con./London, 2000).
Pye, Christopher, *The Regal Phantasm. Shakespeare and the Politics of Spectacle* (London, New York, 1989).
Said, Edward W., *Orientalism* (New York, 1978).
Schormann, Vanessa, *Macbeth* (Bochum, 2004).
Schücking, Ludwig Levin, *Die Charakterprobleme bei Shakespeare* (Leipzig, 3. Aufl., 1932).
Sinfield, Alan, *Faultlines: Cultural Materialism and the Politics of Dissident Reading* (Berkeley, 1992).
Sinfield, Alan (ed.), *Macbeth. Contemporary Critical Essays* (London, 1992).
Soper, Kate, *What is Nature?* (London, 1989).
Spurgeon, Caroline, *Shakespeare's Imagery and What It Tells Us* (Cambridge, 1935).
Stoll, Elmer Edgar, *Art and Artifice in Shakespeare. A Study in Dramatic Contrast and Illusion* (London, 1933, repr. 1963).
Stoll, Edgar Elmer, *From Shakespeare to Joyce* (New York, 1944).
Tezeli von Rosador, Kurt, „Dekonstruktion", *Shakespeare Jahrbuch West* (1992), 93–106.
Tillyard, E. M. W., *The Elizabethan World Picture* (London, 1943).
Wain, John (ed.), *Macbeth. A Casebook* (London, 1968).
Weiß, Wolfgang, *King Lear* (Bochum, 2004).

Kap. VIII: Übersetzungen

Dryden, John, *Poems*. Hooker, E. N. and H. T. Swedenberg Jr. (eds.). *The Works of John Dryden*, Vol. I (*Poems 1649–1680*) (Berkeley, Los Angeles, 1956).
Günther, Frank, *William Shakespeare im dtv. Zweisprachige Neuausgaben. Neuübersetzung von Frank Günther* (München, 1995).
Gundolf, Friedrich, *Shakespeare und der Deutsche Geist* (Berlin, 1914).
Pascal, Réné, *Shakespeare in Germany, 1750–1815* (Cambridge, 1937).

Kap. IX: Medien

Bate, Jonathan and Russell Jackson (eds.), *Shakespeare. An Illustrated Stage History* (Oxford, 1996, rev. ed. 2001).
Beck, Thomas, *Bedingungen librettistischen Schreibens. Die Libretti Ingeborg Bachmanns für Hans Werner Henze* (Würzburg, 1996).
Buchanan, Judith, *Shakespeare on Film* (Harlow, 2005).
Bulman, J. C. and Coursen, H. R. (eds.), *Shakespeare on Television* (Hanover, N.H., 1988).
Buono, Linda Jennifer, „Shakespeare in the Web. Romeo and Juliet on Twitter". *Anglistica* 15.2 (2011), 97–100.
Burnett, Marc Thornton and Ramona Wray (eds.) *Screening Shakespeare in the 21st Century* (Edinburgh, 2006).
Cimitile, Anna Maria und Katherine Rowe, „Introduction. Shakespeare: Overlapping Mediascapes in the Mind". *Anglistica* 15.2 (2011), i-iii.
Crowl, Samuel, Shakespeare at the Cineplex: *The Kenneth Branagh Era* (Athens, 2003).
Davies, Anthony, *Filming Shakespeare's Plays* (Cambridge, 1988).
Davies, Anthony and Stanley Wells (eds.), *Shakespeare and the Moving Image* (Cambridge, 1994, repr. 1995).
Dobson, Michael, *Shakespeare and Amateur Performance. A Cultural History* (Cambridge, 2011).
Faulstich, Werner, *Die Filminterpretation* (Göttingen, 1988).
Faulstich, Werner, *Einführung in die Filmanalyse* (Tübingen, 4. Aufl., 1994).
Fenwick, Henry, *The BBC Shakespeare Plays* (London, 1981).
Gianetti, Louis, *Understanding Movies* (Englewood Cliffs, 5th ed., 1990).
Gier, Albert (Hrsg.), *Oper als Text. Romanistische Vorträge zur Libretto-Forschung* (Heidelberg, 1986).
Gumbrecht, Hans Ulrich, „Musikpragmatik – Gestrichelte Linie zur Konstitution eines Objektbereichs". In: Gier, Albert (Hrsg.), *Oper als Text. Romanistische Vorträge zur Libretto-Forschung* (Heidelberg, 1986), 15–23.
Gumbrecht, Hans Ulrich, *Production of Presence. What Meaning Cannot Convey* (Stanford, 2006).
Hartnoll, Phyllis (ed.), *Shakespeare in Music* (London, 1964).
Hatchuel, Sarah, *Shakespeare, From Page to Screen* (Cambridge, 2005).
Henze, Hans-Werner: „Musiksprache und künstlerische Erfindung." Ders. (Hrsg.): *Musik und Mythos. Neue Aspekte der musikalischen Ästhetik* V (Frankfurt/Main, 1999), 116–136.
Hicketier, Knut, *Film- und Fernsehanalyse* (Stuttgart, 3. Aufl., 2001).
Holland, Peter, *English Shakespeares: Shakespeare on the English Stage in the 1990s* (Cambridge, 1997).
Hortmann, Wilhelm, *Shakespeare on the German Stage: The Twentieth Century* (Cambridge, 1998).
Hudson, Lynton, *The English Stage, 1850–1950* (London, 1951).
Jackson, Russell (ed.), *The Cambridge Companion to Shakespeare on Film* (Cambridge, 2000, rev. 2007).
Jackson, Russell, „Shakespeare and the Cinema". Margreta de Grazia and Stanley Wells (eds.), *The Cambridge Companion to Shakespeare* (Cambridge, 2001), 217–233.
Jenkins, Henry, *Convergence Culture: Where Old and New Media Collide* (New York, 2006).
Jorgens, Jack J., *Shakespeare on Film* (Bloomington, 1977).
Korte, Helmut, *Einführung in die Systematische Filmanalyse* (Berlin, 2. Aufl., 2001).
Küster, Claudia, *Give me some music… Shakespeare an der Bayerischen Staatsoper München* (Frankfurt, 2005).
Lacey, Nick, *Introduction to Film* (New York, 2005).
Lindley, David, *Shakespeare and Music* (London, 2006).
O'Neill, Stephen, „Uploading Hamlet: Agency, Conver-

gence and YouTube Shakespeare". *Anglistica* 15.2 (2011), 63–75.

Pattterson, Annabel, *Shakespeare and the Popular Voice* (Cambridge, Ma., 1989).

Petersen, Peter, „Die Oper als Mythos. *Venus und Adonis* von Hans Werner Henze." *Venus und Adonis. Programmheft der Bayerischen Staatsoper* (München, 1997).

Rowe, Catherine, „Shakespeare and Media History". Margreta de Grazia und Stanley Wells (eds.), *The New Cambridge Companion to Shakespeare* (Cambridge: CUP, 2001, 3rd repr., 2011), 303–324.

Sanders, Julie, *Shakespeare and Music. Afterlives and Borrowings* (Cambridge, 2007).

Schmidgall, Gary, *Shakespeare & Opera* (New York, Oxford, 1990).

Treichel, Hans-Ulrich, „Adonis in der Eisluft". In: *Venus und Adonis, Programmheft der Bayerischen Staatsoper* (München, 1997), 23–25.

Williams, Simon, *Shakespeare on the German Stage 1586–1914* (Cambridge, 1990).

Willis, Susan, *The BBC Shakespeare Plays: Making the Televised Canon* (Chapel Hill, 1991).

Wells, Stanley and Sarah Stanton (eds.), *The Cambridge Companion to Shakespeare on Stage* (Cambridge, 2002).

Zeittafel

Bei den angegebenen Entstehungsdaten der Werke Shakespeares handelt es sich oft nur um begründete Vermutungen, die aus Anspielungen in den Dramen oder aus anderen Quellen, aus Beziehungen eines Dramas zu anderen datierbaren Texten, aus Dokumenten über Aufführungen (Rechnungen für Hofaufführungen, Tagebuchnotizen von Theaterbesuchern etc.) oder aus gedruckten Ausgaben einzelner Dramen, die allerdings oft wesentlich später entstanden (Quartos), gewonnen wurden.

Zeitraum	**Leben**	**Werk**
23. April 1564	Dieser Tag wird traditionell als Geburtstag William Shakespeares festgelegt, da er an einem 23. April auch starb, und an diesem Tag zudem das Fest von St. Georg, dem Schutzpatron Englands, begangen wird.	
26. April 1564	Taufe William Shakespeares in der *Holy Trinity Church* in Stratford-upon-Avon.	
1571–1579	Wahrscheinlich Besuch der *Grammar School* in Stratford.	
3. August 1581	William Shakeshafte, ein junger Schauspieler, wird im Testament von Alexander Hoghton of Lea in Lancashire erwähnt.	
27. November 1582	Vom Bischof von Worcester wird eine Heiratserlaubnis für William Shakespeare und Anne Whateley of Temple Grafton ausgestellt.	
28. November 1582	Ein Schuldschein über £ 40 wird von Fulke Sandells und John Richardson beim Bischof von Worcester hinterlegt, um die Heirat von William Shakspere und Anne Hathaway nach nur einmaligem Aufgebot zu ermöglichen.	
26. Mai 1583	Taufe Susannas, des ersten Kindes von William und Anne Shakespeare.	
2. Februar 1585	Taufe der Zwillinge Hamnet und Judith.	
1585–1592	Die so genannten „seven lost years“, von denen es keine Dokumente über Shakespeares Aufenthalte und Tätigkeiten gibt.	
1589–1591	Beginn der Laufbahn des Schauspielers William Shakespeare als Dramatiker in London mit den Stücken:	*The Two Gentlemen of Verona, The Taming of the Shrew, The First Part of the Contention of the Two Famous Houses of York and Lancaster* (zweiter Teil der Trilogie *Henry VI*)
1591–1592		*The True Tragedy of Richard Duke of York and the Good King Henry the Sixth* (dritter Teil der Trilogie *Henry VI*)
20. September 1592	Das Pamphlet *Greenes Groats-worth of Wit, bought with a million of Repentance* erscheint kurz nach dem Tod des Schriftstellers und Dramatikers Robert Greene.	
8. Dezember 1592	Henry Chettle, Drucker und Dramatiker, der Greenes Pamphlet herausgebracht hatte, entschuldigt sich im Vorwort seines Pamphlets „Kind-Harts Dreame“ für Greenes ungerechtfertigte Angriffe.	

Zeitraum	Leben	Werk
1592		*The Most Lamentable Tragedy of Titus Andronicus, The First Part of Henry the Sixth*
1592–1593		*The Tragedy of King Richard the Third*
1593	Das Versepos *Venus and Adonis* erscheint im Druck.	*Venus and Adonis*
1594	Das Versepos *The Rape of Lucrece* erscheint im Druck.	*The Rape of Lucrece, The Comedy of Errors, Love's Labour's Lost*
1594–1595		*A Midsummer Night's Dream, Romeo and Juliet*
15. März 1595	Shakespeare erscheint zusammen mit Richard Burbage und Will Kempe als führendes Mitglied der Schauspieltruppe *Lord Chamberlain's Men* auf einem Zahlungsbeleg für Hofaufführungen in Greenwich Palace zu Weihnachten 1594.	*The Tragedy of King Richard the Second*
1595–1596		*The Life and Death of King John*
11. August 1596	Shakespeares Sohn Hamnet wird in Stratford begraben.	
Oktober 1596	Dem Vater John Shakespeare wird in Stratford ein Wappen verliehen, wodurch er in den Stand eines *Gentleman* erhoben wird.	*The History of Henry the Fourth*
1596–1597		*The Comical History of the Merchant of Venice, or Otherwise Called the Jew of Venice*
4. Mai 1597	Shakespeare kauft in Stratford das damals zweitgrößte Haus, *New Place*, für £ 60.	*The Merry Wives of Windsor, The Second Part of Henry the Fourth*
1598	Francis Meres *Palladis Tamia*, eine Sammlung von Essays, erscheint im Druck. Auf den Titelseiten der zweiten Quartos von *Richard II* und *Richard III*, sowie der ersten Quarto von *Love's Labour's Lost* wird zum ersten Mal Shakespeare als Verfasser genannt.	
Dezember 1598	De-montage des Theaters *The Theatre* in London. Dessen Holz wird zum Bau des *Globe Theatre* verwendet.	
1598–1599		*Much Ado About Nothing*
16. Mai 1599	Das neu erbaute *Globe Theatre* wird in einem Verzeichnis als im Besitz von „William Shakespeare and others" erwähnt.	*The Life of Henry the Fifth, The Tragedy of Julius Caesar*
1600		*As You Like It, The Tragedy of Hamlet, Prince of Denmark*
1601		*Twelfth Night, or What You Will*
8. September 1601	Begräbnis des Vaters John Shakespeare in Stratford.	
1. Mai 1602	Shakespeare kauft von William und John Combe Land in Old Stratford für £ 320.	*Troilus and Cressida*
1602–1606	Möglicherweise Revision der Sonette.	
17. und 19. Mai 1603	Ein Erlass des Königs James I stellt die *Lord Chamberlain's Men* unter die Patronage des Königs und benennt sie in *The King's Men* um.	
1603–1604		*The Tragedy of Othello, the Moor of Venice*
1604		*Measure for Measure, All's Well that Ends Well, The Life of Timon of Athens*
1605	Shakespeare erwirbt die Zinserträge aus ehemaligem Klosterland in Old Stratford, Welcombe und Bishopton, die so genannten *Stratford tithes*, von Ralph Hubaud für £ 440	

Zeitraum	Leben	Werk
1605–1606		*The History of King Lear* (Quarto)
1606–1607		*The Tragedy of Macbeth, The Tragedy of Antony and Cleopatra*
5. Juni 1607	Susanna Shakespeare heiratet den Arzt Dr. John Hall in Stratford.	
1607–1608		*Pericles, Prince of Tyre*
21. Februar 1608	Taufe von Elizabeth, Tochter von John und Susanna Hall, des einzigen Enkelkinds Shakespeares.	
9. August 1608	Shakespeare und andere Mitglieder der *King's Men* mieten das *Blackfriar's Theatre* für 21 Jahre.	
7. September 1608	Begräbnis von Shakespeares Mutter Mary in Stratford.	*The Tragedy of Coriolanus*
20. Mai 1609	*Shakespeare's Sonnets* werden von Thomas Thorpe gedruckt.	
1609–1610		*The Winter's Tale*
1610–1611		*Cymbeline, King of Britain*
1611		*The Tempest*
11. Mai 1612	Shakespeare wird als Zeuge im Bellot-Mountjoy-Prozess gehört. Er gibt als Wohnort Stratford an.	
20. März 1613	Shakespeare kauft das *Blackfriar's Gate-House* in London.	*All is True* (= *Henry VIII*) (zusammen mit John Fletcher)
29. Juni 1613	Während der Uraufführung von *All is True* brennt das *Globe Theatre* bis auf den Grund nieder: ein Kanonenschuss beim Auftritt des Königs in der 4. Szene des 1. Akts hatte das Strohdach entzündet.	
1613–1614		*The Two Noble Kinsmen* (zusammen mit John Fletcher)
Juni 1614	Wiedereröffnung des neu erbauten *Globe Theatre*.	
Ab September 1614	Shakespeare wird als Besitzer von Ackerland bei Welcombe in den Streit um dessen Einfriedung und Nutzung als Schafweide hineingezogen. Der Streit zieht sich bis 1619 hin. Welche Haltung Shakespeare in diesem Streit einnimmt, bleibt unklar.	
Januar 1616	Shakespeare verfasst sein Testament.	
10. Februar 1616	Shakespeares Tochter Judith heiratet den Weinhändler Thomas Quiney.	
12. März 1616	Thomas und Judith werden exkommuniziert, weil sie ohne Erlaubnis während der Fastenzeit heirateten.	
25. März 1616	Shakespeare ändert sein Testament wegen der Heirat seiner Tochter Judith.	
23. April 1616	William Shakespeare stirbt im Alter von 52 Jahren.	
25. April 1616	Shakespeare wird in der *Holy Trinity Church* in Stratford begraben.	
6. August 1623	Anne Shakespeare stirbt im Alter von 67 Jahren.	
November 1623	Veröffentlichung der ersten Gesamtausgabe von Shakespeares Dramen (*First Folio*) mit dem Titel *Mr. William Shakespeares Comedies, Histories & Tragedies, Published according to the True Originall Copies* durch Shakespeares Kollegen, die Schauspieler John Heminges und Henry Condell.	